中国物权法的
过去、现在与未来

ZHONGGUO WUQUANFA DE GUOQU XIANZAI YU WEILAI

翟新辉 著

中国政法大学出版社

2016·北京

作者简介

翟新辉 男，1991年获华东师范大学哲学学士学位，1996年获中国政法大学民商法专业法学硕士学位。美国印第安纳大学（布鲁明顿）毛利法学院（MAURER SCHOOL OF LAW）访问学者，上海政法学院法律学院副教授，民商法教研室主任。主要讲授民法学、物权法、合同法、公司法课程。主编《民法学总论》（中国政法大学出版社2015年版），参编《合同法》《物权法原理》等教材，合译《法律经济学的原理与方法：规范推理的基础工具》（复旦大学出版社2014年版）；在《法律适用》《人民司法》《学术交流》等期刊上发表论文多篇。论文"论行政规章的制定与行政机关的'立法'权限——评《上海市房地产抵押办法》（1999）"2002年获上海市依法治市领导小组办公室颁发优秀论文奖，论文"世博会规章、参展合同及相关法律实务问题研究——对上海世博会的些许建议"2005年获上海市法学会颁发优秀论文奖，论文"市场经济体制影响道德：一个伪命题"2011年获铅笔经济研究社"市场经济与道德"征文二等奖。

同时兼执律师业，从事律师业务逾15年，具有丰富的诉讼及非讼实务经验。主要业务领域有银行贷款、担保、重组、房地产建设工程合同、房屋租赁及销售、外商投资、继承等，并起草中英文法律意见及合同。曾代理国内及国外当事人在最高人民法院、河南省高级人民法院、广东省高级人民法院、江苏省高级人民法院、北京市第一及第二中级人民法院、上海市第一及第二中级人民法院、深圳市中级人民法院、海口市中级人民法院等法院进行诉讼及申请执行,代理国外及国内当事人在中国国际经济贸易仲裁委员会(北京)等仲裁委员会进行仲裁,代理的"严家花园"继承纠纷案被最高人民法院评为"十大调解案件"。

自 序

本书是作者十多年讲授及研习物权法的结果。

书的题目有点大。不过,不知道过去,就不能理解现在;不知道过去、不理解现在,也就无从把握未来。因此,本书力图从大清民律草案、民国民律草案及民国时期民法典、民法通则、担保法一路走来的我国物权法立法及比较法的角度,来解说我国的物权法。应该说我国目前的物权法规则漏洞、含混之处不少,因此,本书不仅注重介绍我国目前的实定法,还力图展望相关规则的未来演进。

本书力图结合实务及实定法进行解说,尽量避免纯粹的学术讨论。每章之后均附思考题及推荐阅读文献,以帮助学习。

阅读本书,须有一定的民法基础。本书主要以本科法学专业学生为读者对象,力图以我国最新立法为依据,结合司法解释和司法实践,并结合实例及案例辅助进行解说。对于其他研习中国物权法者,也会有帮助。

因时间仓促,著者水平有限,错误及遗漏必然难免,欢迎批评指正,这并不是套话。著者电邮:forestzhai@hotmail.com.

如果有机会再版,希望能够做得更好。

翟新辉

2015 年 9 月于上海

法规及司法解释缩略表

名　称	颁布机关	颁布年代及修订	简　称
《中华人民共和国婚姻法》	全国人民代表大会	1980年颁布，2001年修订	《婚姻法》
《中华人民共和国文物保护法》	全国人民代表大会常务委员会	1982年颁布，1991、2002年修正	《文物保护法》
《中华人民共和国民法通则》	全国人民代表大会	1986年颁布，2009年修正	《民法通则》
《中华人民共和国土地管理法》	全国人民代表大会常务委员会	1986年颁布，1988、1998、2004年修正	《土地管理法》
《中华人民共和国城镇国有土地使用权出让和转让暂行条例》	国务院	1990年颁布	《城镇国有土地使用权出让和转让暂行条例》
《中华人民共和国民事诉讼法》	全国人民代表大会常务委员会	1991年颁布，2007、2012年修正	《民事诉讼法》
《中华人民共和国海商法》	全国人民代表大会常务委员会	1992年颁布	《海商法》
《中华人民共和国船舶登记条例》	国务院	1994年颁布	《船舶登记条例》

续表

名　称	颁布机关	颁布年代及修订	简　称
《中华人民共和国城市房地产管理法》	全国人民代表大会常务委员会	1994年颁布，2007年修正，2009年修改	《城市房地产管理法》
《中华人民共和国担保法》	全国人民代表大会常务委员会	1995年颁布	《担保法》
《中华人民共和国民用航空法》	全国人民代表大会常务委员会	1995年颁布，2009、2015年修正	《民用航空法》
《中华人民共和国民用航空器权利登记条例》	国务院	1997年颁布	《航空器权利登记条例》
《中华人民共和国合同法》	全国人民代表大会	1999年颁布	《合同法》
《中华人民共和国立法法》	全国人民代表大会	2000年颁布，2015年修正	《立法法》
《最高人民法院关于适用〈中华人民共和国担保法〉若干问题的解释》（法释〔2000〕44号）	最高人民法院	2000年颁布	《担保法司法解释》
《最高人民法院关于确定民事侵权精神损害赔偿责任若干问题的解释》（法释〔2001〕7号）	最高人民法院	2001年颁布	《精神损害司法解释》
《中华人民共和国农村土地承包法》	全国人民代表大会常务委员会	2002年颁布，2009年修正	《农村土地承包法》

续表

名　称	颁布机关	颁布年代及修订	简　称
《中华人民共和国道路交通安全法》	全国人民代表大会常务委员会	2003年颁布	《道路交通安全法》
《物业管理条例》	国务院	2003年颁布，2007年修订	《物业管理条例》
《上海市住宅物业管理规定》	上海市人民代表大会常务委员会	2004年颁布，2010年修订	《上海市住宅物业管理规定》
《中华人民共和国企业破产法》	全国人民代表大会常务委员会	2006年颁布	《企业破产法》
《中华人民共和国城乡规划法》	全国人民代表大会常务委员会	2007年颁布，2015年修正	《城乡规划法》
《中华人民共和国物权法》	全国人民代表大会	2007年颁布	《物权法》
《人体器官移植条例》	国务院	2007年颁布	《人体器官移植条例》
《最高人民法院关于审理民事案件适用诉讼时效制度若干问题的规定》（法释〔2008〕11号）	最高人民法院	2008年颁布	《诉讼时效司法解释》
《最高人民法院关于审理物业服务纠纷案件具体应用法律若干问题的解释》（法释〔2009〕8号）	最高人民法院	2009年颁布	《物业服务纠纷司法解释》

续表

名　称	颁布机关	颁布年代及修订	简　称
《最高人民法院关于适用〈中华人民共和国企业破产法〉若干问题的规定（一）》（法释〔2011〕22号）	最高人民法院	2011年颁布	《企业破产法司法解释一》
《国有土地上房屋征收与补偿条例》	国务院	2011年颁布	《国有土地上房屋征收与补偿条例》
《最高人民法院关于审理买卖合同纠纷案件适用法律问题的解释》（法释〔2012〕8号）	最高人民法院	2012年颁布	《买卖合同司法解释》
《最高人民法院关于适用〈中华人民共和国企业破产法〉若干问题的规定（二）》（法释〔2013〕22号）	最高人民法院	2013年颁布	《企业破产法司法解释二》
《不动产登记暂行条例》	国务院	2014年颁布	《不动产登记暂行条例》

续表

名　称	颁布机关	颁布年代及修订	简　称
《全国人民代表大会常务委员会关于授权国务院在北京市大兴区等三十三个试点县（市、区）行政区域暂时调整实施有关法律规定的决定》	全国人民代表大会常务委员会	2015年颁布	《三十三个试点县、市、区暂时调整实施有关法律规定的决定》

注：此处仅列本书引用的法律、行政法规、地方法规、司法解释，部门及地方行政规章并未列入。

目 录

第一章　物权法的经济意义 ……………………………… 1
　第一节　交易促进效率——自由的交易促进社会财富 ……… 2
　第二节　帕累托改进与帕累托最优 …………………………… 4
　第三节　市场与政府管制 ……………………………………… 5
　第四节　为达成自由的交易，物权法可以做什么？ ………… 6
　第五节　科斯定理：因为交易成本的存在，制度才
　　　　　有意义 …………………………………………………… 7

第二章　物权法与财产法：物权法的内容与性质 ………… 13
　第一节　物权法的主要内容 …………………………………… 13
　第二节　大陆法系的德国民法思维与英美法传统的
　　　　　思维方法之不同 ……………………………………… 16
　第三节　物权法的性质 ………………………………………… 19

第三章　我国物权法的过去与现状 ………………………… 24
　第一节　1949年之前的中国物权法 …………………………… 24
　第二节　新中国的物权法 ……………………………………… 29

第四章　物、权利与财产 …………………………………… 35

第一节　比较法角度的"物" …………………………… 35
第二节　物权法所说的"物"——理论视角 …………… 38
第三节　物权的其他客体：权利 ………………………… 40
第四节　人体及人体器官、组织是"物"吗？ ………… 41
第五节　动物是物吗？ …………………………………… 45
第六节　网络虚拟财产 …………………………………… 46
第七节　物的分类 ………………………………………… 47
第八节　物、权利与财产 ………………………………… 48
第九节　我国未来民法典关于物的规定展望 …………… 49

第五章　物权的种类与性质 ………………………………… 53
第一节　物权的概念 ……………………………………… 53
第二节　物权的性质 ……………………………………… 55
第三节　物权的种类 ……………………………………… 61

第六章　物权法的基本原则 ………………………………… 64
第一节　公有财产与私有财产平等保护原则 …………… 64
第二节　物权法定原则 …………………………………… 65
第三节　公示公信原则 …………………………………… 67
第四节　区分原则 ………………………………………… 68
第五节　物权特定原则 …………………………………… 70

第七章　物权的变动与物权的保护 ………………………… 82
第一节　物权的变动 ……………………………………… 82
第二节　物权的保护 ……………………………………… 93

第八章　处分行为与负担行为以及物权行为理论 ………… 97
第一节　处分行为与负担行为 …………………………… 98

目录

　　第二节　物权行为理论 …………………………… 108
　　第三节　微评：移植法律的困境 ………………… 116

第九章　所有权 ……………………………………… 119
　　第一节　所有权是最完全的物权 ………………… 119
　　第二节　征收与征用 ……………………………… 134
　　第三节　国家所有权和集体所有权、私人所有权 … 135
　　第四节　业主的建筑物区分所有权 ……………… 137
　　第五节　相邻关系 ………………………………… 143
　　第六节　共有 ……………………………………… 145
　　第七节　所有权取得的特别规定 ………………… 147

第十章　用益物权 …………………………………… 161
　　第一节　用益物权概述 …………………………… 161
　　第二节　土地承包经营权 ………………………… 166
　　第三节　建设用地使用权 ………………………… 174
　　第四节　宅基地使用权 …………………………… 185
　　第五节　地役权 …………………………………… 191

第十一章　担保物权总论 …………………………… 209
　　第一节　担保物权的概念及制度意义 …………… 209
　　第二节　担保物权的特征 ………………………… 211
　　第三节　担保物权的分类 ………………………… 213
　　第四节　反担保 …………………………………… 217
　　第五节　流质契约的禁止规则及演进 …………… 219

第十二章　抵押权 …………………………………… 223
　　第一节　抵押权概述 ……………………………… 223

第二节　抵押权的取得及公示 …………………………… 228
第三节　抵押权的主体与抵押财产 ……………………… 231
第四节　抵押权的效力 …………………………………… 238
第五节　抵押权的实现 …………………………………… 246
第六节　抵押权的消灭 …………………………………… 249
第七节　抵押权与诉讼时效 ……………………………… 251
第八节　特殊抵押 ………………………………………… 251

第十三章　质权 …………………………………………… 257
第一节　质权概述 ………………………………………… 257
第二节　动产质权 ………………………………………… 259
第三节　权利质权 ………………………………………… 265
第四节　质权的实现 ……………………………………… 269

第十四章　留置权 ………………………………………… 274
第一节　留置权概述 ……………………………………… 274
第二节　留置权的发生 …………………………………… 277
第三节　留置权的效力及留置权的实现 ………………… 280
第四节　留置权的实现 …………………………………… 283
第五节　留置权与其他担保物权的冲突 ………………… 284
第六节　留置权的消灭 …………………………………… 285

结　语 ……………………………………………………… 288

第一章

物权法的经济意义

"物"是最重要和最基础的财产,物权是最重要和最基础的财产权。一提到财产,人们大多马上会想到房产、汽车、首饰、衣物、食品等,而这些都属于"物"。

财产是自由的基础。法律(主要是物权法)对财产的保护,对人民的福祉,对一个人的生存和自由发展至关重要。

同时,物权法规则对一个社会的经济运行和资源配置有着至关重要的作用。

我们可以从经济学的角度来理解物权法规则的重要性。比如,物权法中"所有权人有权追回遗失物"的规则,就蕴含着经济学的假定——一个物在所有权人那里可以发挥最大的效用(否则的话,会有出价更高的人把它买走),而对拾得遗失物的人而言,该物一般不会比在所有权人那里能够发挥更大的效用,从而该规则可以促进资源的优化配置,让资源(物)能够到发挥最大作用的地方去。

经济学原理可以帮助我们更好地理解物权法规则的意义。

第一节 交易促进效率
——自由的交易促进社会财富

一项自由交易的达成,可以促进社会财富的增加。这是自亚当·斯密以来经济学的重大发现。亚当·斯密的《国富论》就是在阐述这个道理:交易源于分工,交易产生财富。

但是这个道理很多人可能觉得不靠谱。怎么是交易创造财富?不是劳动或者生产活动创造财富吗?难道财富不是农民种地生产粮食、工人生产出产品创造的吗?"无商不奸",商人在人们的心目中总是与奸诈、盘剥联系在一起,在近代以前,商人的地位往往不高,就连重商主义时期也会对商人严加管制。

但是,自由的交易确实创造财富。

让我们举一个常见的例子来进行分析。小明到餐馆以1元钱买了一个包子,看看这个交易是如何促进双方和社会财富增加的。

图1-1显示了交易前后小明和餐馆各自的财富:

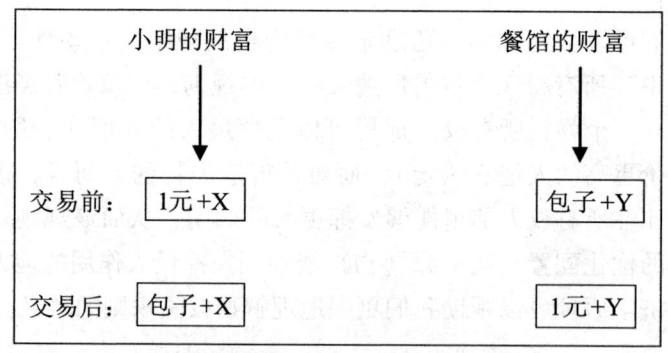

图1-1 交易前后财富变化图

餐馆肯定是赚钱的,对于这点一般不会有疑问。对于餐馆而言,这个包子的价值小于1元(可以假定餐馆卖一个包子赚0.1

元),因此,通过交易,餐馆的财富增加了:(1元+Y)>(包子+Y)。

我们看小明的财富变化。如果小明不傻的话,小明肯定认为包子的价值对他而言至少是大于或等于1元的,否则,小明不会进行这个交易,这个交易也就不会发生。因此,小明的财富也通过交易增加了:(包子+X) > (1元+X)。这个交易的实质是,让小明在1元钱和包子之间进行选择,而且只能选一样,小明会选择对他价值大的东西,而小明选择了包子,放弃了1元钱,因此,包子对小明的价值大于1元钱,这一点是显而易见的。新古典经济学有"经济人"和资源稀缺性的假定,"经济人"就是理性人的意思,即他可以判断自己的利益,如果理性有欠缺、不能独自判断自己的利益,则需要监护人来代他判断。

因此上图的结果如下图1-2:

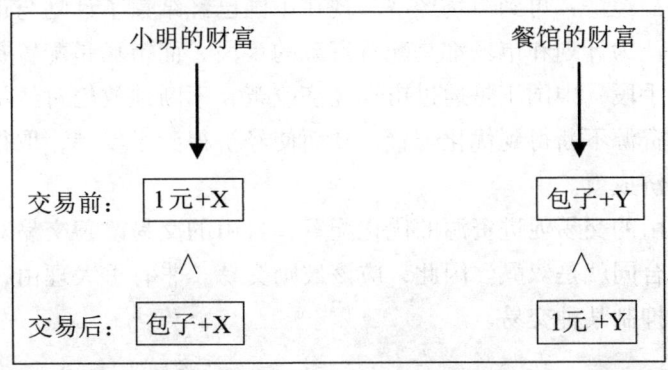

图1-2 交易后的财富大于交易前

小明和餐馆的财富都增加了,这个社会的财富自然就增加了,国家也可以通过这个交易收到税,从而用于增进社会公共福利。

肯定还会有人觉得迷惑,包子和1元钱只不过换了个地方,双方财富、社会的财富怎么就增加了呢?但确实是增加了。

同样一件物品,对于不同的人,在不同的时间、地点,价值或者说效用不同,这应该是个常识。举个稍极端的例子:你的身份证件丢了,被别人捡到,你的身份证件对你的价值和对拾得者的价值肯定是不一样的。经济学甚至认为,同样是1元钱,对于一个月收入1000元和10 000元的人而言价值或效用是不同的。

受剩余价值理论及价值—价格波动理论影响的人可能会觉得这个常识很难理解。应该说,这是不同的范式系统,确实需要打破一个旧的范式系统,才能转过弯来。

如果说通过双方自由的交易促进了双方的财富的增加有点难理解,那我们可以换种说法:通过交易,资源得到了更优的配置。通过交易,一样东西到了出价更高的人那里,它就发挥了更大的效用,从而资源得到了更优的配置。

中国自20世纪80年代以来取得的经济成就有目共睹,而这个过程是在中国的经济体制变革过程中实现的:从计划经济,到有计划的商品经济,再到市场经济。现在中国已经结束了计划与市场的争论,认为计划和市场都是配置资源的手段,而市场是配置资源的更优的手段,中国正是通过市场经济改革、不断地放松对经济的管制,使资源不断得到优化配置,从而使经济得到了发展,取得了今天的经济成就。

自由的交易促进资源的优化配置,自由的交易改善交易双方的福利,合同就是双赢。因此,应该鼓励交易。非有重大理由,不能禁止或抑制某种交易。

第二节 帕累托改进与帕累托最优

帕累托(Vilfredo Federico Damaso Pareto,1848年~1923年)是位意大利的经济学家,帕累托改进与帕累托最优是以其名字命名的两个经济学名词。帕累托改进是指一项交易或政策,至少使一个人得益且没有任何人受损失。帕累托最优是指不可能再发生任何帕累托改进。

帕累托最优是指一种理想状态：在一个固定区域有一固定的人群，他们各有资源，人们会进行各种交易来改善各自的情况，直至不会发生任何交易，即再进行任何交易都不会对任何人的情况有进一步的改进了，换句话说，达到了"物尽其用"的状态，资源得到了最佳的配置。

帕累托最优作为一种理想状态，永远不可能达到。因此，现实中，交易在不断地进行。

第三节 市场与政府管制

交易促进效率和财富，因此，应当鼓励交易而不是抑制交易。

市场经济体制是与计划经济体制相对的配置资源的制度体系。市场经济体制通过各市场主体的自主决定和自由竞争，通过价格机制（即价高者得）实现对资源的优化配置——资源到了出价最高的人那里，自然就发挥了最高的效用，资源也就得到了最优的配置。

一个社会可能基于历史、文化及社会公共利益，禁止某种交易。比如，对枪支、卖淫嫖娼等，不少国家或地区可能基于公共安全及社会善良风俗予以禁止；我们对出租车、金融保险、电信、石油等交易进行比较严格的管制；我们对教育、医疗服务、新闻出版等的管制；我们对房地产市场，包括建筑市场的各种管制；我们还有最低工资、最长工时等劳动保障以及消费者权益保护方面的管制。不过，我们可以看到世界不同的司法区域可能会采取不同的态度。

一般地，交易越自由顺畅，交易越频繁、容易，一个社会就越繁荣、富强；相反，一个社会条条框框过多，这也不能干、那也不能干，交易受到不正常的抑制，这个社会就会贫困、物资匮乏。

当然，市场也不能离开政府而自足。市场需要政府制定规则、保护产权，另外，市场需要政府的补足。比如，公共品的生产很难通过市场提供，需要由政府提供；又比如，两个人的交易给第三人造成损失，即存在负的外部性，因此，政府会禁止恶意串通损害他人利益的行为。

市场与管制、市场与政府各自的边界何在，这是经济学和法学的重大课题。

第四节 为达成自由的交易，物权法可以做什么？

民商法是市场经济的基本法，它为交易的达成提供了一个基本的框架。

要达成一个自由的交易，需要三方面的规则：一是交易的人，即谁可以进行交易；二是交易的东西，即什么东西可以交易，以及交易的结果会得到怎样的保障；三是怎样达成一个自由的交易以及确保达成的交易实现、履行，并排除那些有欺诈、胁迫、重大误解（错误）和显失公平的交易。

这三方面的规则，分别是民事主体法、物权法（或者财产法）及合同法，实际上就是人、物、债的三分法。

民事主体法规定什么是民法上的人（包括自然人、法人和非法人团体），以及他们中哪些人可以进行怎样的交易。对于自然人中那些不能对自己的利益作出合适判断的人，由于有行为能力制度或禁治产制度的限制，他们不能进行重大的交易，需由其监护人代理进行。法人依据其目的的不同（比如营利、公益或中间法人），可以进行不同类型的交易；非法人团体，（比如分公司），根据授权的不同，其交易的能力受到限制。比如，《担保法》规定，"具有代为清偿债务能力的法人、其他组织或者公民，可以作保证人"（第7条）；"国家机关不得为保证人，但经国务院批准为使用外国政府或者国际经济组织贷款进行转贷的除外"（第8条）；"学校、幼儿园、医院等以公益为目的的事业单位、社会团体不得为保证人"（第9条）；"企业法人的分支机构、职能部门不得为保证人。企业法人的分支机构有法人书面授权的，可以在授权范围内提供保证"（第10条）。

合同法，则是有关交易具体如何达成及履行的规则。合同法将合同或交易的订立拆解为要约和承诺的过程，承诺到达受要约人时生效（《合同法》第26条），承诺生效时合同成立（第25条），依法成立的合同自成立时生效（第44条）。欠缺民事行为能力的人进行的交易，有待追认；欺诈、胁迫、乘人之危或显失公平的交易，受害人可以撤销或变更；恶意串通损害第三人利益的交易，从成立时起无效。而依法成立的合同，对于当事人有相当于法律的效力，好似一条无形的锁链将交易双方联系在一起，债务人不适当、全面履行债务就要承担违约责任，直至合同终止、债权消灭。

物权法，提供了交易的前提并保障交易的后果。首先，什么东西可以交易、什么东西不可以交易，你有一样东西你可以对它做什么，是交易的前提。这由物权法规定，即什么是物、什么是物权、有哪些物权以及你有物权可以做什么（物权的内容及效力为何）。其次，物权具体什么时候以及如何变动，或者说通过交易，你具体什么时候和怎样才可以拿到交易标的的物权，而你只有拿到了交易标的的"权"，才会受到法律的保护，才有法律的力量。

后面我们会看到，物权法所说的物主要是指有体物。而交易的标的除了有体物（实际上交易的是物权），可能还会有知识产权、股权或者债权，而对这些权利进行交易，其权利变动的规则参照（即准用）物权变动的规则，因此，才会有准物权行为的存在。

第五节 科斯定理：因为交易成本的存在，制度才有意义

R. H. 科斯（R. H. Coase）是位非常伟大的经济学家，其于

1991年获得诺贝尔经济学奖。其最重要的两篇论文分别是《企业的性质》和《社会成本问题》,可以说,他开创了20世纪的制度主义经济学或者说产权学派,并因之派生出法律经济学或法律的经济分析方法。

新制度主义经济学认为,古典经济学的"交易促进效率"没错,但古典经济学是"理论"的或"理想"的经济学,新制度主义经济学才是"现实"的经济学。由于信息不对称、有限理性、交易成本、垄断及外部性等的存在,凭市场自身无法实现帕累托最优。

科斯发现了"交易成本"(或"交易费用"),并因之有了著名的"科斯定理"。科斯定理的主要内容是,如果交易费用为零,则无论制度或产权如何确定,总可通过市场交易达致帕累托最优或者说效率或资源的优化配置。"他含蓄地表明:各种法律对行为产生影响的主要因素是交易成本,而法律的目的正应是推进市场交换,促成交易成本最低化。"[1]

让我们以上述的"所有权人有权要求拾得人返还遗失物"的规则为例,进行分析。依据科斯定理:如果交易费用为零,则无论法律是否赋予所有权人要求拾得人返还遗失物的权利,均可通过市场的自由交易使资源得到最优配置。

假定遗失物对所有权人的价值为100元、对拾得人价值为1元,如果法律不规定所有权人有权要求拾得人返还,那么,所有权人只能从拾得人处购回该遗失物,理论上,所有权人支付2元给拾得人,拾得人就会把遗失物交易给所有权人。

依据科斯定理,我们看遗失物遗失前、拾得后及交易后所有权人、拾得人及社会的财富变化,见表1-1:

---

[1]【美】理查德·A. 波斯纳著,蒋兆康译:《法律的经济分析》,中国大百科全书出版社1997年版,第6页。

表1-1 遗失物交易财富变化表

	所有权人的财富	拾得人的财富	社会财富	社会财富比遗失前增减
遗失前	S+100	T	S+100+T	0
拾得后	S	T+1	S+T+1	-99
交易后	S-2+100	T+2	S+T+100	0

（注：假定所有权人在遗失物遗失前的财富为S+100；遗失物对所有权人的价值为100；对拾得人的价值为1；拾得人在拾得遗失物前的财富为T，所有权人以2元价格购回遗失物；社会财富为所有权人与拾得人的财富之和。）

通过上表，可见科斯定理的正确。但科斯定理的推论则是，因为交易成本的存在，法律、制度、规则以及产权的确定就对资源的优化配置非常重要了。而现实世界是有交易成本的，而且有时候交易成本会大到无法达成交易。

仍以上述遗失物规则为例。所有权人怎么才能找到拾得人呢？理论上，拾得人和所有权人应该在1和100之间的价格达成交易，但拾得人总想通过交易多要些钱，而所有权人总想少付些钱，他们需要进行谈判或者讨价还价，而双方可能互相不知道对方的底价，如果拾得人要价大于等于100，交易就不会达成，这会是个艰难的过程。更不要说，双方还互相怕对方欺骗自己，说不定还要再找个律师或见证人；甚至有可能东西有损坏，交付有迟延，双方还可能因此要诉诸法庭……

因此，法律需要对遗失物制定规则，比如，绝大多数的司法区域会赋予所有权人要求拾得人返还遗失物的权利。但是比较不同立法例，可以发现，不少立法例同时赋予拾得人要求失主支付报酬的权利（详见后述），我国现行物权法却没有赋予拾得人该权利。

这些都是交易成本。有人比喻交易成本就好像是物理世界的摩擦力，在理想世界中，不存在摩擦力，而现实世界是存在摩擦力的，甚至有时候摩擦力大得惊人，需要很大力气才能推动一个物体。交易成本主要包括"度量、界定和保证产权（即提供交易条件）的费用，发现交易对象和交易价格的费用，讨价还价的费用，订立交易合约的费用，执行交易的费用，监督违约行为并对之制裁的费用，维护交易秩序的费用"，等等，"交易费用是经济制度的运行费用"[1]。完全竞争的世界类似于物理学家的无摩擦模型或真空状态，"这不是当我们走出图书馆同街上的真实的、活的、呼吸着的人接触时我们所认识的那种真实世界的画面"[2]。

交易自由达成，结果是利人利己；而由于交易成本的存在，交易不能达成，就会有"损人不利己"的情况出现。

我国台湾地区现行"民法"就有不少规则体现了这一原理。

比如其第783条规定："土地所有人因其家用或利用土地所必要，非以过巨之费用及劳力不能得水者，得支付偿金，对邻地所有人请求给与有余之水。"

又如，其第786条规定："土地所有人非通过他人之土地，不能设置电线、水管、瓦斯管或其他管线，或虽能设置而需费过巨者，得通过他人土地之上下而设置之。但应择其损害最少之处所及

---

[1]【美】罗纳德·哈里·科斯著，盛洪、陈郁译校：《论生产的制度结构》，上海三联书店1994年版，"译者的话"。另可参见，【美】尼古拉斯·L.吉奥加卡波罗斯著，许峰、翟新辉译：《法律经济学的原理与方法》，复旦大学出版社2014年版，第一部分，第5章。

[2]【美】保罗·A.萨缪尔森、威廉·D.诺德豪斯著，高鸿业等译：《经济学》，中国发展出版社1992年版，第1135~1136页。该书第19版已有中译本，见商务印书馆，萧琛等译，2012年版。

方法为之,并应支付偿金。"[1]

其第787条规定了"通行权":"土地因与公路无适宜之联络,致不能为通常使用时,除因土地所有人之任意行为所生者外,土地所有人得通行周围地以至公路。前项情形,有通行权人应于通行必要之范围内,择其周围地损害最少之处所及方法为之;对于通行地因此所受之损害,并应支付偿金。"其第788条接着规定:"有通行权人于必要时,得开设道路。但对于通行地因此所受之损害,应支付偿金。前项情形,如致通行地损害过巨者,通行地所有人得请求有通行权人以相当之价额购买通行地及因此形成之畸零地,其价额由当事人协议定之;不能协议者,得请求法院以判决定之。"

上述台湾地区现行"民法"第783条规定的"使用邻地余水之用水权"、第786条的"管线安设权"、第787条"袋地所有人之必要通行权"、第788条"开路通行权",均是法律在自由交易无法达成时进行的某种产权安排,以避免"损人不利己"后果的出现。

❓ 本章思考题

1. 交易促进效率或者促进社会财富吗?为什么?
2. 你认为什么交易应该被禁止或者限制?为什么?
3. 物权法对交易的完成有什么意义?
4. 你认为法律应当规定拾得人的报酬请求权吗?为什么?我国台湾地区和澳门特别行政区的法律关于此问题是如何规定的?

---

[1]《大清民律草案》(1911年)第1006条已有类似规定:"甲地所有人非通过乙地不能安设水管、煤气管及电线,或虽能安设费用过钜者,得通过乙地之上下而安设之。但安设时,须择乙地损害最少之处所及方法,并对乙地所有人支付偿金。"见杨立新点校:《大清民律草案·民国民律草案》,吉林人民出版社2002年版,第132页。

本章推荐阅读文献

1.【美】罗纳德·哈里·科斯著,盛洪、陈郁译校:《论生产的制度结构》,上海三联书店1991年版;

2.【美】保罗·A.萨缪尔森、威廉·D.诺德豪斯著,高鸿业等译:《经济学》,中国发展出版社1992年版;该书第19版已有中译本,见商务印书馆,萧琛等译,2012年版;

3. 陈郁编:《企业制度与市场组织——交易费用经济学文选》,上海三联书店、上海人民出版社1996年版;

4.【美】罗伯特·考伦、托马斯·尤伦著,张军等译:《法和经济学》,上海三联书店、上海人民出版社1994年版;

5.【美】R.科斯等著:《财产权利与制度变迁——产权学派与新制度学派译文集》,上海三联书店、上海人民出版社1994年版;

6. 茅于轼:《生活中的经济学》,暨南大学出版社2007年版;

7.【美】理查德·A.波斯纳著,蒋兆康译:《法律的经济分析》,中国大百科全书出版社1997年版。

第二章

物权法与财产法：物权法的内容与性质

在成文法系、民法法系、法典法系或大陆法系的司法区域，一般会有民法典，物权法规则通常是其民法典的一部分，如其在德国民法典中，则构成其中的一编；在英美法系、普通法系或判例法系的司法区域，包括英国本土及其前殖民地，一般以英文为官方语言，通常没有民法典或相应的成文法，但会有财产法（property law）规则，而且主要是由判例组成的规则。

第一节 物权法的主要内容

成文法系或大陆法系与英美法系或普通法系的主要区别是有无成文法，以及判例的作用不同（美国有些财产法教材会包含部分知识产权的内容），而且由于历史文化原因，各司法区域的物权或财产权利的种类会有所不同。不过，物权法与财产法所规范的内容却是大致一致的。[1]

物权法主要规范四个方面的问题,或者说是主要包括四个方面的规则。见下表2-1:

表2-1 物权法内容表

	物权法规则的四个内容	王泽鉴的表述[2]
问题1	什么是物(或财产)?	何种之物(或财产)得为私有?
问题2	什么是物权?	所有人对于其物得为如何的使用、收益、处分?
问题3	如何取得物权?	如何创设物权?
问题4	如何保护物权?	所有权被侵害时的救济方法。

我国物权法共五编,分别是第一编总则、第二编所有权、第三编用益物权、第四编担保物权、第五编占有,可以说,基本上每一编都是这样的结构,比如,总则编就规定:什么是物(包括动产和不动产),什么是物权(包括所有权、用益物权和担保物权),物权如何变动,物权如何保护。分则编的各种物权(占有除外),也

---

[1] 应该说,称"物权法"是继受德国五编制民法典的结果。债与物权分别是德国民法典两编,债权与物权的区分也是德国民法典编纂的理论基础。"对于德国民法典严格划分债与物权的办法的一种非难来自关于买卖合同的问题。特别是在与英美法中的规定比较时,更受到批评。在英美法,关于买卖的法律既解决买卖双方的义务,也解决买方取得所有权的问题。而在德国民法典,这两个问题分别由债法和物权法去解决"。见谢怀栻:《大陆法国家民法典研究》,中国法制出版社2004年版,第46页;该论文原部分连载于《外国法译评》1994年第3、4期及1995年第2、3期。美国的财产法教材一般不会讲到动产买卖时物权的变动,但会讲到类似于善意取得、遗失物、先占、时效占有及不动产登记的效力等制度,不动产的买卖、租赁等也会包括在财产法中。可以参见〔美〕史蒂文·L.伊曼纽:《财产法》,影印本,中信出版社2003年版。

[2] 见王泽鉴:《民法物权1·通则·所有权》,中国政法大学出版社2001年版,第14页。

是分别规定每种物权可以成立在什么"物"上面（部分物权可以成立在权利之上），每种物权有什么效力（内容），每种物权如何取得，以及如何保护。

以下分别就这四个方面的问题予以简单解说。

一、什么是物

这是物权法或财产法规则首先需要规定的问题，法律需要明确什么是物权法所说的物或财产，以及人民可以拥有什么财产。

我国《物权法》第 2 条第 2 款规定："本法所称物，包括不动产和动产。法律规定权利作为物权客体的，依照其规定。"

回顾前述内容，也可以说，对于什么东西可以交易做出规定。这方面的规则当然重要，如果什么东西可以交易、什么东西不可以交易不清楚、不透明，人民就会无所适从，这样怎么进行交易？

二、什么是物权

也就是说人们对一个物可以拥有怎样的权利，可以对这个物做什么。所有权是最重要的物权，所以王泽鉴直接归纳此问题为"所有人对于其物得为如何的使用、收益、处分"。

这个问题还包括以下内容：有哪些种物权？每种物权有什么内容或效力？我有某种物权可以做什么？

三、如何取得物权

可以通过哪些途径取得物权？取得了一个物权，就存在了一个物权的法律关系，就有了物权法律关系的变动，就有了物权的变动，因此，这一问题也可以换成"物权如何变动"。

这是物权法的重要内容。因为只有依法取得了物权，才会有一个真正的"权"，才有法律的力量，才会受到法律的保护。

学习物权法的一个重要方面，就是掌握每种具体的物权如何变动、何时取得或创设、何时消灭。

四、如何保护物权

物权受到侵害，会依据侵权法规则受到保护。但除了侵权法规则,物权自身的效力也可以成为维权的请求权基础;此外,部分物权还有保全"权"。比如,《物权法》第193条规定:"抵押人的行为足以使抵押财产价值减少的,抵押权人有权要求抵押人停止其行为。抵押财产价值减少的,抵押权人有权要求恢复抵押财产的价值,或者提供与减少的价值相应的担保。抵押人不恢复抵押财产的价值也不提供担保的,抵押权人有权要求债务人提前清偿债务。"

第二节 大陆法系的德国民法思维与英美法传统的思维方法之不同

大陆法系特别是德国法的思路,是从生活事实中抽象出高度抽象的概念,依逻辑关系编排法典,从而试图没有遗漏地规范纷繁复杂的生活事实。法典式的方法,如同用重要的概念作为结点,编织一个细密的网,去兜住需要规范的生活事实,一旦概念不清,网编得有问题,要么会漏掉东西,要么会兜住不应该兜住的东西。"德国民法典的总则编是最引人注意、最引起争议的问题。"[1]

而用判例的方法进行修补,那是个需要时间的细活。

英美法的判例法方法,好比在地面上安置一顶顶的小雨伞(判例),互相遮蔽,挡住落下的雨滴,有漏下的,就会及时通过判例补漏,虽然看似笨拙,但通过好几百年的循序渐进,细致得很,很少有漏洞了,但这种方法不好轻易搬过来用。

德国法与英美法在法律体系和方法上的不同,植根于其哲学传统的不同。英国有经验主义的哲学传统,从洛克、休谟、霍布斯到贝克莱,都强调经验的重要,其方法是归纳的方法,具体到法学,则是遵循先例,判例在其法律体系中具有决定性地位,因此,英美

---

[1] 谢怀栻:《大陆法国家民法典研究》,中国法制出版社2004年版,第41~45页。

第二章 物权法与财产法:物权法的内容与性质

法可以没有成文法,但离不开判例和熟悉判例的法律职业团体,虽然现在成文法增多,美国联邦甚至有了美国法典,各州也有所谓州的法典,但不过是各种法律的散乱汇编而已;而欧洲大陆,主要是德国与法国,则是理性主义传统,比如从笛卡尔、莱布尼兹、康德到黑格尔,均强调抽象的概念和逻辑体系,其方法是演绎的方法,强调逻辑体系、概念的严密和概念的层级或位阶,德国法的法律行为概念是其理性主义哲学抽象的体现,比如"民事权利—财产权—物权—他物权—抵押权"递降的层级;又比如"法律事实—行为—私法行为—合法行为—表示行为—法律行为—合同"递降的层级,通过对生活事实进行抽象,创造出概念,再企图以其概念的精确来涵盖所有生活事实。

就英美法与德国法(大陆法)对中国的意义而言,无所谓优劣。从个人角度,则更喜欢英美法——英美法判例法遵循先例的原则可以稳定司法,但又不拘泥于先例,普通法可以通过判例的点滴演进变革社会结构,从而避免了社会的剧烈动荡[1]。相反,大陆法由于法典化,适合"革命",似乎可以随时重来一套。

总之,大陆法系的物权法通常是民法典的一编,而民法典的编纂是先从生活事实抽象出概念,遵循概念的逻辑结构编写出民法典,包括物权法。而英美的财产法则是另外一番景象,主要由判例法组成,靠几百年的判例积累、演进构成。这样,大陆法就显得逻辑严谨,企图用概念涵盖所有生活事实,但显僵硬;而英美法虽显笨拙,但灵活实用。

举例而言,大陆法讲物权特定,即物权必须建立在特定的物

---

[1] [美]腓特烈·G. 坎平:《盎格鲁-美利坚法律史》(Historical Introduction to Anglo-American Law),法律出版社 2001 年版,作者的第三版序。"The history of our law is a history of change. Without the need for violent social revolution, the common law has adapted to changes in our social and economic structure from feudalism through mercantilism to a modern capitalism society."

上，提到一个物权，就必须知道是关于什么东西的物权，而这个物如果不确定或者变来变去，大陆法就会觉得无所适从。而英美法的"按揭"制度[1]和动产浮动抵押制度很难为大陆法理论所接受。特别是动产浮动抵押制度（见《物权法》第181、196条），抵押权设立时，抵押物是不确定的，而且是变化的，这对于传统大陆法系的理念而言是很难被接受的。但英美法不管这些，管用就行。

成文法有其固有的局限，因为抽象的概念需要解释。比如，《物权法》第42条第1款规定："为了公共利益的需要，依照法律规定的权限和程序可以征收集体所有的土地和单位、个人的房屋及其他不动产。"何为"公共利益"？法律规定了如何的权限和程序？何为"其他不动产"？看了这个条文，仍然云里雾里。

对比美国宪法第5修正案规定的所谓"征收条款"，也就一句话，"未经公正补偿，不得为公共目的征收私人财产"（nor shall private property be taken for public use, without just compensation），但对于什么构成"公共目的"（public use），什么构成"征收"，都有联邦最高法院的一系列判例做出了回答[2]，并且美国联邦最高法院会审时度势予以变化。

我国的做法则是每出台一部法律，最高法院就会随后出台一系列的司法解释，而该等解释，有时候可能还需要进一步的请示、批复来进行再解释。可喜的是中国也于2010年开始建立指导案例制度，虽然有待完善（比如，最高法院本身的判例并不当然是指导性

---

[1] 本质上是一种债权抵押，即买房人作为债权人将把将来获取不动产物权的权利抵押给作为银行的债权人。

[2] 有兴趣的读者可以读一读以下几个美国联邦最高法院作出的有趣判例：Muglur v. Kansas (123 U. S. 623, 1887); Penn Central Transportation Co. v. New York City (438 U. S. 104, 1978); Lucas v, South Carolina Cosastal Council (505 U, S, 1003, 1992); Kelo v. City of New London (125 S Ct, 2655, 2005)，互联网上都可以找到。

案例；最高法院公报公布的案例也不当然是指导性案例[1]），但最高法院的这一"指导性案例"制度，对于统一全国司法、保障同案同判、促进中国的法治水平，具有积极作用；而且指导性案例比司法解释更为具体和具有针对性，长此以往，其在司法实践中的巨大作用可期。现实中，不少法院开始在判决中引用指导性案例作为判案的依据。迄今，截至2015年4月15日，最高人民法院已发布十批含民事、刑事、行政等共52件指导性案例。

第三节 物权法的性质

一、物权法是私法

民法是私法，是规范市民社会中平等主体的自然人、法人及非法人团体之间人身关系和财产关系的规则。私法自治或意思自治或自愿，是私法的核心原则。

物权法作为民法的一部分，当然属于私法。私法自治或意思自治自然也应是物权法的核心原则。惟物权有关社会秩序，关系重大，基于物权的特性，物权法有"物权法定原则"（详见后述），人民可以拥有哪些财产（什么是物）、有哪些物权、物权可以做什么（什么是物权，物权的内容、效力）以及物权如何取得（变动），均由法律强制规定，我们只有是否要拥有某种财产或物权的选择自由，而不能自由创设新的物权种类，而且变动物权只能按照

---

[1] 最高法院本身的判例不构成指导性案例，其有损最高法院权威，值得讨论。另，据最高法院"（2014）民申字第441号"——"李艺东、李宝华、四川鑫顺达融资担保有限公司、四川中南明大置业投资集团有限公司、厦门明大置业投资集团有限公司、厦门水晶之约投资管理有限公司、厦门市今丰商贸有限公司、中国工商银行股份有限公司厦门前埔支行与黄木兴一般借款合同纠纷申请再审民事裁定书"，最高法院在该裁定中称"本院公报案例并非是本院根据《关于案例指导工作的规定》发布的指导性案例，其主张本案应参照该案例处理没有依据"，因此，最高法院公报公布的案例也不构成指导性案例，法院可以不"参照"。

法律规定的方式去变动，才会发生物权变动的效果，否则不生效力。

二、物权法是裁判法

法律规范分为行为规范和裁判规范。行为规范意旨在"要求受规范之人取向于它们而为行为"；裁判规范则在"要求裁判法律上争端之人或机关，以它们为裁判之标准进行裁判"。行为规范在规范逻辑上当同时为裁判规范，但裁判规范并不必然是行为规范，裁判规范所规范之对象是裁判之人或机关，所以其规定之中有一些便只专对裁判者而发，不像行为规范"首先系对行为者而发，然后写贯彻其规范系争行为之意旨，才又进一步要求裁判者依据系争行为规范，从而使这些行为规范兼具裁判规范之性质"[1]。

民法规范的裁判法性质，使民法典预设的读者应该是民事法官，而不是民事交易者。人民既不必"使由之"，也就不必"使知之"[2]，因此，民法规范（民法典）精确重于通俗，不应舍专业化而屈就通俗化[3]。

作为常识，"民事纠纷，不告不理"，也就是说，民事主体之间发生纠纷（不管是权利受侵害还是就特定权利的存在或归属发生纠纷），只要当事人不诉至法院，国家并不主动出面干预（也不应主动出面干预），这时，民法规则只是"潜在"地在配置着各方的权利与义务，而且随着时间的推移，时效制度也在影响各方的权利配置；如果纠纷任何一方诉至法院，民法规则才"显现"出来，作为

---

[1] 参见黄茂荣：《法学方法与现代民法》，中国政法大学出版社2001年版，第110页及以下。

[2] 苏永钦：《民事立法与公私法的接轨》，北京大学出版社2005年版，第20~21页。

[3] 作者曾在授课班级做过调查，请学生询问其父母是否读过《婚姻法》文本至少一遍，结果是100个家庭里面通读过《婚姻法》文本一遍以上的父母不超过7位（其中有的父母还是法律专业人士）。

裁判者的法院或仲裁机构应当遵循的裁判规则[1]。民法的意义就在于作为裁判规则。

现实中，我国民法规范中确实存在貌似行为规范的规范，实际上其不具有民法意义。民法作为私法、实体法，其意义在于规范何种法律事实在哪些人之间引起了怎样的民事权利义务（关系）的变动，从而对现实中人民的关系作出其认为合理的权利义务的配置；如果一个民法规范实际上并未针对任何情形作出任何民事权利义务的配置，只是在"示范"或"倡导"，实在是没有民法意义，不应该算是一个严格意义上的民法规范。民法规范应当尽量"纯粹化"——即尽量减少这些规范，从而方便法律适用、减少混乱。一些纯粹的宣示性或倡导性的规范，由于不具可诉性或可司法性（即不能作为司法裁判的依据），徒增找法成本及解释成本[2]，应当尽量避免。

有学者对我国民事法律中的这种现象作出了批评。比如，针对物权法规定"侵害物权，除承担民事责任外，违反行政管理规定的，依法承担行政责任；构成犯罪的，依法追究刑事责任"（《物权法》第38条第2款）。苏永钦先生指出，这种条款对于主要的规范对象——审判民事争议的法官而言，可说毫无意义，类似的警语贴在民法典里，简直就有点"焚琴煮鹤"了——"不论公法私法，法律条文如果只想传输道德，而不能创设任何可司法的权利义务内涵，除了制造司法的混乱，不会有其他的效果"[3]。

---

[1] 当然，有不少纠纷是依据民法规则通过和解、调解等ADR方式解决的。

[2] 苏永钦以我国《婚姻法》第4条为例，指出该条由于不具可诉性，我国最高法院"关于适用《中华人民共和国婚姻法》若干问题的解释（一）"第3条特别解释"当事人仅以婚姻法第4条为依据提起诉讼的，人民法院不予受理；已经受理的，裁定驳回起诉。"

[3] 苏永钦：《民事立法与公私法的接轨》，北京大学出版社2005年版，第33页。苏先生还批评了我国内地民法中放进的"虽然切题，但是纯属道德呼声的警语"。

❓ 本章思考题

1. 物权法的主要内容是什么？

2. 为什么说物权法是裁判法？你认为物权法文本是应该写得通俗易懂，让普通民众能够理解，便于普通民众运用，还是应该用词讲究、概念精准、体系严谨，便于法律专业人士裁判纠纷？为什么？

3. 找一本英美的财产法（Property Law）教材，浏览其目录，了解英美法财产法规则的基本内容。

4. 在物权法领域如何体现私法自治或意思自治原则？你认为让大家自由约定物权的变动和自由创设物权的种类有什么不妥吗？

▶ 本章推荐阅读文献

1. 【日】美浓部达吉著，黄冯明译：《公法与私法》，中国政法大学出版社2003年版；

2. 黄茂荣：《法学方法与现代民法》，中国政法大学出版社2001年版；

3. 苏永钦：《民事立法与公私法的接轨》，北京大学出版社2005年版；

4. 苏永钦：《私法自治中的国家强制》，中国法制出版社2005年版；

5. 苏永钦：《走入新世纪的私法自治》，中国政法大学出版社2002年版；

6. 苏永钦：《私法自治中的经济理性》，中国人民大学出版社2004年版；

7. 王泽鉴：《民法物权1·通则·所有权》，中国政法大学出版社 2001 年版，第一章；

8. 翟新辉："不见'物'的物权法——物权法的裁判法性质及其专业化与纯粹化"，载《学术交流》2012 年第 12 期。

第三章

我国物权法的过去与现状

第一节 1949年之前的中国物权法

中国古代"诸法合体,民刑不分",并无传统的私法理念和单独的民法。就物权法而言,虽然会有相应的物权制度(比如"典"),但并无独立的民法或物权法,甚至无"物权"一词。

一、大清民律草案(民律第一次草案)

清末中国积弱,拟"变法图强",清王朝曾设立修订法律馆组织起草"大清民律草案",这被称为中国的民律第一次草案。

光绪三十三年(1907年)当时的民政部奏请厘定民律:"各国民法,编制各殊,而要旨宏纲,大略相似。举其荦荦大者,如物权法,定财产之主权;债权法,坚交际之信义;亲族法,明伦理之关系;相续法,杜继承之纷争,靡不缕析条分,着为定律。中国律例,民刑不分,而民法之称,见于尚书孔传。历代律文,户婚诸条,实近民法,然缺焉不完。……因时制宜,折中至当,非增删旧律，别着专条，不足以诏书。"[1] 就民律的起草，系延聘日本法学博士志田钾太郎、松岗义正专任起草民律，完成民律总则、债权、物权三编草案。而亲属编由章宗元、朱陷温主编，继承编则由高种、陈录主编。大清民律草案于宣统三年（1911年）完成，共五编1316条。全案大体仿德日民法，未及颁行而清亡。

大清民律草案凡五编，第一编总则共8章；第二编债权共8章；第三编物权共7章；亲属法7章；继承法6章。其中，物权编7章共338条（第978条~1316条）包括：通则、所有权、地上权、永佃权、地役权、担保物权及占有。

基于以上，"物权"一词应该和"民法"一样，传自日本。

该草案的物权编已经具备现代物权法雏形[2]，物权变动采取了不动产登记生效及动产交付生效的规则，与当时日本民法典的对抗效力不同，成为中国物权法的蓝本。其中[3]：

第一章通则第978条规定了物权法定原则：

物权，于本律及其他法律有特别规定外，不得创设。

第979条规定了不动产物权变动的登记生效：

依法律行为而有不动产物权之得、丧及变更者，非经登记，不生效力。

第980条规定了动产物权的变动及观念交付：

动产物权之让与，非经交付动产，不生效力。但让受人先占有动产者，其物权之移转于合意时，生效力。

---

〔1〕 转引自谢振民编著：《中华民国立法史》，中国政法大学出版社2000年版，第743页以下。本段就大清民律起草的史料亦依据该书。

〔2〕 大清民律草案物权编因为请日人起草，受到当时本土法律家的批评，"不和我国民情习俗"，见张生：《中国近代民法法典化研究》，中国政法大学出版社2004年版，第106页；以及前注谢振民编著：《中华民国立法史》，中国政法大学出版社2000年版，第748页。

〔3〕 本段引用的大清民律草案条文，见杨立新点校：《大清民律草案·民国民律草案》，吉林人民出版社2002年版，第129~130页。

让与动产物权时,让与人若继续占有动产,让与人与让受人间得订立契约,使让受人因此取得间接占有,以代交付。

以第三人占有之动产物权而为让与者,让与人得以对第三人之返还请求权,让与让受人,以代交付。

前三项之规定,于让与无记名证券者,准用之。

第二章所有权第一节通则第983条规定了所有权:

所有人于法令之限制内,自由使用、收益、处分其所有物。

然而随着清王朝被推翻,该草案未经公布实施即夭折。

二、民国民律草案(民律第二次草案)

民国成立后,民国四年(1915年)曾编订完成《民律亲属编草案》,后在此基础上,由五位本国法律家负责起草民国《民律草案》,其中,余棨昌(负责总则编)、黄右昌(负责物权编)、高种(负责亲属、继承两编)曾留学日本;应时与梁敬镦负责债编,前者获法国巴黎大学博士学位,后者曾留学英国;于民国14年至15年(1925年~1926年)完成民律总则、债、物权、亲属、继承各编草案,是为民律第二次草案。惟适值政变,法统废弃后,国会迄未恢复,此草案未能成为正式法典[1]。

"民律二草大抵由第一次草案修订而成,惟总则编、物权编变更较少。债权编改为债编,间采瑞士债务法,亲属、继承两编则加入现行律民事有效部分,及历年大理院判例,就前案稍有增损。此草案曾经司法部通令各级法院作为事理援用"。

其中,物权编由民律一草的338条减少为310条,拆分民律一草的担保物权一章为抵押权、质权两章,并增设典权一章。

民国《民律草案》沿用了《大清民律草案》的很多原文。对于物权编,基本沿袭德日模式。就制度方面,民国《民律草案》舍

---

[1] 张生:《中国近代民法法典化研究》,中国政法大学出版社2004年版,第155页;谢振民编著:《中华民国立法史》,中国政法大学2000年版,第747页以下。

弃了《大清民律草案》生吞进来的德国的"土地债务"制度（规定于担保物权一章），增设了本土固有的典权制度，但保留了不动产质权制度。总的来说，民律二草物权编基本框架仍然取自德日，不动产物权变动采登记生效、动产物权变动采交付生效，同时规定了因继承、强制执行引起的物权变动及法律行为引起的物权变动。

三、民国时期民法典及其在我国台湾地区的修订

1927年，当时的国民政府设都南京，并于1928年成立立法院，积极编制民法典。1929年1月29日，民国立法院会议议决指定傅秉常、史尚宽、焦易堂、林彬、郑毓秀组织民法起草委员会，并聘司法院院长王宠惠、考试院院长戴传贤及法国人宝道（Padoux）为顾问[1]。1929年始，共1225条的《中华民国民法典》各编陆续颁布：

1. 总则编：1929年5月23日公布，全文152条；自1929年10月10日施行。

2. 债编：1929年11月22日公布，全文604条；自1930年5月5日施行。

3. 物权编1929年11月30日公布，全文210条；自1930年5月5日施行。

4. 亲属编：1930年12月26日公布，全文171条；并自1931年5月5日施行。

5. 继承编：继承编全文88条，与亲属编同时公布、施行。

民国时期民法典作为我国历史上第一部民法典，大体采自德国民法典，并吸收日本及瑞士民法成果，语言隽秀典雅，概念精当准确，体系完备严谨，"可谓采各国立法之长，堪称完善"[2]。谢怀

---

[1] 谢振民编著：《中华民国立法史》，中国政法大学出版社2000年版，第755页以下。

[2] 王泽鉴：《民法总则》，北京大学出版社2009年版，第15页。

栻对该法典也有极高的评价："这部民法即使在当时，与同时代各国民法，也可并肩而立。至于它在改革中国数千年的法治方面，在中国开创私法制度与私法文化方面，较之法国民法（拿破仑法典）犹有过之。这是中华民族可以引以为自豪的一部民法典"[1]。之后，我国虽废除民国的六法（包括该民法典），但是我国现行民事立法、民商法研究、教学，仍然受该法典的影响，中国未来民法典必然会有其深刻的烙印。

但当时中国战乱不断，军阀割据后是八年抗战，然后又是解放战争，实际上该法典在当时的中国并未起到重大作用。后国民政府败至台湾，该法典在我国台湾地区适用至今，期间也曾多次被修改。比较重要的分别是1981年对总则编的修正，1999年对债编的修正，2007、2009、2010及2012年对物权编的修正，2009年对继承编的修正。

虽经修正，但1929年颁布最初的物权编即已确立了以下框架及原则：①物权除于本法或其他法律有规定外，不得创设（后2009年则增加了对习惯的承认，略为缓和了物权法定）；②不动产物权，依法律行为取得、设定、丧失及变更者，非经登记不生效力；③所有人于法令限制之范围内，得自由使用、收益、处分其所有物，并排除他人干涉；④取得时效；⑤先占；⑥永佃权（后废除，增加了农育权，见下）；⑦典权；⑧动产的善意取得。与之前的民律草案相比，取消了土地债务及不动产质权、增加了典权，将留置权从债编挪出并置于物权编。

物权编在台湾地区的修正：2007年的修正主要是有关担保物权的修订；2009年修订了第一章通则及第二章所有权；2010年修订了第三章地上权，删除了第四章永佃权，增订了第四章之一农育权，修订了第八章典权及第十章占有；2012年对物权编的第805条

---

[1] 谢怀栻：《大陆法国家民法典研究》，中国法制出版社2004年版，第124页。

及 805-1 条关于遗失物的规定进行了最新的修订。

第二节 新中国的物权法

一、新中国的民事立法概况

1949 年,中华人民共和国成立,废除了国民政府的"六法",包括其民法典,至 1986 年《民法通则》颁布之前,经济上实行"计划经济"模式,私法极不发达;且当时"极左"思潮横行,以"平等""自由""自治"为原则的民法自是难以发展甚至立足。1978 年改革开放前,民商事法律方面仅颁布有《婚姻法》(1950 年 5 月 1 日公布实施)。

1978 年后,由于中国开始改革开放,并确立以经济建设为中心的国策,逐步由"计划经济"过渡至"有计划的商品经济",并最终确立实行"社会主义市场经济",改革三十余年来国家经济建设取得显著成果,国民生活水平也大幅提高,市民社会得以逐步培育,期间有关重要民事法律(如《民法通则》等)先后颁布,民商法研究也开始兴盛、发达,至近年的《物权法》《侵权责任法》《涉外民事法律关系适用法》等的颁布,我国民商事法律体系可说基本建立,虽说远未完善。

新中国曾经四次努力试图编纂民法典,分别是 1956 年的《民法(草稿)》("民法新一草")、1964 年的《中华人民共和国民法(试拟稿)》("民法新二草")、1982 年的《中华人民共和国民法草稿(四稿)》("民法新三草")及 2002 年的《民法典草案》[1],但均未果。现编纂民法典写入了中共十八届四中全会《中共中央关于全面推进依法治国若干重大问题的决定》(2014 年 10 月 23 日)。

---

[1] 参见张俊浩主编:《民法学原理》,中国政法大学出版社 2000 年版,第 49~50 页;张新宝:"中国民法和民法学的现状与展望",载《法学评论》2011 年第 3 期。

全国人大常委会法制工作委员会已于日前正式启动了民法典编纂工作，决定首先进行民法总则的起草。中国法学会组织撰写的《中华人民共和国民法典·民法总则专家建议稿（征求意见稿）》已向社会公开征求意见[1]，最高法院也正式宣布成立民法典编纂工作研究小组[2]，在可预见的未来，民法典应该是可以期待的。

1978年后颁布的重要民商事法律（含知识产权法）如下（表3-1）：

表3-1 1978年后颁布的重要民商事法律表

颁布年代	法律名称
1979年	《中外合资经营企业法》（1990、2001年分别修正）
1980年	《婚姻法》（2001年修订）
1981年	《经济合同法》（已废止）
1982年	《商标法》（1993年、2001年分别修正，2013年最新修订）
1984年	《专利法》（1992、2000及2008年分别修正）
1985年	《继承法》《涉外经济合同法》（已废止）
1986年	《民法通则》（2009年修正）、《外资企业法》（2000年修正）
1987年	《技术合同法》（已废止）
1988年	《中外合资经营企业法》（2000年修正）
1990年	《著作权法》（2001、2010年分别修正）

---

[1] 见"对《中华人民共和国民法典·民法总则专家建议稿（征求意见稿）》公开征求意见的通知"，中国民法学研究会秘书处，http://www.civillaw.com.cn，2015年7月13日访问。

[2] "资料：奚晓明任民法典编纂小组组长"，资料来源：人民网，http://news.163.com/15/0712/16/AUBBB8DI0001124J.html，2015年7月13日访问。

续表

颁布年代	法律名称
1992 年	《海商法》
1993 年	《公司法》（1999、2004 年两次修正、2005 年修订，2013 年最新修正）
1995 年	《担保法》《票据法》（2004 年修正）、保险法（2002、2009、2014 年修正）
1997 年	《合伙企业法》（2006 年修订）
1998 年	《证券法》（2004 年修正、2005 年修订，2013、2014 年修正）
1999 年	《个人独资企业法》《合同法》
2003 年	《证券投资基金法》（2012 年修订）
2006 年	《企业破产法》
2007 年	《物权法》
2009 年	《侵权责任法》
2010 年	《涉外民事法律关系适用法》

二、我国的物权法立法微评

1986 年《民法通则》的颁布，是我国民事立法划时代的里程碑事件，它基本终结了民法、经济法之规范领域及理论研究领域的争论。但《民法通则》仅 156 条，与其他成熟的上千条甚至两千多条的民法典不能同日而语，因此，它注定只是一个阶段性的法律；随后《担保法》《物权法》《侵权责任法》等一系列民商事法律的颁布实施，标志着我国民商事法律体系的基本建立，但其法律漏洞及体系之间的矛盾不少，亟待体系化和合理化——法典化。

颁布实施《物权法》之前，我国的物权法规则主要包含在

《民法通则》和《担保法》中，在《海商法》《土地管理法》《城市房地产管理法》等中也有部分内容。而在这些法律中甚至没有出现"物权"一词，只是在2000年的《担保法司法解释》中出现了"担保物权"。

应该说，民法通则和之后的民商事法律，还是继承了民国时期民法典的基本理论框架，并间接继承了德日的民法基因，比如法律行为、债权、侵权行为。之后的民商法研究和民商法教学均受我国台湾地区的民商法研究影响，几乎所有的民法学教材都基本按照德国民法典和民国时期民法典的模式设计基本框架，随着我国大陆地区民商法研究的兴盛、民法典编制的呼声，物权法的出台可以说是顺理成章的事。

2005年全国人大公布了《物权法草案》并向社会公开征询意见——之前的重要立法并无向社会公开草案的先例。从我国物权法的立法过程可以看到，物权法的出台充满争议[1]，而这也导致出台的物权法必然是博弈妥协的产物[2]。

我国目前的物权法，要说进步，就是重新在法律中使用了大清民律草案及民国时期民法典中已经出现的"物权"一词。但从立法水平上说，与我国台湾地区现行"民法"物权编甚至民国时期的民法典都还有不小差距。原因在于：一方面理论准备不够充分，一些重要理论问题在我国大陆还没有定论，比如物权行为理论。另一方面，物权法立法过程中还可以看到一群不学无术的门外汉挥舞着意识形态话语大棒，仍然使用资社之分甚至阶级分析范式，对技术性

---

〔1〕 了解这一时期的相关争议，可参阅孙宪忠：《争议与思考——物权立法笔记》，中国人民大学出版社2006年版；刘贻清、张琴德主编：《"巩献田旋风"实录——关于〈物权法（草案）〉的大讨论》，中国财政经济出版社2007年版，收入了部分当时的争论文章。

〔2〕 翟新辉："不见'物'的物权法——物权法的裁判法性质及其专业化与纯粹化"，载《学术交流》2012年第12期。

的裁判法性质的物权法指手画脚。

2007年颁布的《物权法》可以说继承了德国民法、民国时期民法典的基本构架，但文本方面语言啰嗦、令人阅读困难，法律漏洞不少，而且与《合同法》存在体系矛盾[1]，有待改进，将来在编纂民法典物权编时，理论准备应该更加充分，而那时人们的观念应该也会有所改进吧。

? 本章思考题

1. 《大清民律草案》起草的历史背景是怎样的？中国当时为什么会请日本人帮助起草民律呢？

2. 中国当代物权法、整个民法与《大清民律草案》和民国时期民法典有哪些延续和不同？

3. 阅读《大清民律草案》《民国民律草案》及民国时期民法典，找出哪些制度我们今天还在使用。

4. 中国民法（包括物权法）继受外国法，为什么是移植自德国、日本，而不是继受英美法系的普通法？

▶ 本章推荐阅读文献

1. 谢振民编著：《中华民国立法史》，中国政法大学出版社2000年版；

2. 张生：《中国近代民法法典化研究》，中国政法大学出版社2004年版；

---

[1] 主要是《物权法》第106条（《物权法草案》第111条）有关善意取得的规定和《合同法》第51条关于"无权处分"的合同效力之间的矛盾，后来《最高法院买卖合同司法解释（2012）》第3条修正了有关"物权处分"合同的规则。

3. 谢怀栻：《大陆法国家民法典研究》，中国法制出版社 2004 年版；

4. 孙宪忠：《争议与思考——物权立法笔记》，中国人民大学出版社 2006 年版；

5. 张新宝："中国民法和民法学的现状与展望"，载《法学评论》2011 年第 3 期；

6. 翟新辉："不见'物'的物权法——物权法的裁判法性质及其专业化与纯粹化"，载《学术交流》2012 年第 12 期。

第四章

物、权利与财产

第一节 比较法角度的"物"

我国《物权法》第 2 条第 2 款规定:"本法所称物,包括不动产和动产。法律规定权利作为物权客体的,依照其规定。"我国物权法并未进一步对不动产或者动产进行再定义,但《不动产暂行条例》(2014)第 2 条第 2 款称"本条例所称不动产,是指土地、海域以及房屋、林木等定着物"。

从逻辑方法上说,定义的方法包括列举和属加种差两种方法。我国物权法对物的定义显然属于列举的方法,但物权法随后并未对动产和不动产进一步定义。这一定义在比较法上,并不常见。

比《德国民法典》早一百年的《法国民法典》其第二编为"财产及对于所有权的各种限制",第一章为"财产分类"[1]。"财产或为动产,或为不动产"(第 516 条);"财产之作为不动产,或依其性质,或按其用途,或依权利的客体"(第 517 条);"土地及

---

[1] 本章有关《法国民法典》的条文引用,见李浩培、吴传颐、孙鸣岗译:《拿破仑法典(法国民法典)》,商务印书馆 1997 年版。

建筑物依其性质为不动产"（第518条）。"财产之作为动产，依其性质，或依法律的规定"（第527条）；"可以移动场所的物体，不问如动物以自力移动，或如无生物依他力变换位置，均依其性质为动产"（第528条）；"以请求偿还到期款项或动产为目的之债权及诉权，金融、商业或产业公司的股份及持份，即使隶属此等公司的企业拥有不动产，均依法律规定为动产，此种股份与持份，当公司存续中，对每一股东而言，视为动产。对国家或个人所有永久定期金或终身定期金收受权，依法律规定亦为动产"（第529条）。该章还详细对不动产和动产进行了进一步的分类。

《德国民法典》[1]第二章为"物和动物"，其第90条规定，"法律意义上的物，仅为有体的标的"。翻译《德国民法典》的陈卫佐认为，德国民法所说的"标的"是一个上位概念，包括有体的标的和无体的标的，有体的标的指在感官上是可感知的、在空间上是有限度的和在事实上是可控制的，它就是有体的。"这一意义上的物，作为有体的标的，包括动产和土地"，"无体的标的，包括权利（如债权、专利权、商标权等）和除权利以外的无体的标的。电流、热能、声波、商号的营业价值等，既不是物（因为它们是无体的），也不是权利；而是除权利以外的无体的标的"[2]。德国民法理论认为，作为第一顺位的权利客体，包括有体的标的（即第90条规定的物）和无体的标的（如精神作品和发明），作为第二顺位的权利客体，即可以处分的标的（可以处分的对象）则是权利，包括所有权[3]。

《日本民法典》第85条对物的定义是"本法所称的物，为有体

---

〔1〕 本章有关德国民法典的条文引用，参见陈卫佐译注：《德国民法典》，法律出版社2006年版。

〔2〕 见陈卫佐译注：《德国民法典》，法律出版社2006年版，第27页译者注释2。

〔3〕 见【德】卡尔·拉伦茨著，王晓晔等译：《德国民法通论》（上册），法律出版社2003年版，第378页。

物";第 86 条对动产及不动产的定义是,"①土地及其定作物为不动产。②此外的物皆为动产。③无记名债权视为动产"。

《大清民律草案》的表述是,"称物者,谓有体物"(第 166 条);"称不动产者,谓土地及房屋"(第 170 条);《民国民律草案》对其略做修改,"称物者,谓有体物。能受法律支配之天然力,视为有体物"(第 95 条)[1]。

民国时期《民法典》没有直接定义物,而是直接定义了动产和不动产。"称不动产者,谓土地及其定着物。不动产之出产物,尚未分离者,为该不动产之部分"(第 66 条"物之意义(一)——不动产"),"称动产者,为前条所称不动产以外之物"(第 67 条"物之意义(二)——动产")。

我国澳门特别行政区《民法典》(1999)也大致仿德日及民国时期民法典,其《民法典》共 5 卷,为总则、债法、物权、亲属、继承,但担保物权(包括质权、抵押权、留置权及各种优先受偿权)则规定在债编。关于物的定义在总则卷。其第 193 条第 1 款对物下了详细的定义,"凡属独立、人身以外、具有用处及能以所有权形式成为法律关系标的之客观存在事物,均称为物"。并对物进行了详细的分类,"物主要分为不动产及动产、可代替物及不可代替物、消费物及非消费物、可分物及不可分物、主物及从物,以及现在物及将来物"(第 194 条)。第 195 及第 196 条分别详细规定了不动产及动产。

英美法在财产法方面并无大陆法系的民法典或物权法,其物权法规则主要体现为普通法或者判例法,因此,没有对"物"或财产的实定法定义。美国的财产法教材也罕见对财产(property)的直接抽象定义,这体现了英美的经验主义的思维模式。不少教材一开

---

[1] 见杨立新点校:《大清民律草案·民国民律草案》,吉林人民出版社 2002 年版。

始就直接讲不动产（土地）权利人的权利与义务，随后列举式地讨论土地以外的其他财产，比如野生动物、石油、天然气、水（地表水及地下水）、智慧财产、网络空间、人、人体、人体细胞等[1]。美国《财产法重述》（第一版）倒是对"财产"的词义进行了梳理："在本重述中，'财产'一词意为人与一件东西之间的法律关系。这个东西可以是一个有物理存在的客体，也可以是无形的，比如专利权或者诉权。"[2] 美国财产法理论一般会把财产分为无形的（intangible）和有形的（tangible）财产，有形财产又包括土地及其上的建筑物即不动产（land, real property），以及动产（chattels, personal property）。美国的财产法教材一般会侧重有形财产，其中大部分内容是有关不动产的规则（也包括不动产租赁的内容）[3]。

第二节 物权法所说的"物"——理论视角

物权法规定的物权的客体，即物权的对象，即在其上可以成立物权的"东西"。理论上说，物权的客体包括"物"和权利。也就是说，在"物"上可以成立物权，在权利上也可以成立物权（如果法律允许的话）；但作为物权客体的物，有法律要件上的要求，权利要成为物权客体，也需要有法律的明确规定。应该说这一思路

---

[1] 这里举手头的两本美国财产法教材为例：Paul Goldstein, Barton H. Thompson, Jr., *PROPERTY LAW: OWENERSHIP, USE AND CONSERVATION*, Foundation Press, 2006, 第1~3章，作者系斯坦福大学法学院教授；Joseph Willianm Singer, Property Law: Rules, Policies, and Practice, 5th Edition, 2010, 第I及第II章，作者系哈佛大学法学院教授。

[2] 其原文为：The word "property" is used in this Restatement to denote legal relations between persons with respect to a thing. The thing may be an object having physical existence or it may be any kind of an intangible such as a patent right or a chose in action. The broader meanings of the word "property," which include any relationship having an exchange value, are not used.

[3] 见【美】史蒂文·L. 伊曼纽：《财产法》，影印本，中信出版社2003年版。

是德国法的思路[1]。

作为物权客体的物权法所说的"物",是一个民法术语或概念,与自然语言中的物有所区别,其指有形、有用、有限及人力可以控制的客观存在。

(1) 有形。所谓有形,也可以说是有体,有物理特性,人的感官可以经验地感知,通常会有体积、气味、颜色、密度,通常会看得见、摸得着。一些自然力,比如电、热、冷,也可以视为符合这一特性。我国《物权法》第50条规定,"无线电频谱资源属于国家所有"。

(2) 有用,指对人有经济价值或利用价值,可以给人带来益处。

(3) 有限,指不是取之不尽、用之不竭的。我们也可以说包围地球的大气层的空气不是无限的,似乎也符合这一特性,但对于目前生活在地球上的生物(包括人)来说,似乎暂时够用了,因此,我们现在呼吸的空气不符合这里所说的"有限"这一特性。物的这一特性与经济学关于资源稀缺性的假定是一致的。

(4) 人力可以控制,包含两方面的含义,一是指目前在技术上人力能够控制;二是指在伦理上允许被人控制。基于此,太阳或者火星上的矿藏,可能符合有形、有用、有限的特性,但目前还不能为人力所控制,所以应该不能构成民法所说的物,也许将来人类到火星去像去电影院一样方便,则火星上的资源有可能成为物。又比如人,人对人的控制就是奴役,为现代文明所不许,虽然可以说符合有形、有限、有用的特性,但在当今文明世界,一个人不能作为他人的"物"或者财产。

---

[1] 参见【德】卡尔·拉伦茨著,王晓晔等译:《德国民法通论》(上册),法律出版社2003年版,第378页。

第三节　物权的其他客体：权利

我国《物权法》第 2 条规定物权的客体主要是物，除此以外，还有权利，即在权利上也可以成立物权，但需要有法律明确规定，或者说法律规定了说在某种权利上可以成立某种物权，也行。比如我国物权法规定了在一些权利上可以成立抵押权和质权。

权利成为物权客体很有意思。所有权是最典型的物权，通常情况下，所有权的客体是物，极个别情况下，法律可能会把某种权利作为所有权的客体。如果没有法律的规定，则不能在权利上成立所有权。比如对一般的债权、股权、知识产权，通常我们会说"我有一个债权、对某个公司的股权或某种知识产权"，但我们通常不会说"我对我的这个债权或股权或知识产权有'所有权'"。

这与德国法理论的思维模式有关，与"支配"及"支配权"的概念有关。你可以"支配"一个物，你也可以"支配"你的绝大多数权利（包括几乎所有的财产权和知识产权或者股权）；但在物上可以成立所有权，却只能在极少的权利上才会存在"支配权"。

货币，特别是纸币，是一个特殊的例子。在贵金属作为一般等价物或者货币的时候，其属于物无疑，即使在今天，金、银或其制品仍然是民法上的物。但纸币，从性质上说，实际上是国家信用担保的"有价证券"。但一般会把它视为动产，在其上可以成立所有权[1]。

有些不记名的有价证券，与权利结合极其紧密，该证券作为权利的载体是权利的证明，证券在则权利在，证券不在则权利不在，

---

〔1〕　中国物权法研究课题组（课题组负责人为梁慧星）撰写的《中国物权法草案建议稿——条文、说明、理由与参考立法例》（社会科学文献出版社 2000 年版）曾建议规定"货币，为特别动产"（第 12 条第 2 款），但我国物权法未作此规定。

比如电影票、之前不记名的火车票等,它们记载一定的财产权利,一般人可能会说对自己的电影票、火车票有"所有权",但从法理角度,这些权利不是所有权的标的,或者说在这些权利上不能成立所有权;但这些有价证券的权利变动一般应适用动产物权变动的规则。

中国目前的物权法规定了权利质权,但对一般权利的变动规则则没有明确的规定。

第四节 人体及人体器官、组织是"物"吗?

在现代文明社会,人只能作为民事主体,不能成为民事权利的客体,已如上述。

自然人死亡之后,则丧失民事主体资格,虽然依据中国目前的实定法,死者的人格利益受到法律保护,但尸体是物吗?依据伦理,尸体只能用于丧葬及医学或科学用途,须有限制。《精神损害司法解释》第3条规定,"非法利用、损害遗体、遗骨,或者以违反社会公共利益、社会公德的其他方式侵害遗体、遗骨",死者的近亲属向人民法院起诉请求赔偿精神损害的,人民法院应当依法予以受理。

人体的器官呢?一个人可否对其身体的一部分或某个器官主张所有权?《人体器官移植条例》(第3条)规定,任何组织或者个人不得以任何形式买卖人体器官。人体器官捐献应当遵循自愿、无偿的原则。公民享有捐献或者不捐献其人体器官的权利;任何组织或者个人不得强迫、欺骗或者利诱他人捐献人体器官(第7条)。捐献人体器官的公民应当具有完全民事行为能力。公民捐献其人体器官应当有书面形式的捐献意愿,对已经表示捐献其人体器官的意愿,有权予以撤销。公民生前表示不同意捐献其人体器官的,任何组织或者个人不得捐献、摘取该公民的人体器官;公民生前未表示不同意捐献其人体器官的,该公民死亡后,其配偶、成年子女、父母可以以书面形式共同表示同意捐献该公民人体器官的意愿(第8条)。任何组织或者个人不得摘取未满18周岁公民的活体器官用于移植(第9条)。活体器官的接受人限于活体器官捐献人的配偶、直系血亲或者三代以内旁系血亲,或者有证据证明与活体器官捐献人存在因帮扶等形成亲情关系的人员(第10条)。

关于血液。依据《中华人民共和国献血法》(1997),"国家实行无偿献血制度"(第2条),"公民临床用血时只交付用于血液的采集、储存、分离、检验等费用"(第14条);"血站、医疗机构出售无偿献血的血液的""非法组织他人出卖血液的"会有行政或刑事责任(第18条)。对于脱离人体的组织,如毛发,则几无限制。

关于人的精子、卵子、合子、胚胎。《人类辅助生殖技术管理办法》(卫生部2001)规定,"禁止以任何形式买卖配子、合子、胚胎"(第3条),"买卖配子、合子、胚胎的"则会有行政责任或刑事责任(第22条)。

 案例

沈新南等与刘金法等监管权和处置权纠纷上诉案[1]

案件事实: 沈杰(下称"男方")与刘曦(下称"女方")于2010年10月13日登记结婚。2012年8月,两人因"原发性不孕症、外院反复促排卵及人工授精失败",要求在南京市鼓楼医院

---

[1] 江苏省无锡市中级人民法院(2014)锡民终字第01235号民事判决书,该判决在中国裁判文书网(http://www.court.gov.cn)可以查询到,是我国民事判决书中少有的闪光之作。这里对案件事实进行了缩写,其中着重号为本书作者所加。

（以下简称医院）施行体外受精—胚胎移植助孕手术；医院在治疗过程中，曾冷冻两人 4 枚受精胚胎。治疗期间，女方曾于 2012 年 3 月 5 日与医院签订《辅助生殖染色体诊断知情同意书》，明确对染色体检查及相关事项已经了解清楚，同意进行该检查；愿意承担因该检查可能带来的各种风险；所取样本如有剩余，同意由诊断中心按国家相关法律、法规的要求代为处理等。2012 年 9 月 3 日，双方与鼓楼医院签订《配子、胚胎去向知情同意书》，上面载明两人在鼓楼医院生殖医学中心实施了试管手术，获卵 15 枚，移植 0 枚，冷冻 4 枚，继续观察 6 枚胚胎；对于剩余配子（卵子、精子）、胚胎，两人选择同意丢弃。同日，双方与鼓楼医院签订《胚胎和囊胚冷冻、解冻及移植知情同意书》，医院在该同意书中明确，胚胎不能无限期保存，目前该中心冷冻保存期限为一年，首次费用为三个月，如需继续冷冻，需补交费用，逾期不予保存；如果超过保存期，两人选择同意将胚胎丢弃。2013 年 3 月 20 日两人遭遇车祸死亡。现两人的 4 枚受精胚胎仍在医院生殖中心冷冻保存。

后因对上述 4 枚受精胚胎的监管权和处置权发生争议，男方父母作为一审原告诉至法院，认为其子与儿媳死亡后，根据法律规定和风俗习惯，胚胎的监管权和处置权应由其行使，要求法院判如所请。审理中，因涉案胚胎保存于医院，与本案审理结果存在关联性，故原审法院追加该院作为第三人参加诉讼。女方父母作为一审被告。

一审裁判：一审法院认为，"施行体外受精—胚胎移植手术过程中产生的受精胚胎为具有发展为生命的潜能，含有未来生命特征的特殊之物，不能像一般之物一样任意转让或继承，故其不能成为继承的标的。同时，夫妻双方对其权利的行使应受到限制，即必须符合我国人口和计划生育法律法规，不违背社会伦理和道德，并且必须以生育为目的，不能买卖胚胎等"，鉴于夫妻两人"均已死亡，通过手术达到生育的目的已无法实现，故两人对手术过程中留下的胚胎所享有的受限制的权利不能被继承"，遂驳回了男方父母作为原告要求受精胚胎"处置权和监管权"的请求。

上诉：原告提起了上诉，请求撤销原审判决，判决4枚冷冻胚胎的监管权和处置权归上诉人（即原告）。原审第三人医院辩称：胚胎是特殊之物，对其处置涉及伦理问题，不能成为继承的标的；根据《人类辅助生殖技术管理办法》等卫生部的相关规定，也不能对胚胎进行赠送、转让、代孕。要求驳回上诉，维持原判。被上诉人女方父母辩称：涉案胚胎是女儿女婿遗留下来的，上诉人和被上诉人均有监管权和处置权。要求法院依法判决。

终审裁判：无锡市中级人民法院作为终审法院，总结"本案的争议焦点为：涉案胚胎的监管权和处置权的行使主体如何确定？"

终审法院判决：上诉人男方父母与被上诉人女方父母"对涉案胚胎共同享有监管权和处置权"。理由如下：

1. 死者夫妇生前与医院签订相关知情同意书，约定胚胎冷冻保存期为一年，超过保存期同意将胚胎丢弃，现两人意外死亡，合同因发生了当事人不可预见且非其所愿的情况而不能继续履行，医院"不能根据知情同意书中的相关条款单方面处置涉案胚胎"。

2. 在我国现行法律对胚胎的法律属性没有明确规定的情况下，结合本案实际，应考虑以下因素以确定涉案胚胎的相关权利归属：一是伦理。施行体外受精—胚胎移植手术过程中产生的受精胚胎，具有潜在的生命特质，不仅含有死者夫妇的DNA等遗传物质，而且含有双方父母两个家族的遗传信息，双方父母与涉案胚胎亦具有生命伦理上的密切关联性。二是情感。白发人送黑发人，乃人生至悲之事，更何况暮年遽丧独子、独女！两人意外死亡，其父母承欢膝下、纵享天伦之乐不再，"失独"之痛，非常人所能体味。而两人遗留下来的胚胎，则成为双方家族血脉的唯一载体，承载着哀思寄托、精神慰藉、情感抚慰等人格利益。涉案胚胎由双方父母监管和处置，既合乎人伦，亦可适度减轻其丧子失女之痛楚。三是特殊利益保护。胚胎是介于人与物之间的过渡存在,具有孕育成生命的潜质,比非生命体具有更高的道德地位,应受到特殊尊重与保护。在沈杰、刘曦意外死亡后,其父母不但是世界上唯一关心胚胎命运的主体,而且亦应当是胚胎之最近最大和最密切倾向性利益的享有者。综上,判决沈杰、刘曦父母享有涉案胚胎的监管权和处置权于情于理是恰当的。当然,权利主体在行使监管权和处置权时,应当遵守法律且不得违背公序良俗和损害他人之利益。

3. 至于医院在诉讼中提出,根据卫生部的相关规定,胚胎不能买卖、赠送和禁止实施代孕,但并未否定权利人对胚胎享有的相关权利,且这些规定是卫生行政管理部门对相关医疗机构和人员在从事人工生殖辅助技术时的管理规定,医院不得基于部门规章的行政管理规定对抗当事人基于私法所享有的正当权利。

终审法院还注意到,原审在本案的诉讼主体结构安排方面存在一定的瑕疵,本应予以纠正。但考虑本次诉讼安排和诉讼目的指向恒定,不会对诉讼主体的程序和实体权利义务的承担造成紊乱,该院未作调整。另外,根据上诉人在原审中的诉请以及当事人之间法律关系的性质,本案案由变更为监管权和处置权纠纷。

第五节 动物是物吗?

随着国际交流日盛,中国人了解到不少西方人对中国人(也包括其他亚洲国家,比如韩国)什么都吃、特别是吃狗肉,难以理解。近年来,随着中国养宠物的人越来越多,不少中国人也开始关心动物,特别是宠物的生存状况。网络上经常看到动物保护人士与虐待动物者的冲突,对于网络上流传的虐待动物的视频,几乎一边倒的反对声讨。

人类对待动物的态度,可以上升到主体与客体的对立、人与自然的对立与和谐的哲学高度。这种反思可以从古今中外的思想史中找到讨论。但二十世纪的世界大战、核武器、冷战、大规模的环境污染等事件，让人们反思人类与自然的关系，从"人是万物之灵"、人对自然的征服，转向人与自然的和谐，这些思考可以见于大量的哲学及文化艺术作品中。

这些思考体现在法律制度领域，就是法律对待动物的态度。

《德国民法典》1990年增加第90a条，规定："动物不是物。动物受特别法律的保护，除另有规定外，关于物的规定准用于动物。"

澳门特别行政区虽然在其民法典中未明确动物不是物，但特区政府制定了《动物保护法草案》（2014）已交由立法会讨论[1]。该法案草案所称动物是指犬只、猫及其他非人类脊椎动物（第2条）；禁止虐待动物，使其承受不必要的痛苦（第3条）；对动物的宰杀及售卖有严格的限制（第4条）；禁止遗弃动物（第5条）；禁止举办、宣传或进行驱使动物与动物或与人搏斗的行为或活动（第6条），如有违反，可能面临最高10万澳门元的罚款甚至最高3年监禁的处罚。

我国大陆目前并无一般的动物保护法，仅有"野生动物保护法"（1988年颁布，2004年修正），而野生动物，仅指"珍贵、濒危的陆生、水生野生动物和有益的或者有重要经济、科学研究价值的陆生野生动物"（第2条第2款）。中国目前的民法规范没有对动物的地位做出特别规定，而是等同一般的物来对待。

第六节　网络虚拟财产

随着互联网的发展，互联网的应用也越来越广泛，比如电子邮

---

[1] 该法案（草案）见于澳门特别行政区立法会官方网站，http://www.al.gov.mo/cn，2015年7月访问。

箱账户、社交网络账户（比如 QQ 账户、微信账号、微博账号及游戏账号），又比如游戏中的各种装备，产生不少纠纷，引起网络虚拟财产的属性的讨论。

不少民事判决承认了网络虚拟财产的财产属性[1]，但我国实定法中并未见明确规定。

第七节 物的分类

依据不同的标准可以对物进行不同的分类。

最重要的当然是不动产与动产的分类。中国物权法继承德国法传统，不动产与动产这一分类的重要意义在于不动产与动产的物权变动模式的不同，一般来说，不动产要登记才会发生物权的变动，而动产则要求交付才发生物权的变动。

除此以外，还有物与物的成分，主物与从物，原物与孳息（又分为自然孳息和法定孳息），单一物、合成物与集合物，可分物与不可分物，特定物与种类物，有主物与无主物，现在物与将来物，等等区分[2]。

---

[1] 比如，①于静诉孙江泰（虚拟财产买卖）合同纠纷案，一审判决：北京市丰台区人民法院（2009）丰民初字第 14223 号；二审判决书：北京市第二中级人民法院（2009）二中民终字第 18570 号；②马杰诉上海盛大网络发展有限公司网络服务合同纠纷案，一审：江苏省江阴市人民法院（2007）澄民一初字第 37 号（2007 年 5 月 18 日）（未上诉）；③某互联网公司与徐某网络侵权纠纷上诉案，一审判决：湖北省武汉市硚口区人民法院（2007）硚民一初字第 184 号；二审由湖北省武汉市中级人民法院主持调解，双方达成调解协议，案号（2008）武民二终字第 1237 号。以上判例来源均为北大法宝·司法案例。

[2] 罗马法即已对物进行了详细的分类。参见周枏：《罗马法原论》（上册），商务印书馆 1994 年版，"第三编物权法""第一章物""第二节物的分类"，第 227 页以下。

第八节　物、权利与财产

以上我们比较详细地讨论了物权法所说的物，由此可知物权一般成立在物上面，但我国《物权法》还规定部分权利也可以成为物权的客体，或者说在部分权利上也可以成立物权。

我们还经常使用"财产"一词，很多法律里面也出现过"财产"一词。比如，中国《宪法》有"公共财产"和"私有财产"的使用（《宪法》2004，第12及第13条）；《民法通则》则有"个人财产""家庭财产""合伙经营积累的财产""企业所有的财产""集体经济组织的财产""国家财产"等的使用。

比较有意思的是物权法。《物权法》定义了物包括动产和不动产，对于国家，使用的是"国有财产"或"国家所有的财产"（第45条），但没有"国家所有的动产或不动产"的使用；对于其他民事主体，则是"集体所有的动产或不动产"，"集体所有的财产"，"私人的合法财产"，"社会团体依法所有的不动产和动产"，"企业法人对其不动产和动产"，等等使用。

《物权法》文本中，在本可使用"物"这一概念之处，却大量使用了"动产或者不动产""动产和不动产"予以替换。其中，使用"动产或者不动产"凡36处，统计相关条文如下：34、36、39、40、44（3次）、67、93、94、95、96、97（2次）、99、100（2次）、101、102、103、104、106（5次）、117、121、241、242（2次）、243（2次）、244（2次）、245条。

其中，使用"动产和不动产"凡12处，统计相关条文如下：2、41、53、54、58（2次）、59、61、64、68（2次）、69条。

"动产或者不动产"与"动产和不动产"的使用也比较随意。比如2005年官方公布的《物权法草案》第70条规定：

企业法人对其不动产和动产依照法律或者章程享有占有、使用、收益和处分的权利。公司制企业，适用《中华人民共和国公司法》的有关规定。

企业法人以外的法人，其不动产或者动产的归属，依照法律或者章程的规定。

颁布的《物权法》相应条文第68条规定：

企业法人对其不动产和动产依照法律、行政法规以及章程享有占有、使用、收益和处分的权利。

企业法人以外的法人，对其不动产和动产的权利，适用有关法律、行政法规以及章程的规定。

第2款的"不动产或者动产"修改为"不动产和动产"。

物权法文本对语词使用的这种漫不经心，显示了立法程序的粗糙和不专业。

物权法对"物（动产与不动产）""财产""权利"三概念的相互关系还是比较小心谨慎的。根据物权法文本，财产应该包括物（动产与不动产，实际上应该是其所有权）以及其他财产权利（他物权及物权以外的其他财产权），体现于物权法对"担保财产""抵押财产""质押财产""留置财产"等概念的相关条文[1]。

第九节　我国未来民法典关于物的规定展望

《中华人民共和国民法典·民法总则专家建议稿（征求意见稿）》[2]在第五章"民事权利客体"第一节规定了"物"，第二节规定了有价证券，第三节规定了其他权利客体。

该征求意见稿对物的定义是"本法所称物，是指能够为人力所

---

〔1〕翟新辉："不见'物'的物权法——物权法的裁判法性质及其专业化与纯粹化"，载《学术交流》2012年第12期。

〔2〕见"对《中华人民共和国民法典·民法总则专家建议稿（征求意见稿）》公开征求意见的通知"，中国民法学研究会秘书处，http：//www.civillaw.com.cn，2015年7月13日访问。

控制并具有独立利用价值的有体物"(第104条),并且分别定义了不动产与动产(第105条)。

该征求意见稿遵循了德国法的逻辑,对民事权利客体进行了较严密和科学的分类,特别值得赞赏的是,对民事权利客体的范围持开放态度——"民事权利客体的范围,不以本法规定的为限"(第117条)。并且规定"非依法律规定,不得禁止或者限制民事权利客体的流通以及利用"(第118条),并规定"除法律另有规定外,有价证券适用动产的一般规则"(第110条)。

该征求意见稿对民事权利客体的分类如下(图4-1):

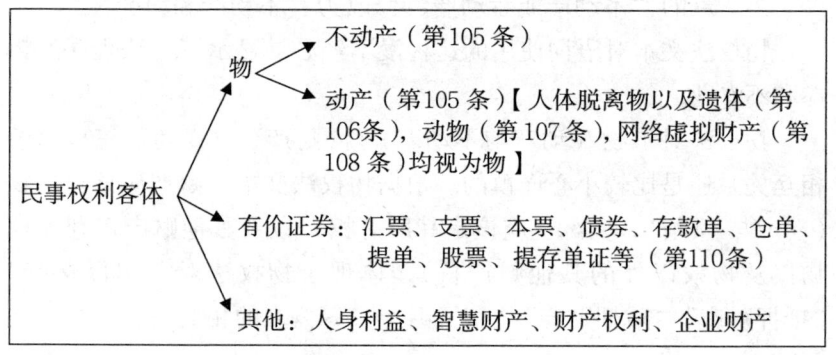

图4-1 民事权利客体表

该征求意见稿可以说吸取了近年来的司法实践及理论研究成果,待琢磨之后如能通过,应该说是不小的进步。

值得一提的是,该征求意见稿遵循德国法的大陆法系成文法传统,试图用严密的逻辑之网(制定法及成文法)来规范生活事实,但也为司法解释和判例留下了空间。可以想见,未来即使中国颁布了民法典,也不能忽视判例的作用,成文法固然有法律移植的便利,但成文法的固有局限在于其僵化和理性的有限,以最高法院为首的司法体系担负着通过判例生长出本土法律文化的重任。

第四章 物、权利与财产

❓ 本章思考题

1. 人是权利的客体吗？你对你的身体的一部分，比如眼角膜，有所有权吗？

2. 你认为动物与一般的物在法律上应该有什么区别吗？

3. 我国物权法关于权利成为物权的客体，或者说在权利上成立物权，有什么具体的规定？

4. 什么是支配？对物的支配和对权利的支配有什么区别吗？

5. 物有哪些分类？请分析每种分类的法律意义。比如，就不动产与动产的分类，在物权法的意义，主要在于其物权变动的模式不同、在不动产和动产上成立的物权种类也不同；在合同法的意义，则是一般有关不动产的合同（如买卖、租赁等）会要求采取书面形式（这些分别规定在物权法或者合同法哪些条文）。试以此为例分析物的其他分类的法律意义。

6. 有哪些网络虚拟财产？你对你的网络虚拟财产享有什么民事权利？

7. 结合我国实定法，辨析物、财产权利与财产三个词语的含义。

▶ 本章推荐阅读文献

1. 德国民法典、台湾地区现行"民法"、澳门民法典中关于"物"的规定的相关章节；

2. 周枏：《罗马法原论》（上册），商务印书馆1994年版，"第三编物""第一章物""第二节物的分类"，第227页以下；

3. 中国物权法研究课题组：《中国物权法草案建议稿——条文、说明、理由与参考立法例》，社会科学文献出版社2000年版；

4. 翟新辉："不见'物'的物权法——物权法的裁判法性质及其专业化与纯粹化"，载《学术交流》2012年第12期；

5. "对《中华人民共和国民法典·民法总则专家建议稿(征求意见稿)》公开征求意见的通知",中国民法学研究会秘书处,http://www.civillaw.com.cn.

第五章

物权的种类与性质

第一节 物权的概念

如前所述,物权一词最初出现在《大清民律草案》,系源自日本。其理论渊源,应源自德国民法理论,而追溯历史,则来源自罗马法。"罗马法概念对于近代法之形成,占决定的地位"[1]。

可以说,中国辗转通过对德日民法的继受,引进了罗马法,开始对中国这块古老土地进行近代化的法治改造。

"物权是指权利人可以直接对物行使并排除他人干涉的权利,即直接支配客体的绝对的权利。因此,罗马的法学家从这一现象出发,认为物权是人与物之间的关系"[2]。古罗马人对物权(jus in re)或对物权(jus in rem)已有如此深刻的认识。

《德国民法典》继承了罗马法的传统,并且进一步发挥其抽象思维能力,发明出"法律行为",并且基于物权与债权的区分制定

---

[1] 史尚宽:《物权法论》,中国政法大学出版社2000年版,第4页。
[2] 周枏:《罗马法原论》(上册),商务印书馆1994年版,第297页。

了高度抽象的《德国民法典》[1]。

而中国民法，从大清民律草案，到民国时期民法典，再到民法通则、物权法，受到德国法的严重影响，如前所述，中国未来民法典也大致会采取《德国民法典》的逻辑，《中华人民共和国民法典·民法总则专家建议稿（征求意见稿）》可资证明。中国的民法研究、民法教学也已经脱不开德国法的影响，因此，理解这一传统一路而来的物权概念，对于理解中国物权法的过去及现状，以及其未来走向必不可少。

如前所述，英美财产法没有成文法典，理论上也很少如此抽象地讨论物权或财产权（英美法没有物权概念），《美国财产法》教材也少见对物权的抽象讨论。英美判例法与德国逻辑严密的民法典可以说风格不同，而且英美没有民法典似乎也过得挺好，两者确实难分伯仲，但几百年的判例积累和普通法的自然生长，使得英美法难以移植，最多可能移植其少数具体的制度（比如动产浮动抵押、按揭、信托等制度），这也是为什么英美法的判例法只有在英国本土或其前殖民地才能存在的原因。

因此，抽象地讨论物权及其性质，虽然对初学民法者枯燥难懂，但为理解《德国民法典》的逻辑、理解《债法》（特别是《合同法》）和《物权法》的区别、理解中国物权法，仍然是有必要的。

我国《物权法》第2条第3款规定："本法所称物权，是指权利人依法对特定的物享有直接支配和排他的权利，包括所有权、用益物权和担保物权。"

立法例上，在民法典或物权法中直接以立法方式对物权做出定

---

[1] 关于德国民法典的抽象风格，可参见陈卫佐译注：《德国民法典》，法律出版社2006年版，米夏埃尔·马丁内克就该书撰写的导言，"德国民法典与中国对它的继受"。

义,并不常见,大清民律草案、民国民律草案及民国时期民法典均未以立法形式定义物权。我国《物权法》的这一定义,指明物权的客体是物,而且须特定;物权是对该特定的物的支配之权,该权利具有排他性。

第二节 物权的性质

物权与债权同属民事权利中的财产权中之两种,根据属加种差的方法,对物权的定义或揭示物权的性质,须与债权对比进行,这也是德国民法典编制五编制民法典的逻辑基础之一。

一、物权的客体为特定物

一般认为,债权的标的或客体为行为,即债务人的给付;物权的客体为物,而且该物须特定,所谓特定,即确定,即你知道是什么或者是哪个。这是传统大陆法从罗马法继承的思路。这个理解很正常,比如,你对你的书、笔、手机、汽车有所有权,而这些东西都是特定的。

我国《物权法》规定,"本法所称物,包括不动产和动产。法律规定权利作为物权客体的,依照其规定"(第2条第1款)。也就是说,如果法律允许,权利也可以作为物权的客体,比如建设用地使用权和土地承包经营权可以成为抵押权的标的,以及权利质权的存在。

我国《物权法》引进了按揭制度和动产浮动抵押制度。对于按揭制度,我国《物权法》规定,正在建造的建筑物、船舶、航空器可以抵押(第180条)。购买期房(俗称"楼花")的业主与发展商签订商品房期房买卖合同,同时与银行签订抵押贷款合同,业主抵押给银行的期房(正在建造的建筑物),实际上是一种与发展商约定由发展商在未来交付房屋物权给业主的债权性质的权利。同时,我国《物权法》引进了动产浮动抵押制度,抵押人可以将现有的以及将有的企业的"生产设备、原材料、半成品、产品"抵押（第181条），而抵押权则"自抵押合同生效时设立；未经登记，不得对抗善意第三人"（第189条），而该抵押权设定时，抵押物并不确定，因为企业的财产每天都在变动，企业将来会有什么财产也不确定。

这些引进的制度，都打破了大陆法系僵化的思路，也就是说，物权的客体并不一定是特定的物。在法律允许的情况下，物权的客体可以不是特定的物，既可以是权利，也可以是不特定或不确定的物。

二、物权具有对物的支配性

物权是支配权，债权是请求权。物权的权利人可以对权利的标的（客体）即物直接行使其权利，而债权人必须也只能向债务人主张其权利。

但支配的具体含义究竟为何？支配，意味着权利人对权利客体的"为所欲为"，对权利客体的随意处置或处分[1]。但有几点需要说明：

（1）这个"为所欲为"是有所限制的，该限制一是来自法令的限制，二是来自他人权利对你的物权行使的限制，即你行使物权不能以损害他人为目的（禁止权利滥用），不能侵害到他人的合法权益。比如我国《物权法》第39条规定"所有权人对自己的不动产或者动产，依法享有占有、使用、收益和处分的权利"；台湾地区现行"民法"第765条规定"所有人于法令限制之范围内，得自由使用、收益、处分其所有物，并排除他人之干涉"。

比如，前述对动物保护方面的讨论。又比如，你对你的汽车有所有权，但依据我国《道路交通安全法》，"国家对机动车实行登

---

[1] 支配、处置、处分，这三个词语的关系值得讨论，在本章基本上当作同义在使用，我国目前实定法大量使用处分和支配，但未见处置一词的使用。

记制度。机动车经公安机关交通管理部门登记后,方可上道路行驶。尚未登记的机动车,需要临时上道路行驶的,应当取得临时通行牌证"(第8条)。此外,有地方政府对机动车有限行措施。北京市人民政府对公务用车以外的"其他机动车实施按车牌尾号工作日高峰时段区域限行交通管理措施,限行时间为7时至20时,范围为五环路以内道路(不含五环路)"[1],根据机动车车牌尾号分别每周限行一天;上海市每日7时至10时、16时至19时,在部分道路禁止悬挂外省市号牌小客车、未载客的出租小客车及实习期驾驶人驾驶的小客车通行(周六、周日、国定假日除外)[2]。

不过,值得一提的是,公权力对私权利(比如物权)的限制,也需遵守法律,不得"任性"。在《中华人民共和国民法典·民法总则专家建议稿(征求意见稿)》中写入了"非依法律规定,不得禁止或者限制民事权利客体的流通以及利用"(第118条)这一原则,可以说是依法治国在民法中的体现。

此外,《立法法》规定,"没有法律或者国务院的行政法规、决定、命令的依据,部门规章不得设定减损公民、法人和其他组织权利或者增加其义务的规范,不得增加本部门的权力或者减少本部门的法定职责"(第80条);"没有法律、行政法规、地方性法规的依据,地方政府规章不得设定减损公民、法人和其他组织权利或者增加其义务的规范"(第82条)。

(2)对物的支配与对权利的支配。对物的支配,包括事实上的支配和法律上的支配。事实上的支配,即对物进行物理上的变化,

---

[1] "北京市人民政府关于实施工作日高峰时段区域限行交通管理措施的通告",北京市人民政府2015年4月2日,北京市公安局公安交通管理局官方网站 http://www.bjjtgl.gov.cn,2015年7月访问。

[2] "上海市公安局关于调整本市部分高架道路(城市快速路)交通管理措施的通告",http://gov.eastday.com/shjs/node5/node34/u1ai71560.html,2015年4月2日访问。

比如，你把你的课本撕开成几部分以便复习考试，或者把你买来的包子咬了一口。法律上的支配，则指你对物权（即你对这个物的权利）的支配。同时，鉴于权利也可以成为物权的客体，因此也存在对物权以外的其他权利的支配。对权利的支配（包括对物权的支配）属于所谓的"法律上"的支配、处置或处分，从性质上而言，对你意味着对你的这个权利的减损，比如转让给他人（减少为零，原因可能是买卖、赠与、互易、抵销权的行使等），又比如你将该权利抵押或者出质给他人，使你的这个权利的内容受到了限制，或者说有所减损[1]。"支配权与请求权的区分，可以说是从法学技术的角度对民事权利最科学的总结。民法上的权利，归根结底，可以被区分为支配权或请求权"[2]。

（3）所有权是最典型的支配权，其包含权利人对所有物的最全面的支配。对于所有权以外的物权（实际上即他物权），物权人对权利客体（物或权利）的支配均不如所有权人那样可以"为所欲为"，不论是用益物权人、抵押权人、质权人还是留置权人，对物的支配都不如所有权人那样可以"为所欲为"，其支配性的特点不如所有权那么明显。但是，所有权的客体只能是物（如果不考虑货币为特殊动产的话），其支配性体现为对物的物理上的支配（处分）和对所有权本身的支配或处分；所有权以外的其他财产性质的权利（包括他物权、债权、知识产权、股权等），权利人对其权利都体现为一定的支配性，即可以处置或处分其权利，这一点上，与所有权人对其物的法律上的支配、处分或处置极为类似，所以会有

---

[1] 有关支配权的讨论，可以参见孙宪忠：《中国物权法原理》，法律出版社2004年版，第12~30页；周枏：《罗马法原论》（上册），商务印书馆1994年版，第297~298页。

[2] 见孙宪忠：《中国物权法原理》，法律出版社2004年版，第19页。

处分行为的存在，以及有价证券适用动产的一般规则[1]。

三、物权是对物权、对世权、绝对权

物权是对物权、对世权、绝对权，比较而言，债权则是对人权、相对权。

所谓物权是对物权、对世权，是说物权有"见物不见人"的特点，也可以说是对抗这个世界上所有的人的特点。所有权是物权的典型，通常所见似乎就只是所有权人与其所有物的关系，不见其义务人；所有权人可以在法律限制的范围内对自己的物"为所欲为"地支配、处分，并且可以排除他人干涉。一般认为船舶优先权属于担保物权，船舶优先权人可以在世界各地对船舶提起"对物诉讼"，而"船舶优先权不因船舶所有权的转让而消灭"（《海商法》第26条），"船舶优先权先于船舶留置权受偿，船舶抵押权后于船舶留置权受偿"（《海商法》第25条），船舶抵押权和留置权优先于一般的债权请求权受偿，船舶优先权可以对抗所有权人、抵押权人、留置权人和其他的一般债权人。船舶优先权的这个特点，就好像是对船舶这个物的权利，就像所有权人对自己的物的权利一样，忽视其他人的存在。

而一般的债权则只能针对债务人行使，通常与第三人无涉，因此债权是对人权。

物权作为对物权、对世权，同时是绝对权。绝对权，可以理解为权利人是特定的，而义务人是不特定的；不见义务人，也可以说义务人是世界上所有的人，因此，绝对权关系是一对多或者一对不特定的人之间的关系；而债权相对权，权利人和义务人都是特定的人，是一对一的关系，当然，债权人或者债务人本身可以是数人，但他们总是特定的，我们知道一个债权关系的双方具体是谁。

---

[1] 如上所述，有价证券是一种权利凭证。《中华人民共和国民法典·民法总则专家建议稿（征求意见稿）》第110条。

四、物权具有排他性

在一个特定的物上面只能成立一个完全的所有权，不能同时存在两个所有权，但这种情况不排除几个人共享一个所有权（即共有的情形）的情形的存在。同时，在一个物上面可以同时存在所有权和不相冲突的他物权，但不能同时存在几个不兼容的物权。

比如，根据我国《物权法》的规定，"建设用地使用权可以在土地的地表、地上或者地下分别设立。新设立的建设用地使用权，不得损害已设立的用益物权"（第136条）。国家作为建设用地使用权的出让人，不能在同一幅土地的同一个空间给不同的人设定同样的一个建设用地使用权。

物权的这一特性，可以与经济学上对公共物品和私人物品的划分相联系。物权法上的物，通常是特定物，物权具有排他性；经济学上的公共产品，如国防、法治、纯科学研究、灯塔，这些产品的消费不具有排他性，通常应由政府而不是市场提供或者由政府补贴；而私人物品如面包、汽车，其消费具有排他性（你吃了别人就不能吃，你用了别人就不能用），则适合私人或市场来生产[1]。

物权的排他性，还表现在有担保物权担保的债权先于一般债权受偿，在同一个物上成立的几个物权，依据成立的时间不同，优先效力也不同，优先也是排他性的体现。比如同一个物上面有几个已登记的抵押权，则先登记的先受偿（《物权法》，第199条）；而对于具有船舶优先权的海难救助的救助款项的给付请求权，则是后成立的先受偿（《海商法》第23条）。

---

[1] 参见【美】保罗·A.萨缪尔森、威廉·D.诺德豪斯著，高鸿业等译：《经济学》，中国发展出版社1992年版，第82页；"总而言之，当财产为私人所有时，它才会得到最有效的利用。然而，当不可分性和公共产品问题使界定私人权利的代价太高时，所有权的一些其他形式则可能更有效率"，【美】罗伯特·考特、托马斯·尤伦著，张军等译：《法和经济学》，上海三联书店、上海人民出版社1994年版，第258页。

第三节 物权的种类

一、理论上的物权种类划分

1. 自物权与他物权、完全物权与限制物权。依据是对自己的物拥有的物权还是对他人之物拥有的物权，可以将物权划分为自物权和他物权。自物权即所有权，又称为完全物权、"无限制物权"，意指所有权这种物权，权利人对物的支配之力最完全，限制最少；他物权则是一个人对他人之物拥有的物权，又称为限制物权、不完全物权或定限物权，意指他物权的内容不如所有权完满，其对物的支配不如所有权那样完满，有更多的限制，同时，他物权也构成对所有权的限制，比如，你对他人之物有抵押权，则所有权人对其物的处分权就受到限制。

2. 普通法上的物权和特别法上的物权。普通法上的物权，即物权法规定的物权；特别法上的物权，即物权法以外其他法律规定的物权。除了物权法作为普通法规定的物权以外，其他法律也对物权做出了规定。比如《海商法》规定了船舶抵押权、船舶留置权、船舶优先权；《民用航空法》对民用航空器的所有权、抵押权、优先权的规定；《合同法》第286条规定的建设工程款的优先受偿权，这一规定在台湾地区现行"民法"中则体现为"法定抵押权"。根据特别法优于普通法的原则，特别法上对物权的规定，优先于物权法作为普通法的规定。

3. 不动产物权、动产物权与权利物权。这是根据物权的客体是不动产还是动产，抑或权利的不同进行的划分，其主要意义在于不同物权的变动规则不同。

4. 登记物权和不登记物权。这是依据物权是否须登记进行的划分。法律规定须登记的物权，要么登记才产生，要么登记才会有对抗第三人的效力；不登记物权则无需登记即具有物权效力。

5. 法定物权与意定物权。物权法定，包括物权种类的法定，是现代物权法的基本原则（对该原则的讨论详见后述）。所谓法定物权是指，基于法律规定产生的物权，如留置权、上述的船舶优先权、民用航空器优先权及建设工程款的优先受偿权；所谓意定物权是指，其产生是基于当事人的意思或者合意，比如抵押权和质权。

6. 有期限物权与无期限物权。这是根据物权的存续是否有期限进行的划分。一般所有权没有存续的期限，只要物存在，所有权就永续存在，除非所有权人死亡或抛弃或转让其所有权。依据我国物权法，建设用地使用权、土地承包经营权及地役权均有期限，抵押权则应当在主债权诉讼时效期间内行使。

7. 制定法上物权与习惯法上物权。除了制定法规定的物权以外，习惯法上的物权也也有立法例肯认。我国物权法也肯认相邻关系在没有法律规定时"可以按照当地习惯"（第 85 条）；台湾地区现行"民法"在 2009 年修订物权编时将第 757 条修正为"物权除依法律或习惯外，不得创设"，肯认了习惯可以创设物权，略为松动和缓和了物权法定主义。

二、比较法上的物权种类

基于历史文化的不同，不同国家或司法区域在不同历史时期会有不同种类的物权存在。所有权的历史最悠久，也最普遍。所有权以外的其他物权，则有地上权、地役权、永佃权或永租权、典权、土地债务、不动产质权、居住权等物权种类的出现。

这些比较法上的物权制度也是智慧宝藏，可以给今天以借鉴。比如最初大清民律草案纳入了德国法的土地债务以及不动产质权制度，而后来台湾地区现行民法并未采纳；台湾地区现行"民法"在 2010 年修订物权编时废除了永佃权，增订了农育权的物权种类；我国大陆则在改革开放后借鉴历史上的地上权制度规定了国有土地使用权、农地使用权，到物权法的建设用地使用权、土地承包经营权及宅基地使用权都可以看到地上权制度的影子；我国《物权法草案》

(2005)曾纳入居住权制度,但颁布的物权法并未采纳该制度。

三、我国物权法规定的物权种类

我国物权法规定了所有权和用益物权、担保物权。用益物权主要包括土地承包经营权、建设用地使用权、宅基地使用权及地役权;担保物权则主要包括抵押权、质权、留置权。

❓ 本章思考题

1. 你如何理解物权是支配权这一特征?对物的支配是什么意思?

2. 物权和债权有什么区别?

3. 权利可以支配吗?是否所有的权利均可以支配,比如人格权?

4. 对所有权有哪些限制?公权力对所有权进行限制须遵循怎样的原则?试举三例我国法律法规对所有权的限制。

5. 物权有哪些种类?我国目前法律规定了哪些物权种类?这些物权种类与之前或其他司法区域有什么联系?

▶ 本章推荐阅读文献

1. 周枏:《罗马法原论》(上册),商务印书馆1994年版,"第三编物""第二章物权""第二节物的分类",第297页以下;

2. 孙宪忠:《中国物权法原理》,法律出版社2004年版,第一章;

3. 史尚宽:《物权法论》,中国政法大学出版社2000年版,第一章;

4. 【德】卡尔·拉伦茨著,王晓晔等译:《德国民法通论》(上册),法律出版社2003年版,第十三章第二节,"权利的类型"。

第六章

物权法的基本原则

本书所称物权法的基本原则，指物权法立法的基本理念，或理论基础。物权法规则的设计须遵循这些理念，而这些理念是历史经验及比较法上的科学总结，也符合延续罗马法、德国法传统的中国民法及物权法的内在逻辑。

第一节 公有财产与私有财产平等保护原则

这一原则实际上是民法的身份平等的基本原则在物权法领域的体现。平等是自愿或者说意思自治、私法自治的前提，只有平等，才有自愿的可能。这是由民法的特质决定的。法律分为公法和私法，这是个基本常识，私法规范私主体的私权利或者说民事权利；公法则规范公权力的组织及运行，公法与私法各有其功用。国家、公权力如果进入市民社会领域与其他民事主体进行交易，它就是个普通的民事主体，当然与其他民事主体平等，须遵循平等、自愿的民法原则。

当然，国家可以使用强制力征收非国有主体的财产，但须受公法在征收目的及征收程序方面的规范与限制。

也就是说，国家在市民社会领域与非国有主体进行交易，就要遵循平等原则，遵循民法的规则；国家要运用强制力，则由公法规范其目的和程序。

有人提出说在作为民法一部分的物权法中必须规定国有财产应当受到特别的保护，否则就是违反宪法，实在是无知者无畏。

我国《物权法》第一章"基本原则"第 4 条规定："国家、集体、私人的物权和其他权利人的物权受法律保护，任何单位和个人不得侵犯"，这可以说是确立了平等保护国家、集体和私人的物权的基本原则，体现了我国推进依法治国的决心和社会的进步。

第二节 物权法定原则

所谓"物权法定"，是指物权的种类、效力、内容及变动方式由法律规定；民事主体在法律规定的物权种类以外创设新的物权种类，不生物权的效力；当事人对物权的内容或者物权的变动方式做出与法律规定不一致的约定，也不生效力。举例而言，房屋买卖或赠与，只有办理了产权登记手续、相关产权变动记载于不动产登记簿时，才发生房屋物权变动的效力；如果当事人约定说不办登记就变动房屋的产权，交钥匙就表示房屋的物权变动了，这一约定不生物权变动的效力，换言之，就如同没有约定一样。

我国《物权法》规定，"物权的种类和内容，由法律规定"（第 5 条）。"不动产物权的设立、变更、转让和消灭，经依法登记，发生效力；未经登记，不发生效力，但法律另有规定的除外"（第 9 条）。"动产物权的设立和转让，自交付时发生效力，但法律另有规定的除外"（第 23 条）。可以说是物权法定原则的体现。

《大清民律草案》第 978 条规定："物权，于本律及其他法律有特别规定外，不得创设。"1929 年颁布的民国时期民法典物权编规定"物权，除本法或其他法律有规定外，不得创设"（第 757 条）。但 2009 年我国台湾地区将第 757 条修正为："物权除依法律或习惯外,不得创设",对物权法定主义略为缓和。

"物权法定主义原则是罗马法以来各国法律均予以遵守的原则","德国、瑞士民法虽然在法典中未明确宣示该原则,但在学理上均承认其存在并予以尊重。"[1]

之所以确立物权法定原则,主要是出于交易安全的考虑,如果可以随意创设物权类型、对物权的效力作出各自的特别约定,那么必然阻碍交易,因为潜在的交易对手无法或者很难了解这些信息,导致交易受到抑制,而只有频繁的交易才能创造财富、促进效率[2]。物权有物权法定原则,作为交易法的合同法则讲"契约自由",合同债权并不法定,反而是约定优先于法定(这是合同法分则的一般原理),原因即在于物权的对物权、对世权、绝对权属性,而债权则是对人权、相对权。合同债是债权人与债务人之间的事,具有一定的私密性,别人一般没必要知道,也很难知道;而物权的对世权、绝对权属性,却因为你的物权与他人有关,需要让他人知道,物权法定,就是统一物权的种类和内容,方便大家知道的手段之一。

虽然已有论述指出现代物权法应检讨和重新思考"物权法定"的传统物权法原则[3],以图扩张私法自治的理念于物权法领域。在互联网发达、资讯传递成本大降的今天,本书作者也赞同这一趋势,但就目前我国大陆各项物权登记制度尚不完备而言,废除或松动这一基本原则还是不可想象的。因为互联网的存在,信息传递迅捷,在技术上也许不存在障碍,如果新创设物权的种类、内容登记、查询方便而且成本低廉,物权法定松动的可能性是有的。但其

---

〔1〕 孙宪忠:《中国物权法原理》,法律出版社 2004 年版,第 144 页。

〔2〕 见本书绪言部分"物权法的经济意义"。

〔3〕 比如,苏永钦:《私法自治中的经济理性》,中国人民大学出版社 2004 年版,第 84 页以下。

管理成本巨大、对官僚体制的运作效率要求较高，也许，随着大陆法治的进一步发展，在未来松动物权法定原则，也不是没有可能。

第三节　公示公信原则

所谓公示，就是告诉大家；公信，就是有公信力，你的信赖利益就会受到保护。公示公信原则的含义是，你有没有物权以及物权的变动，须按照法律规定的方式进行公示，而按照法律规定的方式进行了公示，你的物权就会受到法律的保护，对于基于法律规定的物权公示方式进行的交易，你的信赖利益就会得到保护。

举例而言，房屋等不动产的公示方式是登记，如果你从别人那里受让房屋，经登记取得了房产证，你就有了物权（对于登记生效主义）或者就可以对抗别人的挑战（对于登记对抗主义）。我国物权法对不动产采取的是一般的登记生效主义，对个别不动产物权变动采取的是登记对抗主义（详见后述用益物权及担保物权部分）。对于动产，公示方式则一般是占有和交付，你从占有人处受让了动产，你就有理由相信占有人有转让的权利，而你基于受让取得了该动产的占有，法律一般会承认你取得了该动产的物权并受到保护，这是动产的善意取得制度。

相反，如果没有公示公信原则，你不知道你买来的东西对方有没有物权，你也不知道你什么时候才能取得物权，你买来的东西别人可以随时主张权利拿走，这样你敢交易吗？

登记是效力比较强的公示手段，但考虑到交易成本，一般动产交易频繁，采取登记的方式进行公示当然不现实。

物权法采取公示公信原则，而作为交易法的合同法则不采取这一原则，原因同上，即基于物权的对物权、对世权及绝对权属性，因为你的物权与他人有关，所以须登记；而债权具有对人权、相对权的属性，一般只跟债权人、债务人有关，因此无须公示，也因此具有一定的私密性,别人不必也很难获悉。

但是,如果某些债权(比如租赁权、船舶优先权、民用航空器优先权、建设工程款优先权等),由于法律政策的考虑,使其具有了一定的物权特征,甚至转变为"物权化的债权",从而不单单是债权人、债务人之间的事,而是与第三人有关,则应该考虑采取公示的方式(或其他制度安排)才能让这样的债权有公信力,否则,就会引起麻烦,本章最后会以租赁权为例进行讨论,同时讨论我国相关法律的漏洞。

第四节　区分原则

区分原则有四层含义。

第一层含义是物权与债权相区分。如前所述,从罗马法开始就有这种区分,德国法更是基于这种区分编制了五编制的民法典,辗转从日本继承德国法的中国法,在物权法的构造上也继承了这一区分。实际上,我国大陆几乎所有的民法教材都承认这一区分,承认支配权与请求权、对世权与对人权、绝对权与相对权或绝对法律关系与相对法律关系的区分。

第二层含义则是,物权的变动与债权的变动相区分。这是德国五编制民法典的理论基础。基于物权与债权性质的不同,物权法规范物权或物权关系的变动(产生、消灭、变更),债法则规范债权或债权关系的产生、消灭与变更,而基于债的发生原因,债法主要包括合同法和侵权法。德国民法典的五编包括总则、债、物权、亲属、继承;继受德国民法典的日本及民国时期民法典也大致是这样一种结构。中国社会科学院2015年最新发布的《中国民法典草案建议稿附理由》,建议未来中国的民法典分为以下七编:总则、物权、债权总则、合同、侵权行为、亲属、继承,拆分了债法,仍然大致遵循了德国法物权与债权区分的逻辑。基于这种逻辑,物权法与合同法相区分——合同法规范债权债务的产生、变更、消灭;物权法规范物权(关系)的产生、变更、消灭。

依据德国法的逻辑,顺理成章的便是区分原则的第三层含义:引起物权变动的法律事实与引起债权变动的法律事实相区分。而依据德国法,在所有引起法律关系变动的法律事实中,法律行为是最重要的法律事实,德国法发明的法律行为概念是德国民法典总则存在的基础,因此,德国法有物权(法律)行为和债权(法律)行为的区分,并从而有物权行为理论。而物权行为理论在我国民法学界争议巨大,现在仍无定论,但几乎所有的民法教科书(包括民法总论部分和物权法部分)都会介绍处分行为与负担行为、物权行为与债权行为。

如果接受物权行为理论,则有区分原则的第四层含义——物权行为的独立与无因,即引起物权变动的法律行为与引起债权变动的法律行为各自独立,对物权行为与作为物权变动的原因的债权行为的效力进行各自判断,物权行为不会因为原因行为的无效或被撤销而无效。目前中国大陆不少学者反对物权行为理论,但也有不少学者支持。本书后面有专章讨论此问题。

与区分原则相对的是"同一原则"的立法模式。《法国民法典》第1583条规定,"当事人就标的物及其价金相互同意时,即使标的物尚未交付,价金尚未支付,买卖即告成立,而标的物的所有权亦于此时在法律上由出卖人移转于买受人"[1]。在法国法中,"物权变动的法律根据与债权变动的法律根据是同一的。一项法律行为,如果能够发生债权法上的效力,也就能发生物权法上的效力"。"法国民法中并无严格而准确的物权与债权的区分;法国民法中并没有形式意义上的物权立法"。法国法这种"债权意思主义的

---

[1] 李浩培、吴传颐、孙鸣岗译:《拿破仑法典(法国民法典)》,商务印书馆1979年版,第223页。

立法者实践中对第三人的安全有着很大的风险。因为债权的意思只因当事人的意思一致而生效,而第三人无法知悉这一意思;但是由于债权人的意思可以使得物权的变动生效,即使得当事人的意思直接产生排他的结果"。法国在1855年即《法国民法典》实施半个世纪之后,制定了不动产登记法,规定了不动产物权的变动不经登记不得对抗第三人的原则[1]。

就中国的实定法而言,对我国物权法肯认区分原则的前两层含义应该没有疑问,反对物权行为理论的学者可能也接受此两层区分。至于物权与债权性质的不同几乎没人反对;对于物权的变动与债权的变动相区分,随着《合同法》《物权法》的颁布,学者中也已渐无争议,因为合同法主要规范交易如何达成、履行及交易双方的权利义务,而物权法的重要内容即规范物权的变动,不管是交易引起的变动还是交易之外的法律事实(如事实行为和公法行为)引起的物权变动,都在物权法总则部分第一编第二章的第三节中做了规定,该三节分别是有关不动产物权变动、动产物权变动及其他规定(主要是公法行为、事实行为和死因行为引起的物权变动),而之前颁布的合同法(1999)中,几无关于合同中物权变动的规范。

第五节 物权特定原则

物权特定原则的意思是物权的客体(物或权利)必须特定,也就是你知道是什么、在哪里,并能够与其他的权利客体区别开来。

一般的物权的客体,比如所有权、土地承包经营权、建设用地使用权、地役权、质权、留置权、一般的抵押权,都比较容易理解,我们通常知道其权利客体的边界。动产浮动抵押制度(《物权法》第181条、第189条)在抵押权成立时,抵押物却是不确定

---

[1] 孙宪忠:《中国物权法原理》,法律出版社2004年版,第161页。

的,但在实现抵押权时,抵押财产仍然是确定的(第196条)。

物权特定原则与物权的支配性(你得知道你支配什么东西然后才能支配)、排他性等属性相关。

 讨论

从租赁权的"物权化"看物权与债权的区别
——兼谈我国合同法及物权法相关条款的修改[1]

我国《合同法》第229条"买卖不破租赁"的规则赋予了租赁权以物权特征,我国物权法第190条关于抵押权与租赁权冲突的规则是其自然逻辑延伸。但我国有关租赁权的规则体系存在明显漏洞,主要在于物权化的租赁权缺乏公示制度的配套,从而有碍交易安全和效率,也损害了抵押权制度。

一、租赁权的物权化:《合同法》第229条与《物权法》第190条

我国《合同法》第229条规定:"租赁物在租赁期间发生所有权变动的,不影响租赁合同的效力。"该条规定从《经济合同法》第23条第2款修改而来。凭此,承租人可对抗租赁物[2]的新的买受人。此即所谓"买卖不破租赁"规则[3],也据此,租赁权从债

---

[1] 本段内容参见翟新辉:"租赁权公示是取得物权对抗效力的要件",载《法律适用》2007年第9期;翟新辉:"论租赁权相关法律漏洞的补充——兼谈我国合同法及物权法相关条款的修改",载《学术交流》2011年第7期。

[2] 据我国《合同法》,动产与不动产的租赁在《合同法》第229条的适用上没有区别,其合理性下文还有论及。

[3] 实际上,我国《合同法》该条规定不限于买卖,其他如赠与、互易、遗赠、继承、公司投资等亦适用,因此采德国现学说称为"让与不破租赁"更为合适。参见苏永钦:《走入新世纪的私法自治》,中国政法大学出版社2002年版,第336页;陈卫佐译注:《德国民法典》,法律出版社2006年版,第203页注153。

权性质而突破其相对性,被"物权化"了。

我国《物权法》第190条规定是《合同法》第229条的自然逻辑延伸,因为抵押权实现时会涉及与抵押物上存在的租赁权的冲突问题。应该说,物权法第190条的规定体现了租赁权明显的"物权"特征:在先成立的权利优先于后成立的权利,也即物权的优先效力。

但遗憾的是,我国《合同法》及《物权法》在赋予租赁权物权特征的同时,却均未考虑公示公信原则的配套,一方面有违物权法基本原理;另一方面也在实践中损害交易安全,危及抵押权制度。笔者在现实中就碰到过实例:抵押权人在实现抵押权时,跳出一个手持租期长达15年的未经登记的租赁合同(合同签订日期早于抵押登记日期)、而(抵押人确认)租金已经一次性付清的承租人,要求在拍卖抵押物时,"买卖不破租赁",导致抵押物一直不能成功拍卖,抵押权实际上无法实现[1]。

二、其他物权化债权关于交易安全的制度安排

梳理我国大陆民商事法律体系,可发现存在一系列物权化之债权,主要有:租赁权、船舶优先权、民用航空器优先权、建设工程款的优先权、经预告登记之不动产买受人的债权等。考察该等"物权化"之债权,符合"物权法定"原则,自不待言;除租赁权外,均有有关交易安全的制度安排。比如关于建设工程款的优先权,《最高人民法院关于建设工程价款优先受偿权问题的批复》(法释〔2002〕16号)第4条规定:"建设工程承包人行使优先权的期限为6个月,自建设工程竣工之日或者建设工程合同约定的竣工之日起计算。"从而,控制了建设工程款优先权"物权化"对其他人的

---

[1] 另参见翟新辉:"我国立法应明确不动产租赁登记的效力——兼论物权化之债权及其公示",载《学术交流》2008年第7期。

风险和影响[1]。

三、特别法上关于租赁权公示公信的制度安排

（1）我国《民用航空法》的相关规定。根据我国《民用航空法》第11条的规定，就"根据租赁期限为6个月以上的租赁合同占有民用航空器的权利"，民用航空器权利人应当"向国务院民用航空主管部门办理权利登记"；第33条规定："民用航空器的融资租赁和租赁期限为6个月以上的其他租赁，承租人应当就其对民用航空器的占有权向国务院民用航空主管部门办理登记；未经登记的，不得对抗第三人。"

需说明的是，我国《民用航空法》并未特别规定"买卖不破租赁"，但其第13条规定："除民用航空器经依法强制拍卖外，在已经登记的民用航空器权利得到补偿或者民用航空器权利人同意之前，民用航空器的国籍登记或者权利登记不得转移至国外。"该条相当于"买卖不破租赁"，因为"根据租赁期限为6个月以上的租赁合同占有民用航空器的权利"应当登记，并且登记后具有对抗效力。

（2）我国《海商法》的相关规定。就定期租船合同[2]，《海商法》第138条规定了"买卖不破租赁"——"船舶所有人转让已经租出的船舶的所有权，定期租船合同约定的当事人的权利和义务不受影响，但是应当及时通知承租人。船舶所有权转让后，原租船合同由受让人和承租人继续履行"。就光船租赁合同，《海商法》第151条规定了租赁权与抵押权的冲突——"未经承租人事先书面同意，出租人不得在光船租赁期间对船舶设定抵押权。出租人违反

---

[1] 就此可参阅我国台湾地区现行"民法"1999年修正之第513条（承揽人之法定抵押权），"承揽人得就承揽关系报酬额，请求对相关不动产进行抵押登记或预为抵押权之登记。而此前的第513条并无有关登记的规定。

[2] 当然，就定期租船合同的性质，有人认为其存在财产租赁合同与运输合同的双重性质，参见：司玉琢主编：《海商法》，法律出版社2007年版，第237页。

前款规定，致使承租人遭受损失的，应当负赔偿责任"。但该规定是否意味着在先的光船租赁权可以对抗其后的抵押权或者使其后的抵押权无效，对此不无疑问。

需说明的是，我国《海商法》并未规定船舶租用合同的登记。但我国《船舶登记条例》（1994年6月2日国务院发布）第6条规定了光船租赁登记——"船舶抵押权、光船租赁权的设定、转移和消灭，应当向船舶登记机关登记；未经登记的，不得对抗第三人"。

四、"买卖不破租赁"与"公示公信"的法律经济分析——公平、秩序与效率的平衡

"买卖不破租赁"原则，目的在于保护出租人的利益，对此应无争议；这一原则的设立，大概是基于不动产承租人通常处于经济及社会弱势地位，出于"公平"的考虑吧。同时，对于持续占有租赁物的承租人而言，"买卖不破租赁"亦有维护现有占有秩序的意义。

但租赁权物权化的制度设计，不可避免地会影响到第三人（主要是新的买受人或租赁物的他物权人，比如抵押权人）。

对于第三人而言（他可能是房地产买卖中潜在的买方，或者贷款合同中的贷款人以及房地产抵押中的抵押权人），为避免可能存在的租赁权的对抗，需要获取一个不动产是否已经租赁的信息。由于可能存在欺诈，不能信任第三人的交易对手（原所有权人或出租人）的告知，那么，第三人为达成交易，剩下的选择可能就是实地验看或深入调查并留存证据。这样一来，必然增加第三人的交易成本。考虑到社会中不动产买卖及抵押交易的频繁及大量存在，可以想见其将造成巨大的社会交易成本。

如何节省该交易成本呢？当然，废除"买卖不破租赁"是一个制度选择，但会对承租人的利益造成巨大影响，出于"公平"或"秩序"考虑似乎不可行。但租赁权的物权化又影响到效率且增加交易成本。使租赁权登记后才获得对抗效力，是一个可以考虑的选

择，这可以使第三人非常方便地获取某不动产是否租赁的信息。然而，租赁登记无疑将增加出租人或承租人的成本，因为登记是要花时间和金钱的。

由此可见，对"买卖不破租赁"的"公平"及"秩序"的政策考虑，与公示公信、交易安全的"效率"考虑需要法律的平衡。问题是，采取何种制度安排可以最合理地降低整个社会的交易成本，还能兼顾公平、秩序。

五、我国台湾地区相关规定 1999 年的修订及其他比较法的经验

1. 我国台湾地区现行民法债编 1999 年修订前的规定。我国台湾地区现行"民法"第二编"债"相关规定如下：

"第 425 条　出租人于租赁物交付后，纵将其所有权让与第三人，其租赁契约，对于受让人，仍继续存在。

第 426 条　出租人就租赁物设定物权，致妨碍承租人之使用收益者，准用前条之规定。"

可以看出，台湾地区修订前的规定与大陆地区《合同法》第 229 条的规定大致相当[1]，且未区分对不动产及动产的适用。就台湾地区该条规定，其修订之前已有讨论。王泽鉴就曾于 1989 年指出："在'立法政策'方面，应得提出讨论者，系'租赁物之交付'是否足以担负'租赁权物权化'之公示功能？可否改采登记制度，规定非经登记，不得对抗善意第三人。"[2] 同时王泽鉴指

---

[1]　应该说《合同法》第 229 条"不影响租赁合同的效力"的表述有歧义，苏永钦批评其"完全混淆契约效力、履行及移转问题"，颇值赞同，参见苏永钦：《走入新世纪的私法自治》，中国政法大学出版社 2002 年版，第 341 页注 11。

[2]　王泽鉴：《民法学说与判例研究》（第六册），中国政法大学出版社 1998 年版，第 217 页。王泽鉴在其书中注释参阅吴光陆："租赁与强制执行之买卖"，载《法学丛刊》第 134 期。另王泽鉴该书的最早版本应为 1979 年版，据苏永钦：《走入新世纪的私法自治》，中国政法大学出版社 2002 年版，第 339 页注 7。

出，还应考虑：以租赁物之交付作为公示方法，究竟产生多少争议？受让人须要支出多少费用，才能查知租赁关系之存在？此种公示方法是否便利让与人（尤其是在强制执行上之拍卖）与第三人为通谋虚伪租赁？改采登记制度是否确能克服现行制度之缺点？土地登记簿能否负担？是否会产生大量不必要的登记？

2. 我国台湾地区现行"民法"债编1999年的相关修订。我国台湾地区现行"民法"债编1999年进行了重大修订。修正后第425条，增列了六个字即"承租人占有中"；增加了一项即"前项规定，于未经公证之不动产租赁契约，其期限逾五年或未定期限者，不适用之"[1]。由此可以看出，该修正吸收了此前有关租赁权"物权化"仅将"交付"作为租赁权公示似乎不足的担心，增加了"承租人占有中"的要件，并且排除了租期过长或不定期的未经公证之不动产租约对"买卖不破租赁"的适用，可以说一定程度上降低了租赁权缺乏公示的风险。

然而，该修正仍受到抨击。比如苏永钦就认为此修正后，"立法政策的主要瑕疵仍未消除"，"即以'承租人'概念涵盖的社会活动者之广泛，从住屋承租到表演场所的承租，到录影带、汽车的承租，如何能作为社会政策的标的团体？谁又能说，承租人一定是经济上的弱者？"苏永钦并特别指出，"第二项的增设，除了为民间公证人提供一项业务诱因外，只对诈害不动产受让人或拍定人的假租赁有其防止功能，并未就物权效力的赋予范围过广，及公示不足的问题，作更全面的处理"，并干脆认为，"本条不能不说是本次债

---

[1] 据我国台湾地区"公证法"（2009），"请求人或其继受人或就公证书有法律上利害关系之人，得请求阅览公证卷内文书"（第89条），请求人或其他就法律上有利害关系之人请求阅览公、认证卷内文书者，每阅览一次收取费用200元新台币（第127条），而公证费用则按标的金额收取，如金额20万（以下）新台币收取1000元（第109条）。另2010年7月5日台币200元约合41元人民币（1元人民币约合4.93新台币）。

编修正的败笔"。[1]

3. 其他立法例的经验。《德国民法典》中,"买卖不破租赁"适用于住房、土地和除住房以外的房屋以及已登记于船舶登记薄的船舶等的使用租赁[2]。而法国民法就"买卖不破租赁"仅适用于不动产[3]。《日本民法典》第605条(承租权的对抗力)规定:"不动产租赁实行登记后,对以后就该不动产取得物权者,亦发生效力。"[4]

六、我国《合同法》及物权法相关条款的修改建议及理由

结合以上讨论,我国《合同法》及物权法相关条款可考虑修改如下:

1.《合同法》第229条可考虑修改为:"出租人于租赁物交付后,承租人占有中,纵将其所有权让与第三人,其租赁合同,对于受让人仍继续存在。法律另有规定的,依照其规定。

租期逾三年或未定租期的租赁合同,如未经登记,则不适用前款规定。"

2. 增加一条,作为《合同法》第229条之一:"出租人就租赁物设定物权,致妨碍承租人对租赁物使用收益的,准用本法第229条之规定。"

---

[1] 见苏永钦:《走入新世纪的私法自治》,中国政法大学出版社2002年版,第337页及以下。

[2] 德国民法分为使用租赁、用益租赁及使用借贷(无偿),见陈卫佐译注:《德国民法典》,法律出版社2006年版,第203页注154;就买卖不破租赁对住房、土地、住房以外房屋及船舶的使用租赁的适用,分别见第566、578及578a条。

[3] 见《法国民法典》第1743条,马育民译:《法国民法典》,北京大学出版社1982年版,第416页。其较1804年的最早条文略有修正,李浩培、吴传颐、孙鸣岗译:《拿破仑法典》,商务印书馆1979年版,第243页。

[4] 见王书江译:《日本民法典》,中国法制出版社2000年版,第110页。

3. 就《物权法》，删除第 190 条[1]。相关立法理由如下：

关于动产与不动产。虽然参照其他司法区域的立法例，"让与不破租赁"大多不适用于动产，且有观点认为适用于动产导致对租赁权物权效力的赋予范围过广（比如苏永钦先生），但这里认为：对于已经取得动产租赁物占有的承租人而言，使物权发生变动的租赁物上的租赁权继续存在，对于维持现存占有秩序、避免社会矛盾而言，不无意义。而且一般动产价值不大、即时交易居多，即使交付延后，但由于价值不大，对于第三人而言，出卖人（出租人）违约的风险也属正常交易风险，第三人也可承受，不致有过大影响（动产一般不存在他物权与租赁权冲突的问题）；对价值较大的交通工具（如汽车、船舶、航空器），均有登记制度；对于价值较大而且可能出租的动产（如珍贵动物或艺术品），由于市场较小及交易各方的专业身份，其对交易风险应有充分了解；最后，实践中就动产租赁权与其他物权的冲突案例较为罕见[2]。因此，"让与不破租赁"对动产的适用，不致有太大不妥。

对于期限较长或不定期限且未登记的租赁合同，排除"让与不破租赁"的适用。这样规定一方面可补足租赁权仅以租赁物占有或交付作为公示手段的不足；另一方面，也兼顾了短期租赁的承租人（特别是弱势地位的住房承租人）的利益。依笔者在上海的经验，住房租赁呈短期化倾向（公有住房租赁和廉租房除外），半年、1 年租期较为常见，3 年以上的较为罕见，长期租赁以商业物业居

---

[1] 需指出的是，依苏永钦，如"让与不破租赁"适用于动产，则存在动产租赁权"善意取得"的问题（即承租人从非所有人的占有人处租得租赁物），因此，我国《物权法》第 106 条"当事人善意取得其他物权的，参照前两款规定"一句，应进行修改或解释为准用于租赁权的善意取得。参见苏永钦：《走入新世纪的私法自治》，中国政法大学出版社 2002 年版，第 348～352 页。

[2] 依笔者经验，未见到有关动产（交通工具除外）租赁与物权冲突的案例。另见王泽鉴：《民法学说与判例研究》，中国政法大学出版社 1998 年版，第 187 页。

多。《上海市房屋租赁条例》第15条要求所有租赁合同登记才能对抗的规定略显僵化,且对一般住房租赁的承租人不太公平[1]。对于租期短于3年的租赁合同,无需登记即有对抗效力,虽增加了第三人(新的买受人或可能的抵押权人)的交易成本和风险,但由于期限较短,即使第三人未能发现未登记之短期租赁权,也不至于对其利益影响过大;同时,对于租期较长(比如3年以上)的不动产租赁合同,为获取租赁权的对抗效力,以租赁合同登记为要件并不过分[2]。对租期较长的不动产承租人而言,为取得其租赁权的物权对抗效力,50元登记费的交易成本并不大,特别是再考虑到房地产买卖及抵押的频繁,可以想见,这一制度安排对节省社会的交易成本会作出巨大贡献,且兼顾"公平""秩序"及"效率"。

"让与不破租赁"的排除未区分动产与不动产。在我国,除不动产及交通工具外,一般动产租赁并无登记制度,但对于租期较长的动产租赁合同,排除"让与不破租赁的适用"并无太大不妥;对于汽车租赁,可能需考虑健全租赁登记制度;对于船舶及民用航空器,由于其市场较小(应该比不动产交易市场小很多)[3],现《海商法》及《民用航空法》的规则问题不是很大。

租赁权与他物权的对抗规则规定于《合同法》租赁合同章较为合理。《合同法》"让与不破租赁"的立法政策使租赁权特殊于一般的债权,从而使与其相关的规则随后规定,会方便"找法";而

---

[1] 实际上也难于执行。如果排除私力救济情形,通过诉讼、执行程序要求未登记之承租人搬离(短期住房租赁合同极少登记),在时间上租赁合同也差不多履行完毕了。因此,要求所有住房租赁合同,不论期限长短一律登记才对抗并不可取。

[2] 以上海为例,目前租赁合同的文件备案登记,每件仅收取人民币50元,见上海市住房保障和服务管理局官方网站,http://www.shfg.gov.cn/fgdoc/djxgsf/200910/t20091023_329476.html,"房地产交易登记收费一览表",2010年7月9日。

[3] 从法律经济分析的角度而言,市场较小,获取交易对手信息的成本会相对较低;对于成熟市场(比如国际规则较完善的海运及空运市场),市场的透明度也一定程度降低了交易成本,租赁登记规则即使不完善也不致像不动产市场那样后果严重。

且，理论上，租赁权还可能与除抵押权外的其他用益物权相冲突[1]，因此《合同法》增设第229条之一的规定较为简约、合理，优于随后在物权法各物权章节分别规定与租赁权的冲突。最后，法律的增订条款编号最好是在相关条款之后增加该条"之一"或类似形式，而不是如现在直接增加一条，然后更改增加条款之后的所有条款的编号，这会导致阅读修正前的法律引述极为不便，还会导致其他法律（引述修订法律的其他法律）的修改，增加法律修改的工作量、影响法律的稳定性。

❓ 本章思考题

1. 你认为公有财产和私有财产在物权法上是否应当同样对待？为什么？或者，如果对公有财产在物权法上必须有特殊的对待，你认为应该具体有哪些规则？

2. 物权法公示公信原则的含义是什么？物权为什么要公示才能有公信力？

3. 物权法定是什么意思？为什么物权要法定？

4. 物权特定原则的含义是什么？

5. 为什么说租赁权有物权的特征？与租赁权类似，我国实定法还规定了哪些有物权特征的债权？对这些"物权化"的债权，应该有哪些参照物权处理的制度安排？

▶ 本章推荐阅读文献

1. 王泽鉴：《民法学说与判例研究》，中国政法大学出版社1998年版；

---

[1] 比如租赁权与其后设立的土地承包经营权、建设用地使用权、地役权及宅基地使用权等的冲突。

2. 孙宪忠:《中国物权法原理》,法律出版社 2004 年版,第四章;

3. 苏永钦:《走入新世纪的私法自治》,中国政法大学出版社 2002 年版;

4. 翟新辉:"租赁权公示是取得物权对抗效力的要件",载《法律适用》2007 年第 9 期;

5. 翟新辉:"论租赁权相关法律漏洞的补充——兼谈我国合同法及物权法相关条款的修改",载《学术交流》2011 年第 7 期;

6. 翟新辉:"我国立法应明确不动产租赁登记的效力——兼论物权化之债权及其公示",载《学术交流》2008 年第 7 期。

第七章

物权的变动与物权的保护

物权如何变动以及物权的保护，是物权法的重要内容。我国《物权法》总则编第二章规定了物权的变动，在第三章规定了物权的保护。

第一节 物权的变动

一、物权的变动与物权关系的变动

我们经常提到权利的变动或法律关系的变动。所谓变动，即产生、变更、消灭；法律关系的三个要素为主体、客体、内容，所谓内容即法律关系当事人的权利义务。一般来说，存在一个具体的权利，必然有其权利主体和权利客体，从而会有一个法律关系的存在，因此，一个具体权利发生了变动，就会有一个法律关系的变动，所以，权利的变动和法律关系的变动是同义的。

物权的变动，就是物权的设立、取得、内容的变更及消灭，也称得、丧、变更；就物权法律关系的变动，则包括物权法律关系的设立、变更、消灭。我国《物权法》第二章的名称为"物权的设立、变更、转让和消灭"。

《物权法》或民法典的物权编，就是要用逻辑的方法，把所有引起物权变动的情况都包括进去。《民法》（包括《物权法》），作为裁判法，其意义在于没有遗漏地将现实生活中所有的权利义务关系的变动予以规范，任何情事在何人之间引起了如何的权利义务的变动，都要在民法典中找到依据，这是民法典的宏大构想。如果有遗漏，该规定的没规定，就是法律漏洞。但由于人类理性的有限性，需要司法判例等制度的补充。

二、我国《物权法》物权变动规范的结构设计

用法典的方法将需规范的生活事实引起权利变动的情况没有遗漏地予以规范，需要有扎实的理论基础。《德国民法典》的设计就是总则规定民事主体及权利变动的一般情况，特别是引起权利变动的最重要的法律事实——法律行为，以后四编债、物权、亲属、继承，则分别进一步具体规定各种民事权利如何变动。

《物权法》对物权变动的规范是以法律事实的科学分类为基础的。法律事实是能够引起法律关系或者权利变动的事实，其基本分类如下（图7-1：法律事实分类图[1]）：

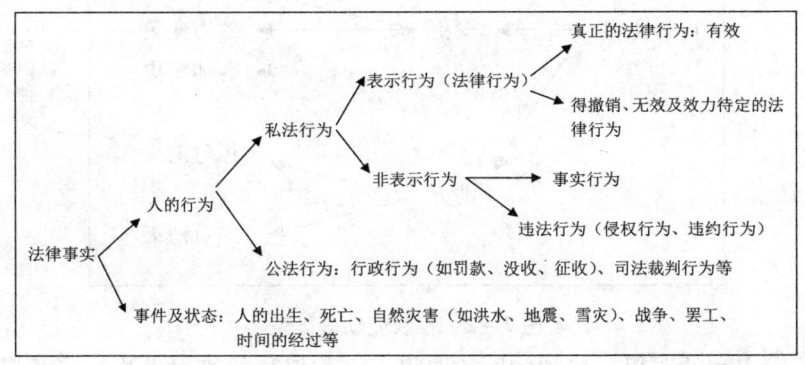

图7-1 法律事实分类图

---

[1] 该分类表参见翟新辉主编：《民法学总论》，中国政法大学出版社2015年版，第三章第二节，有改进。同时参见王泽鉴：《民法总则》，北京大学出版社2009年版，第193页；张俊浩主编：《民法学原理》，中国政法大学出版社1997年版，第44页。

《物权法》需衡量每一法律事实类型对物权变动的影响。当然，其中，最重要的法律事实是法律行为，因此，我国《物权法》第二章第1节和第2节分别规定了基于法律行为引起的物权变动，对于不动产一般要登记才生效，对于动产要交付才生效，这里的生效，即物权才发生变动的意思；而第3节则规定了法律行为以外的法律事实引起物权变动的情况，主要包括公法行为中的行政行为、司法裁判行为以及死因行为、事实行为引起的物权变动。

三、物权变动的理论分类

从权利取得的角度，可以将取得权利的类型做如下分类（图7-2，权利变动分类图）：

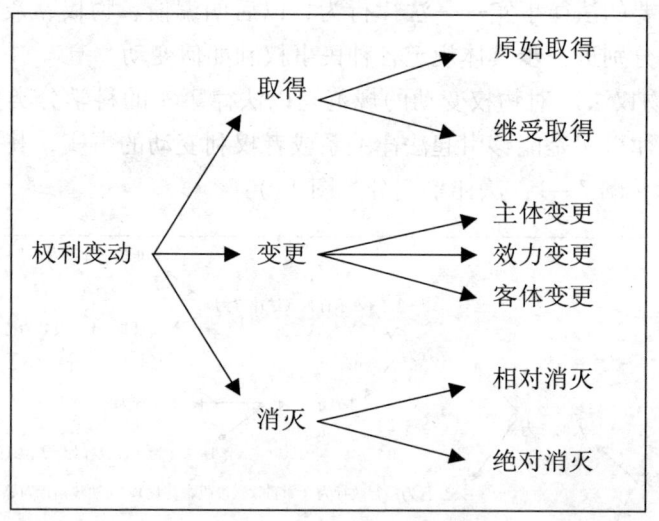

图7-2 权利变动分类表

权利的取得：权利的原始取得，又称权利的绝对发生，指不基于他人既存的权利而独立取得一个新权利，如通过善意取得、无主物先占、建造房屋等事实行为取得权利；继受取得，又称权利的相对发生，即基于他人既存的权利而取得权利，如基于买卖、赠与、互易等而取得权利。

就权利的变更：主体变更，即权利主体的变更，亦即权利的移转；权利客体的变更，则如债务部分清偿而使债权范围缩小；权利内容的变更，如债权人对抵押人汽车之抵押权因登记而取得对抗第三人的效力等。

就权利的消灭：绝对消灭，即权利客观上失去存在，如对一个面包的所有权，因面包被吃掉而不再存在；相对消灭，即权利主体的变更，也即权利的移转。[1]

四、基于法律行为引起的物权变动——不动产登记

1. 登记生效主义。我国《物权法》采取了德国的不动产生效主义模式，"不动产物权的设立、变更、转让和消灭，经依法登记，发生效力；未经登记，不发生效力，但法律另有规定的除外"（《物权法》第9条）。

也就是说，一般情况下，不动产物权只有经过变更登记，将有关变更记载于不动产登记簿时才会发生不动产物权变动的效力（《物权法》第14条），未经登记，不发生效力，也就是说，未经登记，不产生物权变动的效力、物权没有变动。

但有例外情形，比如土地承包经营权和地役权属于不动产用益物权，同时属于意定物权，其变动不以登记为条件，合同生效即产生相应物权，登记只是对抗善意第三人的条件（《物权法》第129条、第158条）。

我国《物权法》的这一不动产物权变动效力的规定，并未特别指明是基于法律行为的物权变动还是非基于法律行为引起的物权变动，虽然理论上大家清楚是参照台湾地区现行民法。台湾地区现行"民法"第758条的规定："不动产物权，依法律行为而取得、设

---

[1] 以上参见翟新辉主编：《民法学总论》，中国政法大学出版社2015年版，第三章第一节。同时参见王泽鉴：《民法总则》，北京大学出版社2009年版，第189~193页。

定、丧失及变更者，非经登记，不生效力。前项行为，应以书面为之。"

2. 预告登记。"当事人签订买卖房屋或者其他不动产物权的协议，为保障将来实现物权，按照约定可以向登记机构申请预告登记。预告登记后，未经预告登记的权利人同意，处分该不动产的，不发生物权效力"（《物权法》第20条）。该条为按揭制度或者说期房买卖合同打下了基础，让购买期房的买房人在期房买卖合同登记后可以不用担心开发商一房多卖的风险。预告登记制度实际上是将买房人将来要求卖房人交付房屋的债权"物权化"了。

3. 不动产统一登记。同时需要说明的是，我国之前的不动产是分别由不同行政机关负责登记，而我国新颁布的《不动产登记暂行条例》规定"本条例所称不动产，是指土地、海域以及房屋、林木等定着物"（第2条），"国家实行不动产统一登记制度"（第4条），"县级以上地方人民政府应当确定一个部门为本行政区域的不动产登记机构，负责不动产登记工作"（第6条），该暂行条例自2015年3月1日开始实施，目前处于"不动产统一登记过渡期"，但"不动产权利人已经依法享有的不动产权利，不因登记机构和登记程序的改变而受到影响"（第4条），"本条例施行前依法颁发的各类不动产权属证书和制作的不动产登记簿继续有效"（第33条）。[1]

4. 《物权法》第13条禁止登记机构要求对不动产进行评估、以年检等名义进行重复登记以及超出登记职责范围的其他行为，这体现了对公权力滥用的约束，是颇为无奈的规定。一方面，对不动

---

[1] 《不动产登记暂行条例》第1条规定："为整合不动产登记职责，规范登记行为，方便群众申请登记，保护权利人合法权益，根据《中华人民共和国物权法》等法律，制定本条例。"其中"群众"一词的使用颇为有趣。其非为民法术语，应为政治术语，与"干部"对称。不知"干部"是否也可去申请不动产登记、是否方便？建议改为"当事人"或"申请人"更为妥当，由此可见民法"身份平等"原则的普及之重要。

产登记机构的行政约束应当规定在行政法中,但当时《不动产登记暂行条例》尚未公布;另一方面,这种禁止公权力为某种行为的立法约束是当下对公权力惯用的约束方式,这是因为当下中国公权力还没有养成"法无授权即禁止"的习惯,虽然对于私主体的原则是"法无禁止即自由",但如果是法律没有禁止的公权力都可以干,那就乱套了,中国依法治国之路还很漫长。

此外,《物权法》第21条还规定,"因登记错误,给他人造成损害的,登记机构应当承担赔偿责任。登记机构赔偿后,可以向造成登记错误的人追偿"。

五、基于法律行为引起的物权变动——动产交付

我国物权法就动产物权的变动,采取了交付生效的模式,"动产物权的设立和转让,自交付时发生效力,但法律另有规定的除外"(《物权法》第23条)。

1. 现实交付或实际交付。通常的交付是现实交付或实际交付,亦即转移占有,对物的控制权的转移。

2. 观念交付。特殊情况会有"观念交付",即并不再进行占有的转移而仅基于当事人的意思发生动产物权变动的情况。

简易交付的情形。"动产物权设立和转让前,权利人已经依法占有该动产的,物权自法律行为生效时发生效力"(《物权法》第25条)。惟该句中"法律行为"一词含义所指不明,是说买卖合同这个法律行为生效时物权就发生效力呢,还是说当事人另外就物权变动进行特别约定的法律行为?依实务,可能解释为如果当事人没有进一步的特别约定,应当是在受让人已经依法占有标的物时,自转让合同(买卖、赠与、互易)生效时物权就变动更为合理些,而且动产质权合同应该准用该规定。

指示交付的情形。"动产物权设立和转让前,第三人依法占有该动产的,负有交付义务的人可以通过转让请求第三人返还原物的权利代替交付"(《物权法》第26条)。动产质权的成立是否适用此规则值得讨论。

占有改定的情形。"动产物权转让时，双方又约定由出让人继续占有该动产的，物权自该约定生效时发生效力"（《物权法》第27条）。动产质权的成立应该不能适用占有改定规则。有意思的是，该句中"约定"的含义及性质——它只是意思表示还是法律行为呢？

3. 特殊动产的变动规则。此处所说的特殊动产，主要是指船舶、航空器和机动车等需登记的交通运输工具。"船舶、航空器和机动车等物权的设立、变更、转让和消灭，未经登记，不得对抗善意第三人"（《物权法》第24条）。

该规定与《海商法》的规定一致。《海商法》规定船舶所有权及抵押权未经登记不得对抗第三人（第9、10、13条），但未规定船舶租赁（含光船租赁）登记的效力。国务院行政法规《船舶登记条例》第5条及第6条重复了《海商法》的规定，即船舶所有权及抵押权未经登记不得对抗第三人，但第6条同时规定了光船租赁权的登记对抗效力。

该规定与《民用航空法》的规定也一致。《民用航空法》第14、16条规定了民用航空器所有权及抵押权登记的对抗效力，同时，该法第33条规定"民用航空器的融资租赁和租赁期限为六个月以上的其他租赁，承租人应当就其对民用航空器的占有权向国务院民用航空主管部门办理登记；未经登记的，不得对抗第三人。"值得注意的是，国务院颁布的《民用航空器权利登记条例》作为行政法规，没有像上述的《船舶登记条例》一样规定登记的民事（私法）效力。

依据《立法法》，行政法规是否可以规定民法规范，值得讨论。关于机动车，只有公安部的《机动车登记规定》（2008年公布，2012年修正），虽就机动车的转移登记、抵押登记的具体事项进行了规定，但作为部门行政规章，其未规定应该也无权规定机动车登记的民事效力。

需注意的是《买卖合同司法解释》关于特殊动产多重买卖合同的规则。该解释第 10 条的规定："出卖人就同一船舶、航空器、机动车等特殊动产订立多重买卖合同，在买卖合同均有效的情况下，买受人均要求实际履行合同的，应当按照以下情形分别处理：①先行受领交付的买受人请求出卖人履行办理所有权转移登记手续等合同义务的，人民法院应予支持；②均未受领交付，先行办理所有权转移登记手续的买受人请求出卖人履行交付标的物等合同义务的，人民法院应予支持；③均未受领交付，也未办理所有权转移登记手续，依法成立在先合同的买受人请求出卖人履行交付标的物和办理所有权转移登记手续等合同义务的，人民法院应予支持；④出卖人将标的物交付给买受人之一，又为其他买受人办理所有权转移登记，已受领交付的买受人请求将标的物所有权登记在自己名下的，人民法院应予支持。"

该条第 4 项规定的情形，似乎占有的效力要强于登记的效力，与《物权法》《海商法》及《民用航空法》关于登记对抗效力的一般解释有些不同，值得注意。

 讨论

不动产转让及抵押登记、转让及出质的动产交付是法律行为吗？

当事人为转让不动产或抵押不动产去登记机构申请登记的行为，以及当事人为转让或出质而进行的动产交付行为，是否独立的法律行为？否认物权行为理论的学者不承认物权行为的存在，否认上述当事人进行不动产转让及抵押登记以及转让及出质的动产交付是法律行为（下称"否认派"）；承认物权行为理论的学者认为该等不动产登记及动产交付行为是法律行为（下称"承认派"）。

否认派学者虽然承认债权与物权的区分，而且随着《合同法》《物权法》的颁布，虽然也进一步承认合同只产生债权后果（即单单产生债权债务的法律效果），但认为买卖、赠与、互易等牵涉物权转让的合同成立、生效后[1]，物权变动只是履行该等合同的自然后果，至于引起物权变动的具体法律事实（如动产交付行为及不动产登记行为）的性质，有的认为这只是"合同履行行为"，而合同履行行为的性质是"事实行为"，不肯承认动产交付行为及不动产登记中行为人的意思表示要素，因为承认了意思表示要素，则意味着要承认动产交付及不动产登记作为变动物权的合同的履行行为是法律行为，从而要承认物权行为的独立存在。还有人反驳说，不动产登记行为是个行政行为、公法行为嘛，怎么说是物权行为？

否认派学者的观点受到承认派的嘲笑。

承认派学者代表之一孙宪忠举了萨维尼举过的例子[2]，来说明物权独立意思表示和法律行为存在的客观性：

买卖双方签订买卖合同约定由卖方于12个月后移转标的物给买方，但很不幸，卖方在第6个月得精神病了。在这种情况下，双方订立合同时都是好好的，买卖合同也有效，但合同生效时需要交付标的物时，卖方由于精神病丧失了行为能力，无法表达交付的意思，即出卖人无法做出一个目的在于所有权转移的法律行为，因此，交付作为一个独立的行为无法生效。因为当事人之间没有形成所有权移转的合意，事实上所有权也仍然在卖方手中。更不幸的是，该例子发生在法国。依《法国民法典》第1583条，买卖双方意思表示一致、买卖合同成立，即使未付价金、未交付标的物，标

---

[1] 需说明的是《合同法》所说的合同应专指债权合同，其所谓"生效"，只生债权后果，即只产生债权债务的法律后果，对于买卖、赠与、互易等合同，其"生效"后，依据我国物权法，该等合同生效并不直接产生物权变动的后果，仍需交付（对于动产）或者登记（对于不动产），才会产生物权变动的效果。

[2] 见孙宪忠：《中国物权法原理》，法律出版社2004年版，第279页。

的物的所有权也已经由卖方移转于买受人。但实际上买受人既没有取得标的物，也没有取得所有权——买方虽然取得了法律上的所有权，但不能按照所有权返还的规则来解决当事人的问题。据说，德国教授和法国教授就此问题进行讨论，法国教授只好自嘲说："我们法国没有精神病。"

不动产登记的情形也是同样。如果遇见这种得精神病的情况，或者卖方有其他行为能力欠缺的情形（比如为未成年人），办理过户登记，肯定需要监护人或法定代理人代理其做出意思表示。

至于不动产登记是公法行为、行政行为，并因此不是物权行为的说法，就更是显得逻辑不清、思维混乱了：如此来说，双方去民政部门登记结婚也是公法行为、行政行为了。双方当事人去办理不动产转让、抵押登记或结婚登记，当然是个法律行为、私法行为（因为需要行为人表达转让物权或设定物权或同意结婚的意思，并且从而需要行为能力），而登记机关的登记不过是这些法律行为生效的特殊要件，从而能够产生私法上的效果。你不能说当事人不要登记而登记机关硬要登记，就变动物权或就让人家结婚吧？当然，单从行政法角度，登记机关的登记行为是个具体的行政行为，如果行政机关刁难或登记错误，可以提起行政诉讼，由公法规范；但从私法角度、民法角度，基于转让而发生的物权变动或结婚，是基于当事人的意思，登记机关的登记只不过是这些法律行为的生效要件而已。

因此，硬要说当事人基于转让或出质而进行的动产交付行为以及基于转让或抵押而进行的不动产登记行为，不包含意思表示，不是法律行为，有些牵强。

当事人进行物权登记或结婚登记的行为性质的讨论，虽是学术讨论，但仍具实务意义，作为法律行为，仍可能有因恶意串通、欺诈、胁迫、显失公平而导致的无效或可撤销的后果的适用。

六、法律行为以外的法律事实引起的物权变动

我国物权法第2章第3节其他规定中对法律行为以外的法律事实引起的物权变动做出了规定。

1. 公法行为引起的物权变动。首先是行政机关作出的行政行为，比如征收、没收等行政决定；其次是司法裁判行为，包括法院或仲裁机构做出的判决或裁决。在我国目前只承认机构仲裁，仲裁机构虽然具有民间性质，但仲裁机构作出的仲裁裁决则有相当于生效法院判决的效力。行政行为和司法裁判行为一经做出即发生法律效力（当然，就法院裁决而言，指终审裁决或未上诉裁决），就会发生权利变动的效果，但由于我国的物权登记制度是由行政机关负责的，随后的物权登记滞后，但物权已经变动。因此，《物权法》第28条规定："因人民法院、仲裁委员会的法律文书或者人民政府的征收决定等，导致物权设立、变更、转让或者消灭的，自法律文书或者人民政府的征收决定等生效时发生效力。"即无需动产占有的转移或不动产的变更登记，物权即随法律文书或政府决定的生效而发生变动。

2. 事实行为引起的物权变动。《物权法》第30条规定："因合法建造、拆除房屋等事实行为设立或者消灭物权的，自事实行为成就时发生效力。"比如建造房屋，从建成、竣工验收，到准备工程资料等申请办理房地产权证，有一个过程，但房屋已经存在，当然其物权也存在，而且是从房屋建成的时候就存在。拆除房屋也是一样。

3. 因继承或者受遗赠等而取得物权。《物权法》第29条规定："因继承或者受遗赠取得物权的，自继承或者受遗赠开始时发生效力。"继承自被继承人死亡时开始，被继承人死亡，即丧失民事主体的资格，因为自然人的民事权利能力始于出生、终于死亡，而其原享有的财产权利立即转归继承人或受遗赠人，无须转移占有或变更登记。

4. 非依法律行为而享有不动产物权变动时的处分限制。依照上述规定享有不动产物权的，"处分该物权时，依照法律规定需要办理登记的，未经登记，不发生物权效力"（《物权法》第 31 条）。该条中"处分"一词的使用很有意思，其表述的含义似乎是，已经享有不动产物权但未变更登记的权利人，可以"处分"其权利，但"未经登记，不发生物权效力"。那么，该权利人的处分是一种怎样的"处分"呢？是指仅就该不动产签订转让合同，还是交付不动产？台湾地区现行"民法"第 759 条的相关表述是："因继承、强制执行、征收、法院之判决或其他非因法律行为，于登记前已取得不动产物权者，应经登记，始得处分其物权。"可见两处条文对"处分"一词不同含义的使用。

5. 与台湾地区现行"民法"相比，我们的《物权法》在总则编仅规定了建筑物因拆除等"事实行为"引起物权消灭，而未规定所有权因混同及抛弃而消灭的一般情形，这些情形似拟交由习惯法调整。台湾地区现行"民法"第 762 条规定了所有权因与他物权混同而消灭："同一物之所有权及其他物权，归属于一人者，其他物权因混同而消灭。但其他物权之存续，于所有人或第三人有法律上之利益者，不在此限。"第 764 条规定了物权因抛弃而消灭："物权除法律另有规定外，因抛弃而消灭。前项抛弃，第三人有以该物权为标的物之其他物权或于该物权有其他法律上之利益者，非经该第三人同意，不得为之。抛弃动产物权者，并应抛弃动产之占有。"此外，《物权法》在第二编"所有权"的第九章进一步有"所有权取得的特别规定"，其均为基于法律行为以外的法律事实取得所有权，但比较台湾地区现行"民法"，仍有不少缺漏之处，详见后述。

第二节　物权的保护

物权受到侵害，当然可以依据侵权责任法获得救济。我国《侵权责任法》第 2 条规定，"侵害民事权益，应当依照本法承担侵权责任"，而民事权益包含了"所有权、用益物权、担保物权"。"侵害物权，造成权利人损害的，权利人可以请求损害赔偿，也可以请求承担其他民事责任"（《物权法》第 37 条）。

《物权法》在第三章"物权的保护"中另外规定了物上请求权，包括所有物返还请求权（原物返还请求权）、妨害防止请求权和妨害排除请求权。

一、物上请求权

所有物返还请求权或原物返还请求权。"无权占有不动产或者动产的，权利人可以请求返还原物"（《物权法》第 34 条）。此处的权利人，可以是所有权人本人，也可以基于其他权利而有权占有该物之人，比如质权人、借用人、承租人、保管人、承运人、受托人、行纪人等。

妨害防止请求权和妨害排除请求权。"妨害物权或者可能妨害物权的，权利人可以请求排除妨害或者消除危险"（《物权法》第 35 条）。

我国台湾地区现行"民法"将物上请求权规定在第 767 条中："所有人对于无权占有或侵夺其所有物者，得请求返还之。对于妨害其所有权者，得请求除去之。有妨害其所有权之虞者，得请求防止之。前项规定，于所有权以外之物权，准用之。"

二、物上请求权与诉讼时效[1]

诉讼时效适用于请求权，而并非所有的请求权均适用诉讼时效。就我国实定法而言，对诉讼时效的规定还较为模糊和混乱，《诉讼时效司法解释》从某种程度上解决了诉讼时效在法律适用上的混乱，但仍存疑问。物上请求权是否有诉讼时效的适用即是如

---

[1] 参见翟新辉："诉讼时效、物权及相关问题研究"，载《法治论丛》2003 年第 1 期。

此。全国人大2005年公布的《物权法草案》第44条规定："权利人请求排除妨害或者消除危险，不适用诉讼时效。"但正式颁布的物权法则删去了这一规定。

因为如此规定，就会产生以下疑问：我国普通诉讼时效是两年，没有特殊规定则一般的请求权即适用普通诉讼时效；这里如果规定了妨害防止请求权与妨害排除请求权不适用诉讼时效，那么，原物返还请求权是否适用诉讼时效呢？依法理应该适用。如果适用，诉讼时效是否也是两年？借钱不还，债权请求权适用两年的诉讼时效大家已经普遍接受，借了东西（物）两年不还也适用诉讼时效，就因此要不回来了（如果对方进行诉讼时效抗辩的话）？同时，因为我国大陆未规定取得时效制度，故此产生的问题是：权利人因为对方提出诉讼时效已过的抗辩不能要回原物，而原物在占有人处而占有人却一直不能取得权利，结果是造成权利与占有的"合法"脱离。

基于这些考虑，正式出台的《物权法》干脆删除了草案的第44条。那么问题又来了，权利人请求排除妨害或者消除危险或返还原物，适用诉讼时效吗？未见实定法包括司法解释对这一问题的回答。实务中，由于危险及妨害在现实中仍然存在，法院一般会支持请求权人，避免对诉讼时效问题进行讨论。作者曾就原物返还请求权诉讼时效的适用与某法官讨论，该法官认为，因为侵权行为一直存在，也不应适用诉讼时效。

应该说，就物上请求权诉讼时效的适用，在大陆实定法中仍是空白。

❓ 本章思考题

1. 我国物权法就物权变动的规范设计遵循怎样的结构？
2. 不动产物权变动一般是登记才生效，哪些不动产物权变动并不是登记才生效的?

3. 权利取得有哪些方法?

4. 什么是观念交付、简易交付、指示交付和占有改定?

5. 公法行为和事实行为怎样引起物权的变动?试各举两例。

6. 什么是物上请求权?你认为物上请求权适用诉讼时效吗?

7. 你认为物权行为独立存在吗?双方当事人去进行不动产物权登记是法律行为吗?

8. 我国大陆学者中,谢怀栻、张俊浩、孙宪忠、李永军、田士永、程啸、朱庆育以及梁慧星、王利明、崔建远、温世扬、陈华彬、王轶等均对物权行为进行过讨论,我国台湾学者中史尚宽、王泽鉴、苏永钦等对此也有很好的分析,试找出这些人的讨论阅读,谈谈你对物权行为理论的看法。

 本章推荐阅读文献

1. 王泽鉴:《民法总则》,北京大学出版社2009年版;

2. 孙宪忠:《中国物权法原理》,法律出版社2004年版,第一章;

3. 翟新辉主编:《民法学总论》,中国政法大学出版社2015年版,第三章;

4. 翟新辉:"诉讼时效、物权及相关问题研究",载《法治论丛》2003年第1期;

5. 我国大陆学者谢怀栻、张俊浩、孙宪忠、李永军、田士永、程啸、朱庆育以及梁慧星、王利明、崔建远、温世扬、陈华彬、王轶等,以及我国台湾学者中史尚宽、王泽鉴、苏永钦等就物权行为理论的相关论文及著作。

第八章

处分行为与负担行为以及
物权行为理论

　　民法规范何种事实可引起如何的民事法律关系及民事权利的变动，对法律事实、法律关系及民事权利进行类型化，并在法律关系及民事权利与法律事实之间建立起科学的联系是民法学重要课题。要清晰理解法律行为的概念，必须理清法律事实的体系及法律事实与法律关系之间的关系。而在所有引起法律关系或民事权利变动的法律事实中，最重要的却是法律行为这种法律事实。有关法律事实的体系，见前图7-1"法律事实分类图"。

　　法律行为系民法学高度抽象的专业术语，其在现实生活中形形色色、频繁发生、数量及种类众多，对法律行为进行类型化研究极其必要。关于法律行为的类型，可见下图8-1法律行为类型图[1]：

---

　　[1] 参见翟新辉主编：《民法学总论》，中国政法大学出版社2015年版，第六章第四节。

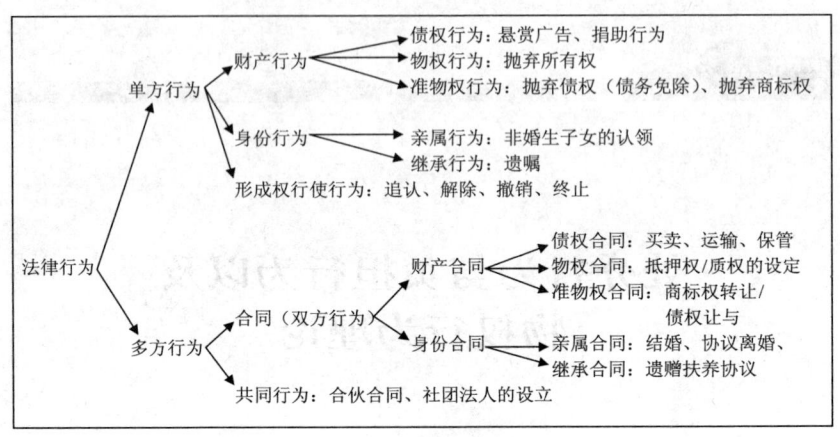

图8-1 法律行为类型图

第一节 处分行为与负担行为

一、处分行为与负担行为的区分基础在于支配权与请求权的区分

依法律行为的效果即所变动的权利的不同,可分为身份行为与财产行为。比如我国《合同法》第2条第2款特别规定"婚姻、收养、监护等有关身份关系的协议,适用其他法律的规定",说明该法仅规范法律行为中的财产行为(主要是债权行为或负担行为)。需说明的是,由于人格不得抛弃、转让、剥夺,因此不存在"人格行为",但诸如姓名、肖像的许可使用等,实际上是处分自然人人格权的财产利益,可归入财产行为。当然混用两种标准,单方行为、多方行为可以再各自划分为身份行为、财产行为;财产行为、身份行为也可各自划分为单方行为、多方行为。

惟财产行为可以进一步划分为处分行为与负担行为,值得特别说明。兹列图(图8-2)如下:

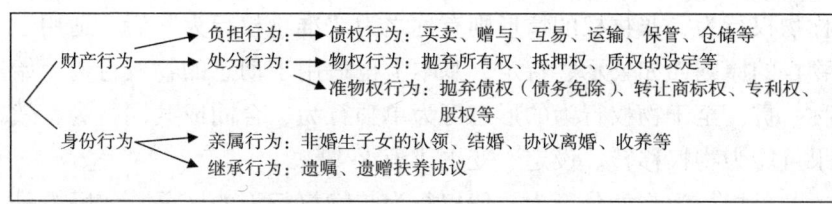

图 8-2 财产行为分类图

财产行为划分为负担行为与财产行为对于财产法乃至整个民法有重要的意义。王泽鉴先生曾形象地称，我国台湾地区现行"民法""系以'权利'与'法律行为'为核心概念，而建立其体系结构。法律行为上最重要的分类是'负担行为'及'处分行为'，二者贯穿整部民法，可称为民法的任督二脉，必须打通，始能登入民法的殿堂"[1]。

把财产权区分为对世权与对人权，是从罗马法就开始的二分法。处分行为与负担行为的区分是物权（作为绝对权、对世）与债权（作为相对权与对人权）的区分的自然逻辑结果。

负担行为使一方负担义务、他方取得请求（Anspruch），处分行为则使一方权利丧失或减少、而由他方取得某种权利（Recht）。负担行为仅为特定人之间"关系"的调整，故行为的后果必然是只发生债权债务关系。处分行为则为特定权利与特定人间"归属"的调整，故在以物权为标的的情形，处分行为的结果是物权另有归属，在以债权为标的的情形，又发生债权另有归属的结果（债权的抛弃或转让）。

负担行为只会发生新的债权债务，故又称为债权行为；处分行为则会使"既有"的物权、债权或其他财产性质的权利（比如知识产权）减少或消灭（就处分一方而言），在物权的情形即一般被

---

[1] 王泽鉴：《法律思维与民法实例——请求权基础理论体系》，中国政法大学出版社 2001 年版，第 323～324 页。

称物权行为，非物权的情形则有称之为"准物权行为"者。适用于物权的原则，如公示、特定，基本上也适用于动态的物权行为，始称一贯。至于物权行为的形态可为单独行为、合同或共同行为，效果可能为物权移转、设定、变更或消灭[1]。

负担行为与处分行为、债权行为与物权行为的区分，实际上是绝对权与相对权、物权与债权区分的自然逻辑结果；清晰的区分有助于法律对现实生活（特别是现代日趋复杂的交易）进行规范，实际上也是《物权法》和《合同法》分立，并且物权法遵循物权法定、公示公信等原则，而合同法则需贯彻契约自由的原则的原因所在。

负担行为以双方行为（契约）为原则，《合同法》规定的合同均为负担行为、债权合同，以单方行为为例外，仅有悬赏广告、捐助行为与遗赠；处分行为亦以双方行为为原则，单方行为为例外，单方行为仅包括抛弃权利（如所有权、债权及知识产权、股权等）[2]。

处分行为与负担行为区分的意义在于：①处分行为的标的须特定或至迟于处分行为生效时标的须特定，并须就一个标的作成一个处分行为；负担行为则不必。②处分行为的生效以处分人有处分权为要件，无处分权而"处分"标的者，为"无权处分"，效力待定；但负担行为不以行为人有处分权为必要，例如，出卖他人之物的（债权）合同应当有效。③处分行为包括物权行为（如果处分的是物权的话）和准物权行为（如果处分的标的是物权以外的其他权利的话，如知识产权、股权、债权），其需公示，比如物权有公示公信原则，该等处分所生的权利变动的后果须有足以从外界可以

---

〔1〕 参见苏永钦：《私法自治中的经济理性》，中国人民大学出版社2004年版，第123页。

〔2〕 参见朱庆育：《民法总论》，北京大学出版社2013年版，第149~153页。

辨认的事实,以维护交易安全,避免第三人遭不测损害;就物权的处分而言,不动产物权的处分须登记,动产须交付。④处分行为和负担行为的区分,在法律上泾渭分明,法律关系明晰,具有相当的说明价值。[1]

二、处分行为、负担行为与取得行为:继受自德国法[2]

中国法从德国法继受了法律行为概念,并间接继受了罗马法关于物权与债权、支配权与请求权的区分,在学理上,处分行为与负担行为概念及其区分也继受自德国法。

负担行为是指"使一个人相对于另一个人(或另若干人)承担为或不为一定行为义务的法律行为。负担行为的首要义务是确立某种给付义务,即产生某种'债务关系'"。应当注意,债务合同仅对承担义务的一方当事人来说是负担行为,而对取得债权的另一方当事人来说则是"取得行为"。双务合同对每一方当事人而言,都既是负担行为,又是取得行为。

处分行为是指"直接作用于某项现存权利的法律行为,如变更、转让某项权利,在某项权利是设定负担和取消某项权利等。处分的对象,永远是一项权利或一项法律关系。所有权人处分其所有权的处分行为,如移转动产上所有权以及在所有权上设定有利于第三人的限制物权(如设定用益物权、抵押权或质权)等"。一旦所有权人在其所有权上设定了某项限制物权,他就放弃了一部分所有权限,而将同样或相似的权限转让给了其他人。债权人处分其债权的行为有债的免除、债权让与等。在所有这些情形中,处分的对象都是一项权利,或一项债务关系。

---

[1] 田士永:《物权行为理论研究——以中国法和德国法中所有权变动的比较为中心》,中国政法大学出版社 2002 年版,第 205~206 页;张俊浩主编:《民法学原理》,中国政法大学出版社 2000 年版,第 241~243 页。

[2] 本段未注明的引用,引自【德】卡尔·拉伦茨著,王晓晔等译:《德国民法通论》(下册),法律出版社 2003 年版,第 435~441 页。

"处分权利的权限是该项权利的组成部分，因此处分本身是一种行使权利的行为。"如果这项行为"是通过一项合同实施的，那么，它对于权利持有人来说是处分行为，而对于另一方来说要么是一项取得行为，要么是一项义务免除行为；前者如移转所有权或授权予限制物权，后者如债务免除合同。"[1]

"处分概念的实际意义在于：首先，有效的处分必须以处分人有权处分其权利，亦即具有'处分权限'为前提……享有处分权的，原则上说权利的持有人，即所有权之所有权人，债权之债权人。"[2]

"区分负担行为和处分行为，除了可以明确处分权利必须具备相应的处分权限外，在整个法律体系中也具有重大的意义。最重要的处分行为是转让权利的行为。这种行为具有某种分配的属性：它们的法律后果对有关权利的归属作了变更，进而改变了财物的归属。对于这种财物归属的变化，任何人都必须予以尊重。这也就是说，这类处分行为的效果可以对抗任何人，这种效果是'绝对的'。"

"与处分行为相反，负担行为使行为人仅仅相对于另一个人或另一些特定的人承担义务，因此，他们只具有'相对'的效果。一个人可以承担任意多次的义务，虽然他无法履行所有这些义务。而有效地转让权利，一个人只能进行一次，因为他一旦进行了转让，

---

[1] 需注意的是国内一般认为债务免除等同于债权抛弃，是个单方行为；但德国法详细区分了合同的变更、解除、合同的承担、通过合同取消债务关系及终止长期债务关系的性质"对整个债务关系的处分权，原则上应由该债务关系的当事人共同享有，除非法律或合同赋予了当事人中的某个人以某项相应的形成权。在这里，处分权并不是各个具体债权的组成部分，而是产生于作为整个债务关系的当事人的地位，或者产生于某项特别的形成权。"见【德】卡尔·拉伦茨著，王晓晔等译：《德国民法通论》（下册），法律出版社2003年版，第439页。同时参见朱庆育：《民法总论》，北京大学出版社2013年版，第153页。

[2] 着重号为原书所加。

他就丧失了这项权利,他也就不再具有处分的权限。一个人可以多次出卖同一件物。在这种情况下,出卖人对每一个买受人都负有移转物之所有权并交付物的义务,虽然他只有能力履行一次这样的义务,而如果他已将物之所有权移转给他人,那么他就丧失了物之所有权。因而也失去了处分权限,他无法再次从事移转所有权和交付的行为。使第三人取得物之所有权,除非有关于从非权利人处善意取得所有权的规定(第932条、第892条)适用于第三人。"[1]

"除了负担行为和处分行为,特别应提一下取得行为。取得行为是指取得权利的行为。……负担合同对于从该合同中获得债对受益人而言是取得行为,为他人设定或转让权利的处分行为对于受让权利的受益人而言也是取得行为。先占无主物则是纯粹的取得行为。"

"负担是增加义务的法律行为,处分是减少权利的法律行为。此二法律行为均系从利益失去者立场所为之观察,对相对人而言,则为取得行为;以负担行为取得对设定负担者的请求权,依处分行为取得权利(或为处分人的绝对权利,或为处分人的相对权利,如债权让与之让与即得对抗第三人)。"[2]

总结德国法,其有关处分行为、负担行为及取得行为的分类如下图(图8-3):

---

〔1〕 着重号为本书作者所加,引用中的条文系指德国民法典的条文。

〔2〕 格哈德·克格尔(Gerhard Kegel):"负担与处分",载《国际法与国际经济秩序:F. A. 曼(F. A. Mann)七秩华诞祝贺文集》1977年。转引自田士永:《物权行为理论研究——以中国法和德国法中所有权变动的比较为中心》,中国政法大学出版社2002年版,第204~205页。

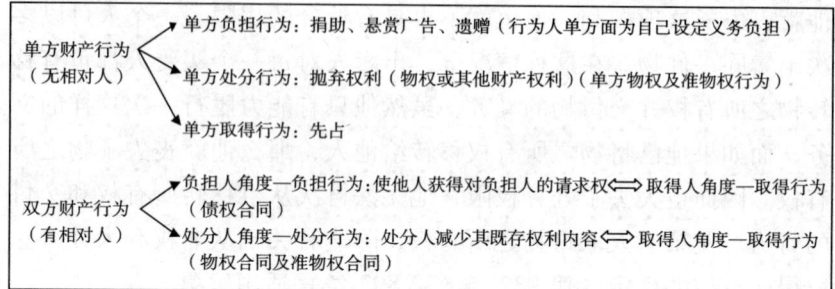

图8-3 处分行为、负担行为及取得行为分类图

三、处分行为、负担行为与取得行为：我国学界的态度

我国台湾地区比较彻底地继受了德国法，对处分行为、负担行为的区分均有清醒认识和清晰的评论，王泽鉴、苏永钦等学者对该区分及物权行为理论均有清楚的论述。

我国大陆学者中，谢怀栻、张俊浩、孙宪忠及李永军、田士永、朱庆育等也对来自德国法的该区分及物权行为理论有清楚的认识及分析。

近年来国内民法教科书几乎都会介绍处分行为与负担行为这种区分，但有学者声称"通说认为，我国现行民事立法不认可负担行为与处分行为的区分"[1]，颇为武断，但我国民事立法因此产生了混乱和法律适用上的尴尬倒是事实。

不可否认，我国大陆学界对该区分及下面要讨论的物权行为理论仍然存在争议。"2007年，物权法颁行，然而，争论并未消弭，甚至几乎没有学者因此改变之前择定的立场。这部法律的意义，似乎仅仅为不同立场提供解释与印证的材料而已。此亦表明，在学术未予澄清之处，理论分歧不可能借助立法而获得消除。"[2]

---

[1] 王利明主编：《民法》，中国人民大学出版社2007年版，第147页。
[2] 参见朱庆育：《民法总论》，北京大学出版社2013年版，第160~162页。

四、我国实定法的混乱及最高法院的应对

学者的争议以及各有话语权,反映在立法上则是立法上的混乱及法律适用中的尴尬。

1.《合同法》第51条的混乱及最高法院的应对。关于所谓"无处分权人订立的合同",《合同法》第51条规定,"无处分权的人处分他人财产,经权利人追认或者无处分权的人订立合同后取得处分权的,该合同有效"。

最高法院2012年买卖合同司法解释之前的民法教科书,通常依据该条,将"无处分权人订立的合同"列为"效力待定"之列,认为无处分权人订立的合同,"经权利人追认或者无处分权的人订立合同后取得处分权的,该合同有效";如果未经权利人追认或者无处分权的人订立合同后不能取得处分权的,则该合同无效,而依据我国民法关于合同无效或法律行为无效双方当事人相互返还、依过错确定责任的规则,在现实的法律适用中造成法律保护"说话不算数"的违背常识的结果。

《合同法》第51条的错误,在于立法者没有搞清楚处分行为与负担行为的区别——处分行为要求处分人有处分权,否则不生效力;负担行为则不要求行为人有处分权。而合同法规定的合同应该都是负担行为、债权行为,与物权或处分权无涉,不应要求负担人有处分权,因为负担人(在买卖合同则为卖方)只是通过负担行为、债权合同为自己设定了一个请求权负担而相对人取得了一个请求权而已。如果合同法规定的合同(典型是买卖合同),要求卖方须有处分权,否则合同无效,那么对于买卖他人之物的合同、一物多卖的多个合同、买卖未来物、卖方在订立买卖合同后又丧失处分权的合同等均会出现荒谬的法律适用结果[1]。

针对这种情况，最高法院2012年《买卖合同司法解释》第3条规定："当事人一方以出卖人在缔约时对标的物没有所有权或者处分权为由主张合同无效的，人民法院不予支持。出卖人因未取得所有权或者处分权致使标的物所有权不能转移，买受人要求出卖人承担违约责任或者要求解除合同并主张损害赔偿的，人民法院应予支持。"

可以说最高法院从实务的角度基于"说话要算话"的常识在法律适用上进行了纠偏。

2.《合同法》第51条的混乱与《物权法》第106条的尴尬。《物权法》第106条是有关善意取得的规定："无处分权人将不动产或者动产转让给受让人的，所有权人有权追回；除法律另有规定外，符合下列情形的，受让人取得该不动产或者动产的所有权：①受让人受让该不动产或者动产时是善意的；②以合理的价格转让；③转让的不动产或者动产依照法律规定应当登记的已经登记，不需要登记的已经交付给受让人。受让人依照前款规定取得不动产或者动产的所有权的，原所有权人有权向无处分权人请求赔偿损失。"

而2005年《物权法草案》的相应条文为第111条："无处分权人将不动产或者动产转让给受让人的，所有权人有权追回，但符合下列情形的，受让人即时取得该不动产或者动产的所有权：①在受

---

[1] 我国台湾地区现行"民法"第118条规定："无权利人就权利标的物所为之处分，经有权利人之承认始生效力。无权利人就权利标的物为处分后，取得其权利者，其处分自始有效。但原权利人或第三人已取得之利益，不因此而受影响。前项情形，若数处分相抵触时，以其最初之处分为有效。"《合同法》第51条的错误在于写错了地方，表述也不正确：无处分权人的处分行为效力待定（有待处分权人的追认或嗣后取得处分权才有效，否则不生处分效力），而不是（债权）合同效力待定；合同法作为债权合同的规则，与处分无涉，债权合同的效力更不应与处分权相关联。《合同法》第51条显示了学界对"处分"一词及"处分行为"与负担行为区分的认识混乱。

让时不知道或者不应当知道转让人无处分权；②以合理的价格有偿转让；③转让的财产依照法律规定应当登记的已经登记，不需要登记的已经交付给受让人；④转让合同有效。受让人依照前款规定取得不动产或者动产的所有权的，原所有权人有权向无处分权人请求赔偿损失。当事人善意取得其他物权的，参照前两款规定。"

通过比较 2007 年颁行的《物权法》第 106 条及 2005 年的《物权法草案》第 111 条，可以发现，物权法关于善意取得的规则删除了草案中要求的第 4 个条件，即"转让合同有效"。

之所以删除"转让合同有效"这一条件，就是因为立法者注意到了《物权法草案》第 111 条与《合同法》第 51 条的冲突：善意取得的前提是转让人无处分权，而依据《合同法》第 51 条，转让人无处分权订立的合同必然无效，那么最终，《合同法》第 51 条和草案第 111 条规定的"转让合同有效"的条件，两者只能择其一。因此，最终颁行的《物权法》第 106 条取消了善意取得须"转让合同有效"的要求。

但是，对于善意取得情形下转让合同是否有效，必须有明确的回答。如果有效，那么《合同法》第 51 条就是错的；如果善意取得情形下转让合同无效，那么，问题就来了。

如果转让人无权转让，依据《合同法》第 51 条规定的转让合同无效，在转让人先交货、善意受让人后付款的情形，转让人有权要求善意受让人支付货款吗？如果有权，依据是什么？是因为善意受让人不当得利吗？善意受让人的"不当得利"恰好是货款的金额吗？如果善意受让人迟延付款，转让人可以追究其迟延的"违约"责任吗？

解决了上述问题，还有善意取得情形下转让合同无效的其他问题：如果善意受让人收货后发现有质量问题或数量问题，可以追究转让人的违约责任吗?[1]

总之，如果《合同法》第51条成立，善意取得情形下的转让人与善意受让人的"违约责任"问题无法得到解决。

简单而且科学的办法，只能是让所谓"无权处分"的（债权）合同作为一个负担行为有效。

最高法院2012年《买卖合同司法解释》第3条的规定从法律适用的角度暂时解决了这一问题。

第二节　物权行为理论

德国法发明了法律行为概念，作为引起权利变动的最重要的法律事实，基于支配权与请求权的区分，法律行为中的财产行为有处分行为与负担行为的二分；物权与债权分别为支配权和请求权的典型，因此又有物权行为与债权行为的区分。

处分行为是直接变动既存权利的行为，包括物权行为（如果变动的是物权）和准物权行为（如果变动的是物权以外的其他权利，如股权、知识产权、既存的债权等）。负担行为是单单引起债权（债务）发生的行为，即债权行为。

一、德国法：物权行为的区分、独立与无因

德国法沿袭上述思路，有物权行为理论，包括物权行为与债权行为相区分，物权行为独立存在，物权行为与其原因行为的效力各自独立判断即物权行为是不要因行为亦即无因行为。

1. 物权行为与债权行为相区分。基于物权与债权的区分，物权法（民法典的物权编）规范物权的变动，债法（民法典的债编）规范债权的变动。而引起权利变动的法律事实有法律行为与非法律

---

[1] 参见刘家安："善意取得情形下转让行为的效力"，载《法学》2009年第5期。

行为之分，因此，引起物权变动的法律行为规范于物权法，引起债权变动的法律行为（就是我们通常所说的合同）由债法中的合同法规范。

债法中的合同法所说的合同依法成立、生效，单单产生债法上的效果，即单单引起了债权债务的发生，并不引起物权的变动，因此与法国法不同[1]，德国法中债法之合同法所说的合同，仅为债权行为或债权合同。如果该合同内容与物权变动有关（如买卖、互易、抵押、质押等），需有另外的物权行为来完成物权的变动，而这由物权法（民法典的物权编）来规范。具体地，如果是动产，则通过交付进行变动；如果是不动产，则通过双方办理不动产变更登记进行变动。

这样，德国法中变动物权的动产交付和不动产登记，均为包含变动物权意思表示的法律行为，即物权行为，从而要求法律行为的通常要件，比如行为能力及意思表示真实、健全等，同时，由于物权行为系处分行为（对于处分人一方而言），因而会要求处分人有处分权这一特殊生效要件。

如此一来，我们常见的到食堂去买个包子的交易，将包括三个法律行为，首先是通过要约—承诺构造的债法上的买卖合同的法律行为，这是个债权行为、债权合同；然后是交付一个包子的物权行为，变动了包子的所有权，由于其也是双方行为，所以也是物权合同或物权契约；最后是交付一元硬币的物权行为，变动了一元硬币的所有权，同样是个物权合同。

2. 物权行为独立存在。《物权法》（民法典的物权编）规范物

---

[1]《法国民法典》第1583条规定，"当事人就标的物及其价金相互同意时，即使标的物尚未交付，价金尚未支付，买卖即告成立，而标的物的所有权亦于此时在法律上由出卖人移转于买受人。"李浩培、吴传颐、孙鸣岗译：《拿破仑法典（法国民法典）》，商务印书馆1979年版，第223页。

权的变动，债法（民法典的债编，主要是合同法和侵权法）规范债权的变动。

法律事实包括法律行为和法律行为以外的法律事实，而法律行为是变动权利的最重要的法律事实。物权的变动也是如此。变动物权的法律行为也包括单方和双方行为，单方行为如抛弃所有权和无主物先占[1]，变动物权的双方行为则表现为动产交付和不动产登记，至于所变动的物权的具体内容（是变动所有权还是设立用益物权或担保物权），则需具体考察行为人的具体意思表示的内容。

3. 物权行为的无因性。既然物权行为与债权行为相区分，物权行为独立存在，那么物权行为的效力应独立判断。在物权行为伴随债权行为出现的情形中，通常债权行为是作为物权行为的原因行为出现的。比如一个债权合同成立并生效，债权人据此有请求对方转移物权的请求权，那么该债权合同就是随后的转移物权的物权行为的原因行为。

如上述到食堂买个包子的例子，你与食堂达成买卖一个包子的合同就是个原因行为，是随后你交付一元硬币的所有权及食堂交付给你一个包子的所有权这两个物权行为的原因行为。可以做这样的理解，你为什么会给食堂一元钱、食堂为啥会给你一个包子呢？因为你们之间有一个买卖合同这个原因行为的存在。

物权行为的无因性或者说物权行为是无因行为或者不要因行为，意思是，物权行为的效力独立于其原因行为（如果有原因行为的话），即使作为原因行为的债权行为无效或被撤销，但是作为结果行为的物权行为并不必然就无效，须独立判断其效力[2]。

---

[1] 先占无主物究系法律行为抑或事实行为，向有争议。似采事实行为更为合理，详见后述。

[2] 票据行为是无因行为或不要因行为，因此可以保障票据的流通性，请比较物权行为无因性进行思考。

二、我国学界关于物权行为理论的讨论

苏永钦指出,"物权行为有其独立性与无因性是台湾学说与实务的通说,虽然就文义而言,'民法'实在找不出很直接的依据,一如采分离且无因原则的德国民法"。"台湾地区'民法'的确没有在任何地方使用'物权行为'的概念,但是正如'阻却违法'、'事实行为'或'负担行为'等,某些从整个规范体系足以推导出来的概念,不因未表现于法条内即不存在或仅为无拘束力的学说。尤其像德国民法那样的法典,实为学者经长期讨论就既存学说、习惯与判例加以体系化后的结晶,故物权行为就和行为能力、时效消灭等 Pandekten 的概念一样'先验'于民法典,其规范性并不因是否明文见诸法条而有不同"[1]。

我国大陆几乎所有重要学者均就物权行为理论发表过意见,大致可分为肯定、否定及折中三派,而且随着《物权法》的颁布,各派似乎都认为《物权法》为各自的观点提供了佐证[2]。

三、我国实定法关于物权行为理论态度的模糊及法律空白

"立法并不能解决科学问题,立法只能解决那些可以由立法者意志解决的问题。在物权行为理论问题上,在讨论还没有清晰之前,立法者不应该对物权行为理论作出肯定或否定的判断,最好的办法是采取一种模糊的立场"[3]。我国立法也是这么做的。

但民法的主要功能是裁判法,其应该为现实中权利的变动制定

---

[1] 苏永钦:《私法自治中的经济理性》,中国人民大学出版社 2004 年版,第 122~123 页。

[2] 有价值的论文及著作(这些论文及著作对相关观点进行了梳理),参见:谢怀栻、程啸:"物权行为理论辨析",载《法学研究》2002 年第 4 期;田士永:《物权行为理论研究——以中国法和德国法中所有权变动的比较为中心》,中国政法大学出版社 2002 年版,第八章"物权行为理论继受论";朱庆育:《民法总论》,北京大学出版社 2013 年版,第 160 页以下。

[3] 田士永:《物权行为理论研究——以中国法和德国法中所有权变动的比较为中心》,中国政法大学出版社 2002 年版,第 444~445 页。

出裁判规则。

1. 我国实定法对债权变动与物权变动的区分。由于未能区分债权变动与物权变动，1995年《担保法》就抵押合同和质权合同的生效做出了错误的规定。《担保法》第41条规定："当事人以本法第42条规定的财产抵押的，应当办理抵押物登记，抵押合同自登记之日起生效。"而第42条规定的抵押财产包括不动产、交通运输工具、林木及企业动产。《担保法》第64条规定："出质人和质权人应当以书面形式订立质押合同。质押合同自质物移交于质权人占有时生效。"

1999年通过的我国《合同法》还不太清晰，除了上述《合同法》第51条的尴尬，其有关买卖合同的规定就是体现。《合同法》第130条对"买卖合同"的定义是"买卖合同是出卖人转移标的物的所有权于买受人，买受人支付价款的合同"。第132条还规定："出卖的标的物，应当属于出卖人所有或者出卖人有权处分。"[1]

随着《物权法》的颁布，我国债权变动与物权变动的区分规则逐渐清晰。《物权法》第15条特别强调："当事人之间订立有关设立、变更、转让和消灭不动产物权的合同，除法律另有规定或者合同另有约定外，自合同成立时生效；未办理物权登记的，不影响合同效力。"明确区分了合同效力与物权变动的分别判断。因此，上述《担保法》关于抵押合同及质押合同[2]效力的规定应该已被废止。

2. 我国实定法是否要求物权变动有独立的意思表示？如前所述，我国《物权法》第一编第二章"物权的设立、变更、转让和

---

[1] 可比较台湾地区现行"民法"关于买卖契约的定义，台湾地区现行"民法"第345条："称买卖者，谓当事人约定一方移转财产权于他方，他方支付价金之契约。当事人就标的物及其价金互相同意时，买卖契约即为成立。"

[2] 需注意的是《担保法》的表述是"质押合同"，而《物权法》的表述则是"质权合同"。

消灭"分为三节，即不动产登记、动产交付和其他规定，实际上就是按照德国法的法律行为引起的物权变动和法律行为以外的法律事实引起的物权变动的模式设计的。基于法律行为引起的物权变动，不动产需登记、动产需交付才会产生物权变动的后果，其他如公法行为、事实行为引起的物权变动则不一定要登记或交付也会产生物权变动的后果。

至于不动产登记及动产交付双方包含意思表示因素，立法虽未明确，但实务中，不动产登记可以代理，申请内容由申请人决定，申请人可以撤回申请[1]以及申请人须有行为能力，否则应由法定代理人申请或委托代理人，由此可见当事人申请不动产登记中的意思表示因素及行为能力的要求。就动产交付，交付为占有的转移，而占有的转移种类多样，依常识，以变动物权为目的的交付包含变动物权的意思表示应该是应有之义。其中，就占有改定，《物权法》第27条规定"动产物权转让时，双方又约定由出让人继续占有该动产的，物权自该约定生效时发生效力。"此条中的"该约定"属于变动物权的意思表示，应属明显。

3. 我国实定法关于物权行为是否要因的立法空白。转让合同无效或被撤销，我国《民法通则》及《合同法》确立的规则是相

---

[1] 参见《不动产登记暂行条例》第三章登记程序。

互返还、根据过错承担责任[1],但对已交付的动产或已转移登记的财产权的归属,并未明确,我国《物权法》也未明确,实为法律漏洞。

转让人与受让人之间的转让合同无效,已交付或转移登记之财产的返还也相对简单,见下图8-4:

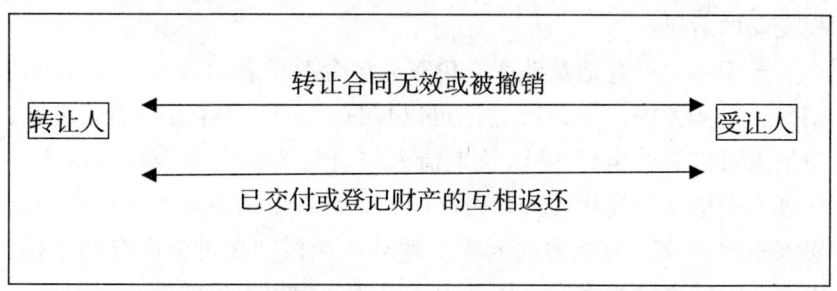

图8-4 无涉第三人的负担行为——处分行为图

但如果牵涉第三人,情况会较为复杂,是否承认物权行为的无因性,与第三人利益关系甚巨,包括受让人再次转让财产给第三人以及信赖受让人占有及登记在其名下财产的第三人。见下图8-5。

---

[1]《民法通则》第61条:"民事行为被确认为无效或者被撤销后,当事人因该行为取得的财产,应当返还给受损失的一方。有过错的一方应当赔偿对方因此所受的损失,双方都有过错的,应当各自承担相应的责任。双方恶意串通,实施民事行为损害国家的、集体的或者第三人的利益的,应当追缴双方取得的财产,收归国家、集体所有或者返还第三人。"

《合同法》第58条:"合同无效或者被撤销后,因该合同取得的财产,应当予以返还;不能返还或者没有必要返还的,应当折价补偿。有过错的一方应当赔偿对方因此所受到的损失,双方都有过错的,应当各自承担相应的责任。"

《合同法》第59条:"当事人恶意串通,损害国家、集体或者第三人利益的,因此取得的财产收归国家所有或者返还集体、第三人。"

第八章 处分行为与负担行为以及物权行为理论

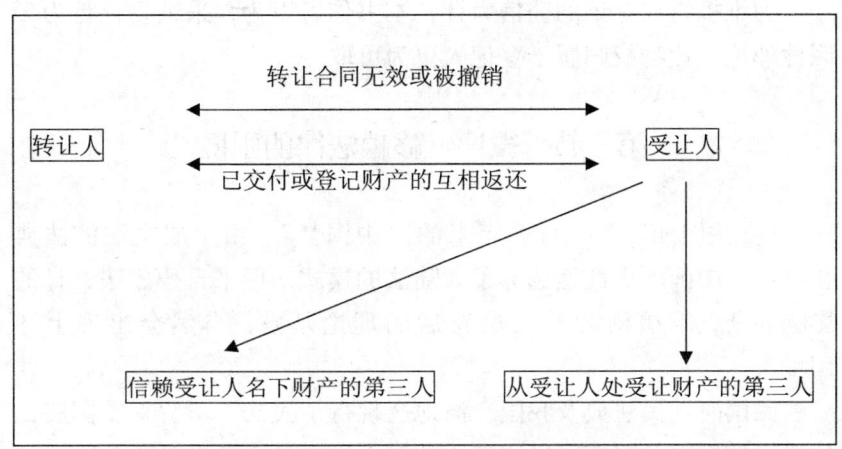

图 8-5 有涉第三人的负担行为——处分行为图

设计的实例：设借款人 A 从贷款人 B 处借款 1000 万元，A 将自己名下一幢建筑抵押给 B，后因无力还款，双方协议将该抵押物作价 1000 万元折价给 B，并办理了过户登记。A 的另一债权人 C 得知此情况，认为该折价协议损害了其利益，遂根据《物权法》第 195 条提起撤销该折价协议的诉讼[1]，法院生效判决撤销了该折价协议。

是否采纳物权无因性理论的不同后果：法院撤销了 A 与 B 之间的折价协议，但建筑物仍在 B 的名下，其权利归属如何，与各方关系甚巨：如果不采纳物权无因性理论，则建筑物虽登记在 B 名下，但仍属于 A 的财产，那么无疑对 A 的债权人有利；如果采纳物权无因性理论，则建筑物登记在 B 名下，而且也确实仍然归属于 B，那么对 B 的债权人有利。

---

[1]《物权法》第 195 条规定："债务人不履行到期债务或者发生当事人约定的实现抵押权的情形，抵押权人可以与抵押人协议以抵押财产折价或者以拍卖、变卖该抵押财产所得的价款优先受偿。协议损害其他债权人利益的，其他债权人可以在知道或者应当知道撤销事由之日起一年内请求人民法院撤销该协议。"

为维护物权登记的公信力计，本书作者以为，采纳物权行为无因性理论，让物权归属于登记人更为可取。

第三节　微评：移植法律的困境

"变法图强"是一百多年来的"中国梦"。由于成文法的法典化特点，中国历史性地选择了大陆法的模式，但来自德、法、日的影响混杂，不搞清楚其法典背后的理论基础，自然会出现上述困境。

民国时期民法典及我国台湾地区现行"民法"学界对德国法比较严格的继受及对德国民法理论的深入研究，值得我们继续学习。

我国民法继受了物权与债权的概念及其区分，继受了德国的法律行为概念，中国未来民法典似乎不能摆脱德国民法典总则模式的影响。在这种情况下，深入研究德国民法的逻辑，非常必要，处分行为与负担行为的"任督二脉"，必须打通。在这种背景下，否认处分行为与负担行为这一区分的科学性，认为买卖合同只是一个法律行为以及买卖合同成立、生效后物的交付或不动产的过户登记只是合同的履行行为，而合同的履行行为不是法律行为而是事实行为，这一理解在理论上错误并且在实务中有害。我国《物权法》颁布后，应该说物权变动规则逐渐清晰。我国《物权法》明确区分了两类行为。《物权法》第15条规定："当事人之间订立有关设立、变更、转让和消灭不动产物权的合同，除法律另有规定或者合同另有约定外，自合同成立时生效；未办理物权登记的，不影响合同效力。"该条所谓"当事人之间订立有关设立、变更、转让和消灭不动产物权的合同"，即是负担行为；之后的"物权登记"是另一个法律行为，它导致不动产物权的变动——"不动产物权的设立、变更、转让和消灭，依照法律规定应当登记的，自记载于不动产登记簿时发生效力。"(《物权法》第14条，另可参见第9条)。有人认为不动产登记是公法行为,这一理解片面——从民法的角度,该登记实际上是当事人变动不动产物权的特殊生效要件,没有当事人变动不动产物权的申请的意思表示,房地产交易中心怎么会去变动当事人的物权呢?也有人认为,当事人去办过户登记手续是履行合同的事实行为,但是,对于去办过户手续的当事人当然要求有行为能力,如果没有行为能力则会要求法定代理人或监护人代理,而事实行为地做出是不需要行为能力的。

但不可否认,德国法有其抽象难懂的消极后果,对此别说一般百姓,学者迄今仍然有所争议。

当然,英美法系普通法的务实及经验主义传统是另外一种法律演进的路子。最高法院2012年《买卖合同司法解释》似乎显示了这种可能性。但现行体制下,中国最高法院臃肿庞大,陷于普通案件及各种庞杂事务,能否担当统一全国法律适用的务实重任,不无疑问;最高法院自己的判决都不当然构成指导性判例,有损其司法权威,而要想通过判例来演进法律,谈何容易。

好在目前资讯发达,非民法通则时代可比;没有互联网的中国都能够产出民国时期民法典这样的巨制,希望能够借这次中国编纂民法典的东风,厘清继受德国法需要厘清的理论难题,包括处分行为与负担行为的区分以及物权行为理论。

? 本章思考题

1. 什么是法律行为?什么是负担行为和处分行为?
2. 处分行为和负担行为的区分有何意义?
3. 物权行为理论包含哪些内容?
4. 结合票据行为的无因性,思考物权行为无因性理论。
5. 对《合同法》第51条如何理解及适用?

本章推荐阅读文献

1. 谢怀栻、程啸:"物权行为理论辨析",载《法学研究》2002年第4期;

2. 田士永:《物权行为理论研究——以中国法和德国法中所有权变动的比较为中心》,中国政法大学出版社2002年版;

3. 苏永钦:"物权行为的独立性与无因性",载《私法自治中的经济理性》,中国人民大学出版社2004年版;

4. 朱庆育:《民法总论》,北京大学出版社2013年版,第160页以下;

5. 孙宪忠:《论物权法》,法律出版社2008年版;

6. 王泽鉴:《民法学说与判例研究》(第一册),中国政法大学出版社1998年版。

第九章

所有权

财产是自由的基础。而在所有的财产中,所有权又是最基础的财产。

第一节　所有权是最完全的物权

在所有的物权中,所有权是最完全的物权,说它最完全,是说所有权的内容最完全,体现了对物的最完全的支配。

大陆法系的所有权概念与英美法不同。大陆法系的所有权,好比是一个盒子,里面盛满了所有权的各种内容,你可以一样一样拿出去,而盒子仍在,即所有权仍在;而英美法理解的所有权则是一个权利束,就如一把稻草,一根一根地抽去,则所有权不再存在。

一、所有权的概念

我国《物权法》规定,"所有权人对自己的不动产或者动产,依法享有占有、使用、收益和处分的权利"。

大清民律草案第983条规定,"所有人于法令之限制内,自由使用、收益、处分其所有物。"民国时期民律草案第761条规定,"所有人于不违反法令或第三人之权利之限度内,得任意处置其物,并排除他人之干涉。"

台湾地区现行"民法"第 765 条规定，"所有人于法令限制之范围内，得自由使用、收益、处分其所有物，并排除他人之干涉。"

可见，我国《物权法》关于所有权的规定与大清民律草案及民国民法的规定一脉相承。

二、所有权的内容或权能

1. 占有。占有系对物的事实上的控制和管领。动产的占有还有推定权利的作用。占有的移转即现实交付，要考察转移占有的双方当事人的意思以及权利状态才能断定对权利的影响，因为可能是委托保管、借用、出租、出质或转移所有权，不动产的占有移转通常并不意味着权利的变动，因为不动产权利的变动一般以登记为权利变动的要件。也因此，现实中的占有情况非常复杂，有所有权人的占有和非所有权人的占有、有权占有和无权占有，等等。

2. 使用。使用，系依物之性质或功能，并不对物构成毁损地对物进行利用。比如用伞遮雨，以衣御寒，以车代步。

3. 收益。利用自己的物收取利益，可能是收取自然的孳息，比如收获果实、动物的皮毛，或利用动物繁殖幼崽；也可能是通过法律关系利用自己的物收取利益，比如通过出租自己的物而收获金钱或其他对价。

4. 处分。"处分"是民法的一个重要语词。几乎所有民法教材均称，作为所有权权能的处分，包括对自己的物的事实上的处分和法律上的"处分"，即决定自己的物的事实上和法律上的命运。

所谓事实上的处分，即对物进行物理上的变化，比如把自己的苹果咬了一口，或把自己的裤子剪成短裤。

所谓法律上的处分，是指决定自己的物的法律上的"命运"。但这是一种比喻，并不是一种精确的解释。一般认为，将物之所有权转让给他人或抛弃所有权，属于法律上的处分；在自己的物上为他人设定他物权（设定用益物权或抵押、出质等）也属于法律上的处分。但是学界对何谓法律上的处分并未进行进一步的深入讨论，我国民商事法律中大量使用的"处分"一词也模糊不清、语义混乱，同时与负担行为、处分行为的区分搅在一起，导致法律适用的混乱，《合同法》第51条即是后果。

本书作者以为，作为所有权权能的处分，包括事实上的处分和法律上的处分。事实上的处分包括从物理上对物进行变化或从物理上消灭物，从而消灭所有权，这些都属于事实行为，如拆除房屋、把食物吃掉。法律上的处分，即构成所谓处分行为，是物权行为，即所有权人变动自己物的物权的行为，包括在自己的物上面为他人设定他物权（一部处分）及消灭自己的所有权（又包括将所有权转让给他人及抛弃所有权）（又可称为全部处分）。对物以外的其他财产权利进行处分（转让、抛弃权利或设定他物权），类似于对物进行法律上的处分，同样构成处分行为，因为准用物权变动规则，称为准物权行为。

资料

作为所有权权能的"处分"辞义的历史梳理

1. 罗马法。根据周枏先生的观点，占有在罗马法中不是所有权的权能，因而所有权的权能只包括使用权（jus utendi）、收益权（jus fruendi）和处分权（jus abutendi）这三项。其中，处分权是指"处理所有权标的的权利"。它是所有权最根本的权能。包括消费、毁损、抛弃、转让、变更（如把葡萄酿成酒）、惩罚（鞭打奴隶）等。处分可分为绝对处分（指不从他人处取得利益的处分，如拆毁旧房）与相对处分（指为了交换一定的利益而处分所有物，如买卖、互易；全部处分即将所有权全部移转他人；一部处分如在所有权上设定用益权、地役权或出让部分房屋所有权等）。处分一般归所有人行使，但是也可由非所有人行使，如质权人、抵押权人虽不是所有权人，在一定条件下也可以处分质物或抵押物以偿债。[1]

2. 1949年前中国立法中的处分。《大清民律草案》第三编物权第二章所有权第一节通则第983条即已将处分作为所有权的权能："所有人于法令之限制内，自由使用、收益、处分其所有物。"[2]

《民国民律草案》并未规定所有权的权能，但其第761条规定："所有人于不违反法令或第三人权利之限度内，得任意处置其物，并排除他人干涉。"[3]

最终颁行的民国时期《民法典》第765条规定："所有人于法令限制之范围内，得自由使用、收益、处分其所有物，并排除他人之干涉。"

参与民国时期民法典制定的史尚宽先生在其《物权法论》中解释民国时期民法典中作为所有权权能的处分："处分（jus disponendi; jus abutendi）。处分一语，在私法上亦用于种种之意义。有指事实上处分而言者，谓变更或消灭其物，例如刈区禾麦，变森林为平原，烧毁房屋。有指法律上的处分而言者，谓变更、限制或消灭对于物之权利，例如让与其物或于物上设定权利或抛弃其物所有权。民国时期《民法典》第765条所谓处分，当系兼指事实的及法律的处分而言。"[4]

3. 我国现行民法教材的考察。我国现行民法与民国时期民法

---

[1] 周柟：《罗马法原论》（上、下册），商务印书馆1994年版，第300页。

[2] 杨立新点校：《大清民律草案·民国民律草案》，吉林人民出版社2002年版，第130页。

[3] 杨立新点校：《大清民律草案·民国民律草案》，吉林人民出版社2002年版，第307页。

[4] 史尚宽：《物权法论》，中国政法大学出版社2000年版，第63页。该书于1957年初版于台湾。1927年，当时的国民政府设都南京，并于1928年成立立法院，积极编制民法典，1929年1月29日，民国立法院会议决指定傅秉常、史尚宽、焦易堂、林彬、郑毓秀组织民法起草委员会，并聘司法院院长王宠惠、考试院院长戴传贤及法国人宝道（Padoux）为顾问，见谢振民编著：《中华民国立法史》，中国政法大学2000年版，第755页以下。

典的一脉相承,但由于长期交流不畅,导致有些信息失真。

考察《民法通则》之前的民法教科书,即如此定义作为所有权权能的"处分"。"处分,就是决定所有物质事实上和法律上的命运,它是所有人最基本的权利。换句话说,就是所有人在法律许可的范围内,根据自己的意志通过某种法律行为对财产进行处理的权利。当事人订立以物为标的的一切合同,如出让、出租等,都是所有人处分权的体现。此外,由于消费对物的消耗、消灭,也是处分权的体现。因为物被消耗、消灭了,所有权法律关系也就不存在了"[1]。

另一部比较早的由佟柔主编的《民法原理》如此定义作为所有权权能的处分:"处分是决定所有物的命运,即所有人在法律允许的范围内处理财产的权利,它是所有人最基本的权利,是所有权的核心。处分可分为事实上的处分和法律上的处分。事实上的处分,是指所有人把财产直接消耗在生产或生活活动中,如把原料投入生产,把肥料施于田地,或把粮食吃掉等。法律上的处分,是指依照所有人的意志,通过某种法律行为对财产进行处置,例如转让、赠与等。"[2] 该教材的修订本观点稍有变化,"法律上的处分是依照所有人的意志,通过某种法律行为对物进行处置,它意味着物的转让,例如将财产出卖,或赠与给他人等。无论是事实上的处分还是法律上的处分,都会引起所有权的消灭或转移。所以,处分权的行使决定着物的归属。"该修订本进一步指出,"处分权往往与所有人不可分离。但是所有人也可以依法将其处分权转让出去,由非所有人享有……所有人也可以根据自己的意志和利益,对自己的处分权做出限制,例如自愿将自己的财产为他人提供担保,从而自己对担

---

[1] 西南政法学院民法教研室编:《中华人民共和国民法讲义(初稿)》,西南政法学院1980年版,第118~119页。根据该书说明,该讲义是为了适应本科78级、79级、80级的教学需要而编写。该讲义由张序九、金平、李开国等编写。

[2] 佟柔主编:《民法原理》,法律出版社1983年版,第125~126页。

保的财产暂时无权作出处分。"[1] 该修订本及以前的民法教材在法律行为的分类中均未提及处分行为与负担行为的区分。

之后具有广泛影响的张俊浩先生主编的《民法学原理》,将法律行为区分为财产行为与身份行为,财产行为进一步被划分为处分行为与负担行为,并对处分行为与负担行为进行了较详细的表述[2],体现出对民国时期民法典的传承。就处分而言,该书指出,"处分系指所有人变更、消灭其物或对物权利的权能。""处分又可分为事实处分与法律处分。事实处分指所有人变更或消灭其物而实现其利益的行为;法律处分则指变更或消灭对其物权利的行为。二者的区别还在于前者通过事实行为、后者通过法律行为实施。从法律效果看,前者导致了所有权的绝对消灭;而后者则为所有权全部或部分权能的转移。"事实上的处分包括"在客观上使物归于消灭"及"在客观上改变物的性状",但"不应包括因正常使用而造成的变化"。法律上的处分包括两方面的内容:其一,以一定方式移转物的所有权,也即物的易主,还包括抛弃所有权;其二,以一定方式暂时转让若干权能或若干权能的一部分。但"处分权能的行使并不必然导致处分权能与所有权的分离"。[3]

 讨论

讨论一:

何谓法律上的处分?

由于我国学界对处分行为、负担行为的区分尚未取得一致意

---

〔1〕 佟柔主编:《民法原理(修订版)》,法律出版社1986年版,第142页。
〔2〕 张俊浩主编:《民法学原理》,中国政法大学出版社1991年版,第226~229页。
〔3〕 张俊浩主编:《民法学原理》,中国政法大学出版社1991年版,第390~393页。

第九章 所有权

见,反映在这里,即大家在民法教材中对作为所有权权能的"处分"的讨论语焉不详,对所谓"法律上的处分"没有精确地厘清其含义。

几乎所有的民法教材都称"法律上的处分"系决定物的"法律上的命运",也认为转让所有权、抛弃所有权、在物上为他人设定担保物权或用益物权都属于法律上的处分,但以下问题值得讨论:

1. 就自己的物与他人签订的买卖合同已经成立并生效,但所有权并未转移,是否已经构成"法律上的处分"?王泽鉴称"处分应从广义解释",法律上的处分"包括债权行为(如租赁、买卖)和物权行为(如所有权的移转、抛弃、担保物权的设定)"。[1]

如果单单签订了有效的买卖合同但物权尚未转移就已经构成了"法律上的处分",那么,随后交付物或进行变更登记、转让物之所有权怎么会有再一次的"法律上的处分"?同样值得提出疑问的是,如果说仅仅买卖合同成立、生效就已经构成法律上的处分,那么随后所有权人又"一物多卖",是否均构成"法律上的处分"?可以对一物多次进行"法律上的处分"吗?[2] 又如果在"一物多卖"的所有权人实际将所有权转让给其中一位买主后(已经两次"法律上的处分"了),而所有权人与其他买主签订的买卖合同又均有效

---

〔1〕 王泽鉴:《民法物权1·通则·所有权》,中国政法大学出版社2001年版,第154~155页。

〔2〕 当然,所有权人可以在自己的物上为他人设定不相冲突的他物权,可以多次对一物进行所谓法律上的处分,比如《物权法》第136条规定"建设用地使用权可以在土地的地表、地上或者地下分别设立。新设立的建设用地使用权,不得损害已设立的用益物权。"又比如《物权法》第162条规定"土地所有权人享有地役权或者负担地役权的,设立土地承包经营权、宅基地使用权时,该土地承包经营权人、宅基地使用权人继续享有或者负担已设立的地役权。"但是,这里讨论的是转让整个所有权。

的情况下[1]，到底哪一个才是"法律上的处分"呢？而且，在所有人已将所有权转让给其中一位买主后，所有其他的"一物多卖"合同如果都构成"法律上的处分"，这个原所有权人已经没有了物，如何进行法律上的处分呢？对于未来物或做贸易的中间商，签订了有效的买卖合同，但卖方现在手中还没有货（物），怎么就已经处分了呢？

所有这些问题，只能通过对"法律上的处分"做限缩的精确解释才能予以解决——这里所谓对物的法律上的处分，仅指物权行为，就是处分行为的一种，如果是对物进行法律上的处分，就是物权行为，包括变动所有权和设定他物权；如果对物以外的财产权利进行处分[2]，则准用物权行为的规则，从而构成准物权行为。

2. 将自己的物出租给他人，是否构成法律上的"处分"？租赁合同并不发生租赁物的物权变动，因此属于债权合同。那么将物租赁给他人算"收益"还是算"处分"？如果算处分，出租人之后再将物出卖给他人并办理过户登记（在不动产的情况），这个是否属于再次处分？

本书作者以为，由于承租人有先买权及"让与不破租赁"，使

---

[1]《最高法院买卖合同司法解释》第9条规定："出卖人就同一普通动产订立多重买卖合同，在买卖合同均有效的情况下，买受人均要求实际履行合同的，应当按照以下情形分别处理：

（1）先行受领交付的买受人请求确认所有权已经转移的，人民法院应予支持；

（2）均未受领交付，先行支付价款的买受人请求出卖人履行交付标的物等合同义务的，人民法院应予支持；

（3）均未受领交付，也未支付价款，依法成立在先合同的买受人请求出卖人履行交付标的物等合同义务的，人民法院应予支持。"

[2] 对物以外的财产权利进行处分，也只存在法律上的处分，没有事实上的处分的可能。

得租赁权具有了一定的物权属性、突破了债权的相对性[1]，似乎属于处分较妥。

因此牵涉到对《物权法》第97条的理解。《物权法》第97条规定："处分共有的不动产或者动产以及对共有的不动产或者动产作重大修缮的，应当经占份额三分之二以上的按份共有人或者全体共同共有人同意，但共有人之间另有约定的除外。"依该条，对物的"重大修缮"似乎不属于处分，其实修缮如果足够"重大"或者构成改建的话，也应该属于事实上的处分吧。但租赁是否属于该条所说的处分，值得讨论。

讨论二：
我国民商事法律中的"处分"辞义微考：
"无权处分"是个假问题

理论上对"处分"一词的分歧，导致立法上对"处分"一词使用的含混，导致部分法条令人费解，甚至产生法律适用上的困难。最著名的莫如对《合同法》第51条[2]的理解一直存在争论，并导致《物权法》第106条善意取得规定的体系矛盾[3]，最终，最高人民法院《关于审理买卖合同纠纷案件适用法律问题的解释》

---

〔1〕《合同法》第229条规定了"让与不破租赁"："租赁物在租赁期间发生所有权变动的，不影响租赁合同的效力。"《合同法》第230条规定了承租人的先买权："出租人出卖租赁房屋的，应当在出卖之前的合理期限内通知承租人，承租人享有以同等条件优先购买的权利。"同时参见翟新辉："租赁权公示是取得物权对抗效力的要件"，载《法律适用》2007年第9期；翟新辉："论租赁权相关法律漏洞的补充——兼谈我国合同法及物权法相关条款的修改"，载《学术交流》2011年第7期。

〔2〕《合同法》第51条规定："无处分权的人处分他人财产，经权利人追认或者无处分权的人订立合同后取得处分权的，该合同有效。"

〔3〕有价值的论文如：崔建远："出卖他人之物合同的效力设计——善意取得构成要件的立法论"，载《河北法学》2006年第3期；刘家安："善意取得情形下转让行为的效力"，载《法学》2009年第5期；彭诚信、李建华："善意取得合同效力的立法解析与逻辑证成"，载《中国法学》2009年第4期。

（法释〔2012〕8号）第3条作出结论，否认了出卖人对标的物所有权或处分权的有无对合同效力的影响。[1] 这些问题均与如何理解"处分"有关。

1. 语词的"能指"与"所指"。就一个语词而言，从语言学的角度，有"能指"与"所指"。"能指"，即一个语词可能包括的含义；而"所指"即一个语词在具体的上下文背景中具体所指的（"能指"中的某一种）含义。了解一个语词的含义应当结合其具体使用的背景、结合其具体的用法来考察。

自然语言丰富多彩，语义多样，日常生活中双关语的运用可以带来不少生活的乐趣；而科学为求精确，几无不使用"人工语言"的，因此，各种科学都会有自己特有的概念，比如数学和计算机语言就属于比较精确的人工语言，尽量使"所指"贴近"能指"，以避免歧义。

民法学作为科学，为学习成本计，也会尽量贴近自然语言，但不可避免地要大量使用人工语言，如"权利能力""行为能力""法律行为"，等等。

"处分"一词，在自然语言中被大量使用，也出现在我国不少的民事立法中。根据现代汉语词典的解释，处分包括两种含义，一是对人的处分，二是处置。自然语言对处分的这两种使用，体现在我国民商事立法中。

2. 我国民商事立法中的"处分"："民事处分"及"非民事处分"。

（1）考察我国迄今的民商事立法，下列9部法律中未使用"处分"一词（见表9-1：未出现"处分"的民商事法律表）：

---

[1]《买卖合同司法解释》第3条规定："当事人一方以出卖人在缔约时对标的物没有所有权或者处分权为由主张合同无效的，人民法院不予支持。出卖人因未取得所有权或者处分权致使标的物所有权不能转移，买受人要求出卖人承担违约责任或者要求解除合同并主张损害赔偿的，人民法院应予支持。"

表9-1："未出现"处分"的民商事法律表

颁布年代	法律名称	出现频次
1979	中外合资经营企业法（2001修正）	0
1980	婚姻法（2001修正）	0
1986	外资企业法（2000修正）	0
1988	中外合资经营企业法	0
1990	著作权法（2010年修正）	0
1991	收养法（1998修正）	0
1995	商业银行法（2015年修正）	0
2009	侵权责任法	0
2010	涉外民事关系法律适用法	0

（2）民事处分与非民事处分。考察其他使用了"处分"一词的民商事立法，其用法可以分为两类：一是在"非民事处分"的意义上的使用，主要是"对人的处分"，其具体用法主要是"行政处分"或"纪律处分"或"给予处分"。（见表9-2：我国民商事立法中"（非民事）处分"使用一览表）

表9-2：我国民商事立法中"（非民事）处分"使用一览表

颁布年代	法律名称	出现频次	所在条目	用法
1982	商标法（2013修正）	1	71	给与处分
1984	专利法（2008修正）	4	71，72，73，74	行政处分
1986	民法通则（2009年修正）	1	49	行政处分
1993	公司法（2013修订）	2	208，209	行政处分
1995	票据法（2004修正）	2	104，105	给予处分
1995	保险法（2009修订）	1	180	给予处分

续表

颁布年代	法律名称	出现频次	所在条目	用法
1997	合伙企业法（2006修订）	1	104	行政处分
1998	证券法（2013修订）	6	121，176	纪律处分
			199，200，207，227	行政处分
1999	个人独资企业法	2	44，45	行政处分
2002	农村土地承包法（2009年修正）	3	61	行政处分
			111	纪律处分
			146	行政处分

第二类则是民事处分，其对象是财产。其具体用法有以下5种：①处分财产；②是在作为所有权的一项内容的意义上使用，通常的用法是"占有、使用、收益、处分"；③"（无）处分权"；④"有权处分"；⑤"处分行为"。（见表9-3：我国民商事立法中"（民事）处分"使用一览表）

表9-3：我国民商事立法中"（民事）处分"使用一览表

颁布年代	法规名称	出现频次	所在条目	用法类型
1985	继承法	3	16，27	处分财产（遗产）
			30	有权处分
1986	民法通则	1	71	作为所有权的内容
1992	海商法	1	7	作为所有权的内容
1995	保险法（2009、2015分别修订和修正）	2	153	处分财产
1995	担保法	2	34	有权处分

续表

颁布年代	法规名称	出现频次	所在条目	用法类型
1997	合伙企业法（2006修订）	3	21，31	处分财产
1998	证券法（2013修正）	1	154	处分财产
1999	合同法	8	51	（无）处分权
			132	有权处分
			51，417，420	处分财产
2001	信托法	15	2，14，18，20，22，23，32，33，36，42，51	处分财产
			22，49	处分行为
2003	证券投资基金法（2015年修正）	1	27	处分财产
2006	企业破产法	3	25，68	处分财产
			69	处分行为
2006	农民专业合作社法	1	4	作为所有权的内容
2007	物权法	19	20，31，97，146，147，200，214	处分财产
			39，53，54，61，68，71	作为所有权的内容
			106，107	（无）处分权
			180，223	有权处分

（3）非民事处分或对人的处分：行政处分或纪律处分或给予处分。非民事上的处分或对人的处分，其处分对象是人（应该包括自然人或法人甚至非法人团体），由有权机关对责任人作出，具有强制性，属于行政责任的一种方式或形式。

3. 民事上的处分。我国民商事立法中大量使用了民事处分意义上的"处分"。之所以有对人的处分及对财产的处分，其共通之处应该是基于处分人的自主决定或意思，而不问处分对象的意思——对人的处分具有强制性，虽然作为处分对象的被处分人自己有意思能力；对财产的处分，作为处分对象的财产本身就不具备意思能力。

就民事上的处分而言，其对象为财产，最基础的出处应该是在所有权的权能中的处分。厘清所有权的权能中处分的含义是理解我国民商事立法中民事上处分的关键。

如上所述，本书作者以为，作为所有权权能的处分，包括事实上的处分和法律上的处分。事实上的处分包括从物理上对物进行变化或从物理上消灭物，从而消灭所有权，这些属于事实行为，如拆除房屋、把食物吃掉。法律上的处分，即构成所谓处分行为，亦即物权行为，即所有权人变动自己物的物权的行为，包括在自己的物上面为他人设定他物权及消灭自己的所有权（又包括将所有权转让给他人及抛弃所有权）。对物以外的其他财产权利进行处分（转让、抛弃权利或设定他物权），类似于对于物进行法律上的处分，同样构成处分行为，因为准用物权变动规则，称为准物权行为。

4. 无权处分是个假问题。基于以上对处分的理解，所谓"无权处分"就是个假问题。无权处分不会产生处分的后果；无权，就无从处分；无处分权之人从逻辑上也不可能"处分"他人之物。

法律上的处分，即处分行为，要求处分人有处分权方为有效，即才会产生处分的效力，即从处分一方而言其权利有所减少，或转让给他人、为他人设定了他物权（从而对他人而言是取得行为）或抛弃权利。如果一个人没有处分权，就不会产生处分的问题——所谓无权处分，实际是个假问题。

一个人怎么能处分一样他没有的东西呢？

一个人能"处分"他人之物吗？

一个人可能在事实上处分他人之物吗？一个人如果对他人之物进行物理上的改变，如果未得到权利人的授权，对此民法有一个专门的词称呼这种行为——"侵权行为"。侵权行为怎么是无权之人对他人之物事实上的处分？

一个人更不可能处分一个他所没有的权利，即对他人之物进行法律上的处分。一个人对一个物没有处分权，却把该物交付（转让）给受让人，受让人要么不能取得权利，要么即使取得权利，也唯有通过善意取得制度一途。但善意受让人取得物之权利，不是基于无处分权人的"（无权）处分"，而是基于法律关于善意取得的规定。

因此，无处分权的人，不论是事实上还是法律上，均不可能对他人之物进行处分，这是逻辑。

通过这样的理解，《合同法》第51条所谓"无权处分"的合同的效力及《物权法》第106条关于善意取得的规定的问题可以迎刃而解。

买卖他人之物、买卖未来物、中间商的买卖合同（中间商根本就没见到货或货物根本还不存在），均仅为负担行为、债权合同，谈不上处分问题；处分是物权法上的术语，作为负担行为、债权行为的买卖合同，仅从债法上判断债权债务是否成立即可，与物权无涉。无处分权人无法按照债权合同转移物权，承担违约责任即可，因此不存在"无权"的"处分"。

第二节　征收与征用

《物权法》第42条对征收做出了规定："为了公共利益的需要，依照法律规定的权限和程序可以征收集体所有的土地和单位、个人的房屋及其他不动产。征收集体所有的土地，应当依法足额支付土地补偿费、安置补助费、地上附着物和青苗的补偿费等费用，安排被征地农民的社会保障费用，保障被征地农民的生活，维护被征地农民的合法权益。征收单位、个人的房屋及其他不动产，应当依法给予拆迁补偿，维护被征收人的合法权益；征收个人住宅的，还应当保障被征收人的居住条件。任何单位和个人不得贪污、挪用、私分、截留、拖欠征收补偿费等费用。"

《物权法》第44条对征用做出了规定："因抢险、救灾等紧急需要，依照法律规定的权限和程序可以征用单位、个人的不动产或者动产。被征用的不动产或者动产使用后，应当返还被征用人。单位、个人的不动产或者动产被征用或者征用后毁损、灭失的，应当给予补偿。"

但何为公共利益？征收及征用的权限及程序如何？补偿的标准如何，是否应该及时、充分、合理？在社会矛盾尖锐的当下，这些都是重大理论课题。

2011年国务院颁布了《国有土地上房屋征收与补偿条例》。该《条例》第8条规定："为了保障国家安全、促进国民经济和社会发展等公共利益的需要，有下列情形之一，确需征收房屋的，由市、县级人民政府作出房屋征收决定：①国防和外交的需要；②由政府组织实施的能源、交通、水利等基础设施建设的需要；③由政府组织实施的科技、教育、文化、卫生、体育、环境和资源保护、防灾减灾、文物保护、社会福利、市政公用等公共事业的需要；④由政府组织实施的保障性安居工程建设的需要；⑤由政府依照城乡规划法有关规定组织实施的对危房集中、基础设施落后等地段进行旧城区改建的需要；⑥法律、行政法规规定的其他公共利益的需要。"

该《条例》第17条规定："作出房屋征收决定的市、县级人民政府对被征收人给予的补偿包括：①被征收房屋价值的补偿；②因征收房屋造成的搬迁、临时安置的补偿；③因征收房屋造成的停产停业损失的补偿。市、县级人民政府应当制定补助和奖励办法，对被征收人给予补助和奖励。"

该《条例》第27条特别规定："实施房屋征收应当先补偿、后搬迁。作出房屋征收决定的市、县级人民政府对被征收人给予补偿后，被征收人应当在补偿协议约定或者补偿决定确定的搬迁期限内完成搬迁。任何单位和个人不得采取暴力、威胁或者违反规定中断供水、供热、供气、供电和道路通行等非法方式迫使被征收人搬迁。禁止建设单位参与搬迁活动。"

据该《条例》，市、县级人民政府即可做出国有土地上房屋的征收决定，在我国目前司法体制下，有关征收决定及征收行为能否真正受到司法制约，值得讨论。

公权力对私有财产的征收，是世界性的课题，可以对比美国联邦最高法院作出的几则有关征收的有趣判例：Muglur v. Kansas（123 U. S. 623，1887）；Penn Central Transportation Co. v. New York City（438 U. S. 104，1978）；Lucas v, South Carolina Cosastal Council（505 U，S，1003，1992）；Kelo v. City of New London（125 S Ct，2655，2005）。

第三节 国家所有权和集体所有权、私人所有权

《物权法》第五章"国家所有权和集体所有权、私人所有权"问题多多。

1. "身份平等"是民法的基本原则。所有权都应受到民法保护，不因所有权归属于不同的主体而有所不同。这是由民法的基本性质和特点决定的。如果国家所有权有特殊保护，另立"国有资产特别保护法"似乎更为妥当。

2. 该章充斥不少宣示性条款，在作为裁判法的民法中又不具裁判意义，是立法资源的浪费。比如："国家所有的财产受法律保护，禁止任何单位和个人侵占、哄抢、私分、截留、破坏"（第56条）；"集体所有的财产受法律保护，禁止任何单位和个人侵占、哄抢、私分、破坏"（第63条）；"私人的合法财产受法律保护，禁止任何单位和个人侵占、哄抢、破坏"（第66条）。只要是所有权，就会受到法律的保护，不因所有权的主体是国家、集体或私人而有不同，如此的宣示性条款而且重复，实属浪费。

3. 某些规定会造成理论困难。比如，"法律规定属于国家所有的野生动植物资源，属于国家所有"（第49条），如此，一些野生动物或鸟类造成损害或传播疾病，作为所有权人的国家是否要负责？又如果迁徙的候鸟或边境的动物越界进入他国，为外国人所伤或置于该国动物园，那么中国政府是否应该主张所有权、避免国有资产流失或要求赔偿？又比如，"矿藏、水流、海域属于国家所有"（第46条）、"森林、山岭、草原、荒地、滩涂等自然资源，属于国家所有，但法律规定属于集体所有的除外"（第48条），那么对于泥石流、洪水、海啸等自然灾害国家是否有义务赔偿？

4. "国家出资的企业，由国务院、地方人民政府依照法律、行政法规规定分别代表国家履行出资人职责，享有出资人权益"（第55条），实际上是厘清了以前的一些理论认识错误。1993年颁布的中国公司法第4条曾有"公司中的国有资产所有权属于国家"的规定，这明显属于不明白公司对公司财产有所有权、作为出资人的股东（包括国家）仅对公司享有出资人权益（股权）的基本民商法常识，因此，公司法2005年修订删去了"公司中的国有资产所有权属于国家"的规定。《物权法》第55条可以说是再次明确了这一民商法基本常识，但写在物权法的条文中，却又显得不伦不类，不是地方。

第四节　业主的建筑物区分所有权

随着1998年东南亚金融危机的影响逐渐结束，中国房地产市场从2002年开始经历了十多年的高速增长的发展期。期间，不少国民搬进了"小区"，搬进了公寓楼。

一、建筑物区分所有权的概念

《物权法》第70条规定，"业主对建筑物内的住宅、经营性用房等专有部分享有所有权，对专有部分以外的共有部分享有共有和共同管理的权利。"

根据该规定，一个小区的业主享有的建筑物区分所有权包括三项内容：①专有部分的所有权；②共有部分的共有权；③共有部分的共同管理的权利。

《土地管理法》规定，"国家实行土地用途管制制度"，"土地分为农用地、建设用地和未利用地"，"农用地是指直接用于农业生产的土地，包括耕地、林地、草地、农田水利用地、养殖水面等；建设用地是指建造建筑物、构筑物的土地，包括城乡住宅和公共设施用地、工矿用地、交通水利设施用地、旅游用地、军事设施用地等；未利用地是指农用地和建设用地以外的土地。"（第4条）。

建设用地又分为出让地（即支付了土地出让金的建设用地）和划拨地（未支付土地出让金、通过行政划拨手段设立的建设用地），"严格限制以划拨方式设立建设用地使用权"（《物权法》第137条），《土地管理法》第54条规定："建设单位使用国有土地，应当以出让等有偿使用方式取得；但是，下列建设用地，经县级以上人民政府依法批准，可以以划拨方式取得：①国家机关用地和军事用地；②城市基础设施用地和公益事业用地；③国家重点扶持的能源、交通、水利等基础设施用地；④法律、行政法规规定的其他用地。"（另见《城市房地产管理法》第23条）

《城镇国有土地使用权出让和转让暂行条例》第12条规定"土地使用权出让最高年限按下列用途确定：①居住用地70年；②工业用地50年；③教育、科技、文化、卫生、体育用地50年；④商业、旅游、娱乐用地40年；⑤综合或者其他用地50年。"

建筑物分为住宅和经营性用房（如写字楼、纯商铺或小区配套的商铺），依据上述规定，业主所有的住宅其用地一般为70年，而经营性用房的用地一般为50年或40年。但需注意的是，经营性用房在水电煤气的价格和是否能够作为户籍登记地均与住宅不同。

业主的建筑物区分所有权中，所谓的"共有部分"通常包括楼梯、楼道、电梯、小区的道路、绿化及物业管理用房[1]及其他配套设施。

《物业管理条例》第6条进一步详细列举了业主的共同管理的权利："房屋的所有权人为业主。业主在物业管理活动中，享有下列权利：①按照物业服务合同的约定，接受物业服务企业提供的服务；②提议召开业主大会会议，并就物业管理的有关事项提出建议；③提出制定和修改管理规约、业主大会议事规则的建议；④参

---

[1] 《物业管理条例》第30条规定"建设单位应当按照规定在物业管理区域内配置必要的物业管理用房。"《上海市住宅物业管理规定》（2004年颁布，2010年修订）第38条规定"建设单位应当在物业管理区域地面上配置独用成套的物业管理用房，其中物业服务企业用房按照物业管理区域房屋总建筑面积的千分之二配置，但不得低于一百平方米；业主委员会用房按照不低于30平方米配置。在物业交付时，物业管理用房由建设单位交付物业服务企业代管，并在业主大会成立后30日内无偿移交给业主大会。规划行政管理部门在核发建设工程规划许可证时，应当在许可证附图上注明物业管理用房的具体部位。区、县房屋行政管理部门在核发房屋预售许可证和办理房屋所有权初始登记时，应当注明物业管理用房室号。物业管理用房不得擅自变更位置，也不得分割、转让、抵押。"

加业主大会会议，行使投票权；⑤选举业主委员会成员，并享有被选举权；⑥监督业主委员会的工作；⑦监督物业服务企业履行物业服务合同；⑧对物业共用部位、共用设施设备和相关场地使用情况享有知情权和监督权；⑨监督物业共用部位、共用设施设备专项维修资金（以下简称专项维修资金）的管理和使用；⑩法律、法规规定的其他权利。"

《上海市住宅物业管理规定》作为地方法规（而且"非住宅物业管理，参照本规定执行"（第87条）），对业主共有的配套设施做了较详细的列举，其第39条规定："物业管理区域内的下列配套设施设备归业主共有：①物业管理用房；②门卫房、电话间、监控室、垃圾箱房、共用地面架空层、共用走廊；③物业管理区域内按规划配建的非机动车车库；④物业管理区域内的共有绿化、道路、场地；⑤建设单位以房屋销售合同或者其他书面形式承诺归全体业主所有的物业；⑥其他依法归业主共有的设施设备。建设单位申请房屋所有权初始登记时，应当提出前款规定的配套设施设备登记申请，由房地产登记机构在房地产登记册上予以记载，但不颁发房地产权证书。"

"建筑区划内，规划用于停放汽车的车位、车库应当首先满足业主的需要。建筑区划内，规划用于停放汽车的车位、车库的归属，由当事人通过出售、附赠或者出租等方式约定。占用业主共有的道路或者其他场地用于停放汽车的车位，属于业主共有"（《物权法》第74条）。其中"规划用于停放汽车的车位、车库"是指取得独立产权证的车位或车库。

二、业主大会

"业主可以设立业主大会，选举业主委员会。地方人民政府有关部门应当对设立业主大会和选举业主委员会给予指导和协助"（《物权法》第75条）。

如果某物业管理区域业主较少或只有一个业主，当然也可以不成立业主大会。"同一个物业管理区域内的业主，应当在物业所在地的区、县人民政府房地产行政主管部门或者街道办事处、乡镇人民政府的指导下成立业主大会，并选举产生业主委员会。但是，只有一个业主的，或者业主人数较少且经全体业主一致同意，决定不成立业主大会的，由业主共同履行业主大会、业主委员会职责"（《物业管理条例》第10条）。

"建设单位应当在销售物业之前，制定临时管理规约，对有关物业的使用、维护、管理，业主的共同利益，业主应当履行的义务，违反临时管理规约应当承担的责任等事项依法作出约定。建设单位制定的临时管理规约，不得侵害物业买受人的合法权益"（《物业管理条例》第22条）。"在业主、业主大会选聘物业服务企业之前，建设单位选聘物业服务企业的，应当签订书面的前期物业服务合同"（第21条）。

《上海市住宅物业管理规定》第12条规定："业主大会由一个物业管理区域内的全体业主组成。一个物业管理区域内，房屋出售并交付使用的建筑面积达到百分之五十以上，或者首套房屋出售并交付使用已满两年的，应当召开首次业主大会会议，成立业主大会。但只有一个业主的，或者业主人数较少且经全体业主一致同意，决定不成立业主大会的，由业主共同履行业主大会、业主委员会职责。"满足成立业主大会的条件之一的，"建设单位应当在30日内向物业所在地的乡、镇人民政府或者街道办事处成立业主大会的书面报告"，"建设单位未及时书面报告的，业主可以向乡、镇人民政府或者街道办事处提出成立业主大会的书面要求"（第13条）。

《物权法》第76条规定了业主大会的职责："下列事项由业主共同决定：①制定和修改业主大会议事规则；②制定和修改建筑物及其附属设施的管理规约；③选举业主委员会或者更换业主委员会成员；④选聘和解聘物业服务企业或者其他管理人；⑤筹集和使用建筑物及其附属设施的维修资金；⑥改建、重建建筑物及其附属设施；⑦有关共有和共同管理权利的其他重大事项。决定前款第 5 项和第 6 项规定的事项，应当经专有部分占建筑物总面积 2/3 以上的业主且占总人数 2/3 以上的业主同意。决定前款其他事项，应当经专有部分占建筑物总面积过半数的业主且占总人数过半数的业主同意。"

《物业管理条例》第 13 条规定："业主大会会议分为定期会议和临时会议。业主大会定期会议应当按照业主大会议事规则的规定召开。经 20% 以上的业主提议，业主委员会应当组织召开业主大会临时会议。"

三、业主委员会

《物业管理条例》第 15 条规定："业主委员会执行业主大会的决定事项，履行下列职责：①召集业主大会会议，报告物业管理的实施情况；②代表业主与业主大会选聘的物业服务企业签订物业服务合同；③及时了解业主、物业使用人的意见和建议，监督和协助物业服务企业履行物业服务合同；④监督管理规约的实施；⑤业主大会赋予的其他职责。"

《上海市居住物业管理规定》第 19 条规定了业主委员会委员的人数、任职资格和任期："业主委员会由业主大会会议选举产生，依法履行职责。业主委员会由 5 人以上单数组成，任期为 3 年到 5 年。业主委员会成员应当符合国务院《物业管理条例》规定的条件。业主有损坏房屋承重结构、违法搭建、破坏房屋外貌、擅自改变物业使用性质、欠交物业服务费或者专项维修资金、违法出租房屋等情形且未改正的，不得担任业主委员会成员；担任业主委员会成员后出现上述情形的，应当按照业主大会确定的规则予以罢免。"

"业主大会或者业主委员会的决定，对业主具有约束力。业主大会或者业主委员会作出的决定侵害业主合法权益的，受侵害的业主可以请求人民法院予以撤销"（《物权法》第 78 条）。

根据最高法院"审理物业服务纠纷案件具体应用法律若干问题

的解释"（2009），业主委员会可以作为诉讼主体。

在上海市，"业主委员会作为业主选任的维护业主利益的组织，对于涉及业主公共利益的事项，在履行一定手续后，业主委员会可以直接以自己的名义提起和参加诉讼。"业主委员会为涉及业主公共利益事项欲提起民事诉讼的，须经业主大会或业主代表大会，以合法决定通过。业主大会或业主代表大会对诉讼与否作出的决定，对业主委员会及全体业主具有约束力。业主委员会非因主观原因无法组织召开业主大会或业主代表大会的，可以由业主委员会直接提起诉讼，业主以业主公约或者其他方式授权业主委员会可以直接提起诉讼的，不需再经过业主大会或者业主代表大会的同意。虽经15%以上业主或业主代表要求，业主委员会仍拒不组织召开业主大会或业主代表大会，讨论是否由业主委员会提起涉及公益事项的民事诉讼的，经物业管理区域内50%以上的业主议决决定，也可以选派诉讼代表人，对涉及公共利益的事项，提起民事诉讼。[1]

四、业主自治制度微评

业主自治会成为中国民主及法治进程的重要一环。一般地，由于业主人数众多，业主沟通成本巨大，也因此小区公共事务管理难度很大。物权法有关业主建筑物区分所有权的规定比较原则，而《物业管理条例》相对细化，但仍需地方法规（如《上海市住宅物业管理规定》）进一步细化。

业主自治制度，业主委员会－业主大会的结构借鉴了公司制度，但与公司有强大资源支持的股东会－董事会－总经理的制度模式不同，业主委员会的业主委员通常为志愿者并缺乏资源，而业主普遍缺乏公共参与精神，更加造成业主自治的困境。同时，尽管有示范文本，小区的管理规约和业主大会议事规则还需进一步完善。

---

[1] 《上海市高级人民法院民事审判第一庭关于审理物业管理纠纷案件有关问题的解答》，资料来源：北大法宝。

第五节 相邻关系

我国《物权法》规定"不动产的相邻权利人应当按照有利生产、方便生活、团结互助、公平合理的原则,正确处理相邻关系。"(第84条)"法律、法规对处理相邻关系有规定的,依照其规定;法律、法规没有规定的,可以按照当地习惯。"(第85条)

一、相邻关系的基本规则

(1)用水、排水。不动产权利人应当为相邻权利人用水、排水提供必要的便利(第86条)。

(2)通行。不动产权利人对相邻权利人因通行等必须利用其土地的,应当提供必要的便利(第87条)。

(3)建造、修缮建筑物及铺设管线。不动产权利人因建造、修缮建筑物以及铺设电线、电缆、水管、暖气和燃气管线等必须利用相邻土地、建筑物的,该土地、建筑物的权利人应当提供必要的便利(第88条)。

(4)通风、采光及日照。建造建筑物,不得违反国家有关工程建设标准,妨碍相邻建筑物的通风、采光和日照。

(5)相邻不动产之间禁止排放、施放污染物。不动产权利人不得违反国家规定弃置固体废物,排放大气污染物、水污染物、噪声、光、电磁波辐射等有害物质(第90条)。

(6)损害赔偿。不动产权利人挖掘土地、建造建筑物、铺设管线以及安装设备等,不得危及相邻不动产的安全(第91条)。不动产权利人因用水、排水、通行、铺设管线等利用相邻不动产的,应当尽量避免对相邻的不动产权利人造成损害;造成损害的,应当给予赔偿(第92条)。

二、相邻关系与地役权

需注意的是,物权法有关相邻关系的规定,系满足不动产相邻权利人最基本生活需求和提供便利，如果不动产相邻权利人有较高的"奢侈性"需求，则需相邻的不动产权利人协商解决，比如，通过设定相应的地役权予以解决。举例而言，依据《中华人民共和国城市区域环境噪声标准》，其规定的城市5类环境噪声标准值中，居住、商业、工业混杂区适用2类噪声标准，即昼间55分贝、夜间45分贝，夜间突发噪声，其最大值不准超过标准值15分贝。如果某住宅有老人居住，喜欢安静，而邻居小孩初学小提琴，时常练习，琴音生涩难听，但并不违反噪音标准，则只能通过协商或者设定地役权解决。其他如通行、采光、日照，也是如此。

三、与台湾地区现行"民法"的比较

台湾地区现行"民法"中物权编第二章所有权第二节不动产所有权亦对相邻关系进行了规定。但对比我们的《物权法》和台湾地区现行"民法"，可以发现我国大陆物权法系从不动产相邻权利人应当如何即设定义务的角度进行表述，而台湾地区现行"民法"则多是通过赋予相关人相关权利的角度进行表述，这一区别相当有趣。

台湾地区现行"民法"的相关规定如：

第799条第1款关于排水——"土地所有人因使浸水之地干涸，或排泄家用或其他用水，以至河渠或沟道，得使其水通过邻地。但应择于邻地损害最少之处所及方法为之。"

第783条关于使用邻地余水之用水权——"土地所有人因其家用或利用土地所必要，非以过巨之费用及劳力不能得水者，得支付偿金，对邻地所有人请求给与有余之水。"

第786条第1款关于管线铺设——"土地所有人非通过他人之土地，不能设置电线、水管、瓦斯管或其他管线，或虽能设置而需费过巨者，得通过他人土地之上下而设置之。但应择其损害最少之处所及方法为之，并应支付偿金。"

第787条关于袋地所有权人的必要通行权——"土地因与公路无适宜之联络，致不能为通常使用时，除因土地所有人之任意行为所生者外，土地所有人得通行周围地以至公路。前项情形，有通行权人应于通行必要之范围内，择其周围地损害最少之处所及方法为之；对于通行地因此所受之损害，并应支付偿金。"

第797条第1款关于植物枝根越界之刈除——"土地所有人遇邻地植物之枝根有逾越地界者，得向植物所有人，请求于相当期间内刈除之。植物所有人不于前项期间内刈除者，土地所有人得刈取越界之枝根，并得请求偿还因此所生之费用。"

第六节 共有

共有即数人分享一个所有权，包括共同共有和按份共有。共有关系多因亲属继承或合伙关系形成，当然也可能因为部分转让或债务偿还等原因形成，但后者多为按份共有。共有人对共有的不动产或者动产没有约定为按份共有或者共同共有，或者约定不明确的，除共有人具有家庭关系等外，视为按份共有（《物权法》第103条）。按份共有人对共有的不动产或者动产享有的份额，没有约定或者约定不明确的，按照出资额确定；不能确定出资额的，视为等额享有（《物权法》第104条）。

按份共有人对共有的不动产或者动产按照其份额享有所有权（《物权法》第94条）；共同共有人对共有的不动产或者动产共同享有所有权（《物权法》第95条）。共有人按照约定管理共有的不动产或者动产；没有约定或者约定不明确的，各共有人都有管理的权利和义务（《物权法》第96条）。

按份共有人可以转让其享有的共有的不动产或者动产份额。其他共有人在同等条件下享有优先购买的权利（《物权法》第101条）。而如果共有物出租，承租人亦有优先购买权（《合同法》第230条），一般共有人的先买权应该优先于承租人的先买权。用益物权、担保物权亦可共有（《物权法》第105条）。

一、共有物的处分及重大修缮

处分共有的不动产或者动产以及对共有的不动产或者动产作重大修缮的,应当经占份额三分之二以上的按份共有人或者全体共同共有人同意,但共有人之间另有约定的除外(《物权法》第97条)。

其中,按份共有物的处分及重大修缮规则,与之前的《海商法》的对船舶抵押权的相关规则一致:"船舶共有人就共有船舶设定抵押权,应当取得持有三分之二以上份额的共有人的同意,共有人之间另有约定的除外。船舶共有人设定的抵押权,不因船舶的共有权的分割而受影响"(《海商法》第16条)。抵押权的设定,无疑属于"处分"。

按份共有物处分的多数决规则,在实务中会遭遇办理过户登记的困难。此外,如果少数份额的共有人的权益受到损害,应可通过诉讼请求撤销三分之二以上多数按份共有人的行为,以避免"多数人对少数人的暴政"。

二、共有物管理费用的负担

对共有物的管理费用以及其他负担,有约定的,按照约定;没有约定或者约定不明确的,按份共有人按照其份额负担,共同共有人共同负担(《物权法》第98条)。

三、共有物的分割

共有人约定不得分割共有的不动产或者动产,以维持共有关系的,应当按照约定,但共有人有重大理由需要分割的,可以请求分割;没有约定或者约定不明确的,按份共有人可以随时请求分割,共同共有人在共有的基础丧失或者有重大理由需要分割时可以请求分割。因分割对其他共有人造成损害的,应当给予赔偿(《物权法》第99条)。

共有人可以协商确定分割方式。达不成协议,共有的不动产或者动产可以分割并且不会因分割减损价值的,应当对实物予以分割;难以分割或者因分割会减损价值的,应当对折价或者拍卖、变卖取得的价款予以分割。共有人分割所得的不动产或者动产有瑕疵的，其他共有人应当分担损失（《物权法》第 100 条）。实务中，如果共有人都不要共有物，则拍卖、变卖共有物，分割所得价款；如果共有人都要关于物，则会采取由双方竞价、价高者得的方式。

第七节　所有权取得的特别规定

根据《物权法》的结构，所有权基于正常的转让的变动（即基于法律行为所发生的物权变动）以及基于公法行为、建造、拆除等事实行为引发的变动，已规定在《物权法》第二章，包括了不动产登记、动产交付及其他规定三节。

此处是有关所有权取得的特别规定。

一、善意取得

《物权法》第 106 条规定了善意取得制度："无处分权人将不动产或者动产转让给受让人的，所有权人有权追回；除法律另有规定外，符合下列情形的，受让人取得该不动产或者动产的所有权：

（1）受让人受让该不动产或者动产时是善意的；

（2）以合理的价格转让；

（3）转让的不动产或者动产依照法律规定应当登记的已经登记，不需要登记的已经交付给受让人。

受让人依照前款规定取得不动产或者动产的所有权的，原所有权人有权向无处分权人请求赔偿损失。

当事人善意取得其他物权的，参照前两款规定。"

1. 我国善意取得制度既适用于动产，也适用于不动产。在传统民法理论中，善意取得制度是动产善意取得制度的简称，也即善意取得仅有动产的适用，而不适用于不动产。动产的权利公示方式是占有及交付，而动产由于其本身特点经常会脱离原权利人的占有，法律因此规定占有及交付有推定的公信力，为保护交易的安全，有第三人的善意取得制度的适用；而不动产登记一般由国家统一设立的登记机关为之，因此，登记的公信力自不可与占有、交付同日而语，自然较后者为强，因此，传统民法理论不认为不动产有善意取得适用的必要，国家的不动产权利登记薄的登记就是权利正确性的证明。

在《物权法草案》起草过程中，对于有关不动产是否有善意取得的适用，有颇为尖锐的争论：有人认为绝对不应当适用；有人则认为有适用的必要[1]。

与多数立法例的善意取得制度仅适用于动产不同，我国的善意取得制度既适用于动产，也适用于不动产。

动产一般以占有作为权利的公示方式，即推定占有人拥有其占有动产的权利。不动产以登记为权利的公示方式，一般地，不动产登记簿登记的权利人即是该不动产的权利人。但物权有法律物权与事实物权的区分，"已经纳入登记的物权，以及由占有表示的物权，即由法定公示方式表征的物权，为法律物权；而真正权利人实际享有的物权，为事实物权"[2]。由于社会生活的复杂，现实中存在法律物权与事实物权不一致的情形不少。动产的占有情况复杂，占有人事实上没有物权或处分权的情形也不少；即使是经登记的不动产，不动产事实上的权利人与登记不一致的情况也不少。比如，依据物权

---

[1] 反对者，如中国政法大学物权立法课题组认为"不动产是绝对不能囊括于善意取得制度的适用范围的"，见"关于《民法草案·物权法编》制定若干问题的意见"，载《政法论坛（中国政法大学学报）》2003年第1期；又如潘申明："'不动产善意取得理论'质疑"，载《华东政法学院学报》2004年第4期。主张不动产应适用善意取得者，如王泽鉴认为"关于不动产物权善意取得，德国民法及瑞士民法皆设有明文"，台湾地区现行"民法"修正物权编也增设不动产物权善意取得的规定，见王泽鉴：《民法物权 第1册 通则·所有权》，中国政法大学出版社2001年版，第122~123页；对此大陆也有非常多认为应当设立不动产善意取得制度的意见。

[2] 孙宪忠：《论物权法》，法律出版社2008年版，第56页以下。孙宪忠、常鹏翱："论法律物权和事实物权的区分"，载《法学研究》2001年第5期。

法第二章第三节"其他规定",因事实行为、死因行为及公法行为引起的不动产的物权变动,不经登记,仍然发生物权变动的效果。

又比如,我国《婚姻法》第19条规定:"夫妻可以约定婚姻关系存续期间所得的财产以及婚前财产归各自所有、共同所有或部分各自所有、部分共同所有。约定应当采用书面形式。没有约定或约定不明确的,适用本法第17条、第18条的规定。夫妻对婚姻关系存续期间所得的财产以及婚前财产的约定,对双方具有约束力。"而《婚姻法》第17条规定:"夫妻在婚姻关系存续期间所得的下列财产,归夫妻共同所有:①工资、奖金;②生产、经营的收益;③知识产权的收益;④继承或赠与所得的财产,但本法第18条第3项规定的除外;⑤其他应当归共同所有的财产。夫妻对共同所有的财产,有平等的处理权。"

在我国,现实中很多夫妻并未对夫妻财产进行详细的约定,因此适用《婚姻法》第17、18条的夫妻共同财产制。一般地,婚姻存续期间以夫妻一方名义购买的不动产,即使登记在一方名下,通常会被认定为夫妻共同财产,由夫妻共有。

鉴于具有法律外观的物权和事实上的物权的不一致,为维护交易安全,保护当事人的信赖利益,有善意取得制度的必要。

基于《物权法》第106条的规定,他物权也可善意取得。

2. 我国善意取得制度的构成要件。依据《物权法》第106条及法理,善意取得制度的构成要件如下:

第一,转让人无处分权。即转让人事实上没有处分权,包括转让人是共有人但没有完整的处分权的情况。如果转让人有完整的处分权,其签订合同后对物权的变动将构成一个真正的处分行为,就不会有善意取得的问题。

第二,受让人在受让时是善意的。所谓善意,即不知情,不知道转让人无处分权的事实。关于举证责任,受让人主张自己善意就已足,即应推定受让人是善意的,除非他人举证证明受让人的恶意，即明知转让人无处分权的事实。此外，受让人的善意以受让时或之前为判断时点，如果受让后得知转让人无处分权则仍然满足"受让时是善意的"这一条件。王泽鉴认为，"'善意'为法律概念，具体案例如何认定，应斟酌当事人、标的物的价值及推销方式等因素加以判断。"[1] 国内学者有认为应抛弃罗马法有关善意的"主观标准"（即仅依第三人的主观心理状态、对前手权利的瑕疵是否已知或应知判断），而采德国法的"客观善意标准"[即第三人的信赖标准是占有（对动产）和不动产登记簿（对不动产），推定第三人的善意][2]。关于不动产登记规则的完善及登记主管机关的选择，鉴于"事实物权"与"法律物权"的区分，不动产登记宜由司法机构主管（如设于法院）而不是如目前由房地产行政机关主管，而且应当统一而不是"多头登记"[3]，否则，因为行政机关主管不动产登记的滞后，将徒增公民申请法院的强制措施以及法院采取查封、冻结等措施的社会成本。但我国《不动产登记暂行条例》仍坚持了行政机关主管不动产登记的模式。

第三，受让人以合理的价格受让。这样就排除了受让人的无偿受让，亦即通过赠与不会有善意取得的成立。所谓"合理的价格"，应以了解相关市场价格的普通人的认知为标准。

第四，转让的物依照法律应当登记的已经登记，不需要登记的已经交付。

第五，转让合同有效。如前所述，2005 年《物权法》草案加

---

[1] 见王泽鉴：《民法物权 第 2 册 用益物权·占有》，中国政法大学出版社 2001 年版，第 267 页。

[2] 孙宪忠："再谈物权行为理论"，载《中国社会科学》2001 年第 5 期；陈永强："论德国民法上的不动产物权善意取得制度"，载《比较法研究》2005 年第 3 期。

[3] 国内多有认为应借鉴他国经验，将不动产登记机关设于法院的看法，如中国政法大学物权立法课题组："《民法草案·物权法编》制定若干问题的意见"，载《政法论坛（中国政法大学学报）》2003 年第 1 期；又如孙宪忠："论不动产物权登记"，载《中国法学》1996 年第 5 期。

入了该条件，后来由于考虑到与《合同法》第 51 条的冲突，2007年通过的物权法没有列入该条件，这是个体系错误。转让合同的有效当然应该作为善意取得的条件，否则，若存在欺诈、胁迫、乘人之危的情形，是否也可构成善意取得？或者，需要对"善意"作更加复杂的解释。又如果不要求转让合同有效，转让人如何要求受让人支付价款（如果是后付款的话）或者受让人如何追究转让人的违约责任（如果转让的物有瑕疵的话）？

3. 善意取得权利系原始取得。引起物权变动系基于法律的规定，并不是基于权利人的意思，同时由于转让人无处分权，因此更不可能基于转让人的意思，因此，受让人基于善意取得规则取得权利，属于权利的原始取得，而不是继受取得。

4. 遗失物及盗赃与善意取得。就遗失物，《物权法》第 107 条规定："所有权人或者其他权利人有权追回遗失物。该遗失物通过转让被他人占有的，权利人有权向无处分权人请求损害赔偿，或者自知道或者应当知道受让人之日起 2 年内向受让人请求返还原物，但受让人通过拍卖或者向具有经营资格的经营者购得该遗失物的，权利人请求返还原物时应当支付受让人所付的费用。权利人向受让人支付所付费用后，有权向无处分权人追偿。"

由该规定可知，遗失物可能基于善意取得制度而为善意受让人取得。但权利人自知道或者应当知道受让人之日起 2 年内有权向受让人请求返还原物，并且基于受让人是否通过拍卖或者向具有经营资格的经营者购得该遗失物，权利人需要或者无需向受让人支付费用。

关于盗赃，物权法并未明确规定。实务中，由于证据及交易成本，难以查证。理论上，一般认为盗赃不适用善意取得。

二、遗失物

1. 就遗失物，我国物权法规定了拾得人的返还义务、送交义务、通知义务及保管义务（第 109 及第 111 条），有关部门的通知、公告及保管义务（第 110 及第 111 条），权利人支付保管遗失物等支出的必要费用的义务及履行悬赏承诺的义务（第 112 条），以及"遗失物自发布招领公告之日起 6 个月内无人认领的，归国家所有"（第 113 条）。

2. 比较其他立法例，我国物权法未赋予拾得人对失主的"报酬请求权"。依其他立法例，如德国、日本、瑞士以及我国台湾地区，均规定了拾得人对失主有报酬请求权，并且在义务人履行义务前对遗失物的留置权，而且一般规定经通知或公告无人领取，由拾得人而不是国家取得遗失物的所有权[1]。

3. 我国台湾地区现行"民法"的相关规定。台湾地区现行"民法"第 803 条规定"拾得者之招领报告义务"——"拾得遗失物者应从速通知遗失人、所有人、其他有受领权之人或报告警察、自治机关。报告时，应将其物一并交存。但于机关、学校、团体或其他公共场所拾得者，亦得报告于各该场所之管理机关、团体或其负责人、管理人，并将其物交存。前项受报告者，应从速于遗失物拾得地或其他适当处所，以公告、广播或其他适当方法招领之。"

第 805 条规定了"认领期限、费用及报酬之请求"——"遗失物自通知或最后招领之日起 6 个月内，有受领权之人认领时，拾得人、招领人、警察或自治机关，于通知、招领及保管之费用受偿后，应将其物返还之。

有受领权之人认领遗失物时，拾得人得请求报酬。但不得超过其物财产上价值 1/10；其不具有财产上价值者，拾得人亦得请求相当之报酬。

有受领权人依前项规定给付报酬显失公平者，得请求法院减少或免除其报酬。

---

[1] 参见中国物权法研究课题组（课题组负责人为梁慧星）撰写的《中国物权法草案建议稿——条文、说明、理由与参考立法例》，社会科学文献出版社 2000 年版，第 387~392 页。

第 2 项报酬请求权，因 6 个月间不行使而消灭。

第 1 项费用之支出者或得请求报酬之拾得人，在其费用或报酬未受清偿前，就该遗失物有留置权。其权利人有数人时，遗失物占有人视为为全体权利人占有。"

2012 年最新修正的第 805-1 规定了认领报酬之例外，增加了例外情形——"有下列情形之一者，不得请求前条第 2 项之报酬：

（1）在公众得出入之场所或供公众往来之交通设备内，由其管理人或受雇人拾得遗失物。

（2）拾得人未于 7 日内通知、报告或交存拾得物，或经查询仍隐匿其拾得遗失物之事实。

（3）有受领权之人为特殊境遇家庭、低收入户、中低收入户、依法接受急难救助、灾害救助，或有其他急迫情事者。"

第 807 条规定了逾期未认领之遗失物之归属—拾得人取得所有权——"遗失物自通知或最后招领之日起逾 6 个月，未经有受领权之人认领者，由拾得人取得其所有权。警察或自治机关并应通知其领取遗失物或卖得之价金；其不能通知者，应公告之。

拾得人于受前项通知或公告后 3 个月内未领取者，其物或卖得之价金归属于保管地之地方自治团体。"

4. 分清法律与道德的界限与功用。有声音认为作为文明古国的中国历来以拾金不昧为美德，在法律中规定拾得人的报酬请求权就是对拾金不昧美德的否定，因此，我国物权法坚决不能给拾得人这一权利。这实在是不明白道德与法律的界限及功用的不同。一般地，法律是最低要求，应该比道德要求要低些，满足了最低要求（法律要求），才能要求人去追求更高层次的道德追求，而且道德具有多样性，不同的民族、文化背景及时代会有不同的道德准则[1]，

---

[1] 参见翟新辉："市场经济体制影响道德：一个伪命题"，http：//nameyuan.blogchina.com/1263059.html，访问时间：2015 年 12 月。

将道德与法律混淆,值得讨论。我们可以要求人人遵守同样的法律,但是要求所有人都遵循一个道德标准却不够现实。

把道德要求直接拔高为法律要求,貌似追求高远,但是否在现实中就会让中国国民的普遍道德水平实际上高于其他国家或地区,比如德国、日本、瑞士?现实会给出答案。

无人认领的遗失物一律归国家所有的强硬规则,也有些只算政治账不算经济账。有时候一些无人认领的遗失物归国家所有,而政府的官僚体制将该等遗失物归入国库的行政成本可能远远大于遗失物的价值,反而造成资源的浪费。

把法律要求拔高到道德要求,却不能人人遵守,反而会使社会滋生对法律的蔑视、有损法律的权威。

还是让道德的归道德,法律的归法律吧。

三、漂流物、埋藏物或者隐藏物

《物权法》第114条规定:"拾得漂流物、发现埋藏物或者隐藏物的,参照拾得遗失物的有关规定。《文物保护法》等法律另有规定的,依照其规定。"

该规则偏于简单粗放,现实中遇到的一些问题均引起巨大争议。典型事件有2012年的四川彭州乌木事件[1]和2015年新疆青河县一位牧民近日捡到一块重达7.85公斤的"狗头金"事件[2]。

经过比较,台湾地区现行"民法"的规定则相对明确而且

---

[1] "四川接连发现乌木贵比黄金 政府称应收归国家所有",2012年06月25日,来源:四川新闻网 http://business.sohu.com/20120625/n346450965.shtml

[2] "新疆称愿收购牧民所捡狗头金",2015年2月12日京华时报 http://view.inews.qq.com/a/NEW2015021200501507。另见,"新疆国土部门:没让牧民上交狗头金可按市价收购",中新网2015年2月11日,http://i.ifeng.com/news/sharenews.f?aid=95923678,该报道中新疆官方的表态被评价为合情合理——青河县国土部门一位不愿透露姓名的官员11日向中新网记者表示:"没有让牧民上交的意思,如果他愿意卖,我们政府可以按照市场同等价格把这块金收购了,放在我们县上博物馆,若不想卖那他就自己保管着。"

务实：

——关于发现埋藏物，台湾地区现行"民法"第 808 条规定："发见埋藏物而占有者，取得其所有权。但埋藏物系在他人所有之动产或不动产中发见者，该动产或不动产之所有人与发见人，各取得埋藏物之半。"

——关于有学术价值埋藏物之归属，第 809 条规定："发见之埋藏物，足供学术、艺术、考古或历史之资料者，其所有权之归属，依特别法之规定。"

——关于漂流物或沉没物之拾得，第 810 条规定："拾得漂流物、沉没物或其他因自然力而脱离他人占有之物者，准用关于拾得遗失物之规定。"

关于文物，《物权法》第 51 条规定"法律规定属于国家所有的文物，属于国家所有。"《文物保护法》第 5 条规定"中华人民共和国境内地下、内水和领海中遗存的一切文物，属于国家所有。"《文物保护法》第 12 条规定"发现文物及时上报或者上交，使文物得到保护的"，"由国家给予精神鼓励或者物质奖励"，但现实中奖励标准不一而且偏低，对此是否能够起到鼓励作用存疑。

四、从物随主物转让及孳息的归属。

主物转让时从物的归属以及原物转让时孳息的归属，有约定按照约定，无约定则按照物权法的规定。

《物权法》第 115 条规定："主物转让的，从物随主物转让，但当事人另有约定的除外。"

《物权法》第 116 条第 1 款规定："天然孳息，由所有权人取得；既有所有权人又有用益物权人的，由用益物权人取得。当事人另有约定的，按照约定。"

五、我国物权法关于所有权取得规则的缺失

比较我们的物权法与台湾地区现行"民法"，物权法关于所有权取得的特别规定中，一些重要规则没有规定——有的似乎交由习惯法，有的则属于法律漏洞。

1. 时效取得。我国实定法仅规定了诉讼时效（即消灭时效），未规定取得时效。这属于法律漏洞。

《中华人民共和国民法典·民法总则专家建议稿（征求意见稿）》[1]在第八章"时效"第三节规定了取得时效，其规定沿袭台湾地区现行"民法"的规定，值得肯定。

就动产，该《建议稿》第201条规定："以所有的意思，和平、公然、继续占有他人动产满5年的，取得该动产所有权，动产所有权已在登记簿上记载的或者法律另有规定的除外。"就不动产，该《建议稿》第202条规定："以所有的意思，和平、公然、继续占有他人未登记的不动产满10年的，取得该不动产所有权，法律另有规定的除外。"该《建议稿》第203条还规定了："对其他物权的取得，准用所有权取得时效的规定。"

2. 先占。先占是取得权利的非常古老的方式，而且迄今仍在现实中发挥着作用。

台湾地区现行"民法"第802条规定："以所有之意思，占有无主之动产者，除法令另有规定外，取得其所有权。"

一般认为，先占的要件如下：①先占之标的物须为动产，不动产不能通过先占取得；②该动产须为无主之动产，且不为法律禁止；③须以所有之意思现实取得该无主动产之占有，但一般来说，取得现实的占有即足以推定是所有的意思，因此取得现实的占有即可满足条件。

就先占的性质，有事实行为和法律行为的争论[2]。本书认为

---

[1] 见"对《中华人民共和国民法典·民法总则专家建议稿（征求意见稿）》公开征求意见的通知"，中国民法学研究会秘书处，http://www.civillaw.com.cn，2015年7月13日访问。

[2] 王泽鉴：《民法物权1 通则·所有权》，中国政法大学出版社2001年版，第278页。

先占属于事实行为较为妥当，因为根据常识，先占取得动产所有权不以取得人有行为能力为条件，无行为能力或限制行为能力也可通过先占取得权利。因为不存在在先的权利人，所以，先占取得权利属于权利的原始取得。

3. 附合与混合。台湾地区现行"民法"第811条规定了不动产的附合："动产因附合而为不动产之重要成分者，不动产所有人，取得动产所有权。"

第812条规定了动产的附合："动产与他人之动产附合，非毁损不能分离，或分离需费过巨者，各动产所有人，按其动产附合时之价值，共有合成物。前项附合之动产，有可视为主物者，该主物所有人，取得合成物之所有权。"

第813条规定了混合——动产与他人之动产混合，不能识别或识别需费过巨者，准用前条（即第812条）之规定。

附合及混合属事实行为，基于附合及混合取得所有权属于权利的原始取得。

4. 加工。台湾地区现行"民法"第814条规定了通过加工他人动产取得所有权的规则："加工于他人之动产者，其加工物之所有权，属于材料所有人。但因加工所增之价值显逾材料之价值者，其加工物之所有权，属于加工人。"

台湾地区现行"民法"第815条及第816条进一步规定了上述通过附合、混合、加工等添附取得权利的后果：

第815条规定了因添附导致的其他权利的消灭：依前4条之规定，动产之所有权消灭者，该动产上之其他权利，亦同消灭。

第816条规定了补偿请求：因前5条之规定而受损害者，得依关于不当得利之规定，请求偿还价额。

❓ 本章思考题

1. 所有权的权能有哪些？如何理解作为所有权权能的处分？
2. 你如何理解无权处分？
3. 你认为国家所有权是否应当与其他主体的所有权应该在民法中有不同的规定？如果应该有不同，应该有哪些特别之处？
4. 什么是业主的建筑物区分所有权？业主委员会和业主大会有哪些职责？有哪些实定法依据？了解你所在的小区的业主委员会和业主大会的运作情况，了解小区自治中的困难及思考现行实定法应该有何改进。
5. 按份共有和共同共有在共有物管理与分割方面有何区别？
6. 相邻关系中，不动产权利人对相邻的不动产权利人有何权利？
7. 什么是善意取得？善意取得要求无权转让人与受让人之间的转让合同有效吗？现实中，事实权利与法律权利不符的有哪些情况？如何判断善意的标准？
8. 你认为本章中提到的四川彭州乌木事件及新疆"狗头金"事件该如何处理？
9. 我国物权法就所有权取得的特别规定有哪些缺失？

▶ 本章推荐阅读文献

1. 王泽鉴：《民法物权1 通则·所有权》，中国政法大学出版社2001年版；
2. 田士永：《物权行为理论研究——以中国法和德国法中所有权变动的比较为中心》，中国政法大学出版社2002年版，第六章"处分权"；
3. 《中华人民共和国民法典·民法总则专家建议稿（征求意见

稿)》;

4. "四川接连发现乌木贵比黄金 政府称应收归国家所有",四川新闻网,http://business.sohu.com/20120625/n346450965.shtml,2012年6月25日;

5. "新疆称愿收购牧民所捡狗头金",京华时报,http://view.inews.qq.com/a/NEW2015021200501507,2015年2月12日;"新疆国土部门:没让牧民上交狗头金 可按市价收购",中新网,http://i.ifeng.com/news/sharenews.f? aid = 95923678,2015年2月11日;

6. 中国物权法研究课题组(课题组负责人为梁慧星):《中国物权法草案建议稿——条文、说明、理由与参考立法例》,社会科学文献出版社2000年版,第387~392页;

7. 孙宪忠:"再谈物权行为理论",载《中国社会科学》2001年第5期;

8. 陈永强:"论德国民法上的不动产物权善意取得制度",载《比较法研究》2005年第3期;

9. 王泽鉴:《民法物权2用益物权·占有》,中国政法大学出版社2001年版;

10. 孙宪忠、常鹏翱:"论法律物权与事实物权的区分",载《法学研究》2001年第5期;

11. 美国联邦最高法院关于征收的几个判例:Muglur v. Kansas (123 U. S. 623,1887); Penn Central Transportation Co. v. New York City (438 U. S. 104,1978); Lucas v, South Carolina Cosastal Council (505 U,S,1003,1992); Kelo v. City of New London (125 S Ct,2655,2005);

12. 刘家安:"善意取得情形下转让行为的效力",载《法学》2009年第5期;

13. 史尚宽:《物权法论》,中国政法大学出版社2000年版,所有权相关章节；

14. 周枏：《罗马法原论》（上、下册），商务印书馆 1994 年版，物权相关章节。

第十章

用益物权

第一节 用益物权概述

我国《物权法》第117条规定："用益物权人对他人所有的不动产或者动产，依法享有占有、使用和收益的权利。"

所有权是自己对自己的物享有的物权，是完全物权，具有对物的最全面的支配。基于社会需要，一个人也会对他人的物享有物权或者说一个人也会在自己的物上为他人设定物权，此即他物权。

从罗马法开始，一个人在自己的物上为他人设定的他物权就包括两大类，一类是为了他人对自己的物进行占有、使用和收益，即用益物权；另一类则是为了担保他人债权的实现而设定的他物权，即担保物权。

他物权包括用益物权和担保物权，系根据设定担保物权的目的进行的划分。他物权又称为不完全物权、限定物权或限制物权，是指：他物权的内容不如所有权完全，不是对物的全面的支配，因为毕竟是他人之物，并不含所有权的全部权能；此外，一个人对他人之物有了他物权，则构成对所有权人的所有权的限制，所有权人对自己已经为他人设定了他物权的物，其支配就不如未设定他物权时那么全面，在设定用益物权的情形，所有权人一般不能占有、使用、收益。在存在担保物权的情形，所有权人对其用作担保之物的处分权能受到极大限制，在动产质权和留置权的情形，所有权人甚至不能占有、使用、收益。

一、用益物权的特征

1. 用益物权是他物权。用益物权人是对他人之物的使用、收益之权，因此属于他物权。同时是不完全物权和限制物权，即不似所有权人那样可以对物进行全面的支配，同时用益物权的存在构成对他人所有权的限制。

2. 用益物权取得的目的是用益物权人对他人之物的使用和收益，而非其他目的，比如担保自己债权的实现，因此不同于他物权中的担保物权。

3. 在现代，用益物权的存续通常有一定期限，不似所有权，与物的存在相始终，只要物存在，所有权人对其所有物的所有权就会存在。

4. 用益物权通常通过法律行为取得，当然也可以通过善意取得及继承的方式取得，但不似所有权那样有通过其他的事实行为（如先占、生产制造、添附等）、公法行为等方式的取得。

5. 用益物权的标的物多为不动产。尽管《物权法》第117条规定了用益物权可能成立于他人的动产或不动产上，但《物权法》规定的用益物权，多成立于不动产之上。

二、罗马法上的用益物权[1]

罗马法上的用益物权制度主要有役权、永租权和地上权。

役权是为特定的土地或特定人的便利和收益而利用他人之物的权利，属于所有权的一种负担。有役权负担的所有人对其物的所有

---

[1] 本段内容主要参见周枏：《罗马法原论》（上册），商务印书馆1994年版，第359页以下。

权受到一定的限制，所有人在尊重役权人权利的范围内仍可自由行使其权利，役权一旦消灭后，即可恢复其完全的权利。

役权包括地役权和人役权。地役权是行使于他人土地上的权利，属于他物权，其存在以供役地和需役地属于不同的所有人为要件。地役权是直接供需役地的利用而设，地役权的行使以需役地的需要为限。在乡村，有取水地役、畜牧地役、木材采伐地役、石料采掘地役等；在城市，则有采光地役、建筑物加高地役、禁止建筑地役、禁止妨碍光线地役、禁止妨碍瞭望地役等。人役权，则是为特定人的利益而利用他人所有之物的权利，即以他人的物供自己使用和收益的权利。人役权具有暂时性，以期限届满或以权利人的终身为限，有用益权、使用权、居住权、奴畜使用权等。

永租权，是指支付租金，长期或永久地使用、收益他人的不动产的权利，最初仅适用于土地，称为永佃权，后来也扩大到房屋，统称为永租权。永租权与一般的短期的租赁权不同。

地上权，是指支付地租，利用他人土地建筑房屋而使用的权利，后世民法有所发展，不仅包括在他人土地上建筑房屋，还包括其他工作物或培植竹木等。

罗马法是全世界的法律文化宝藏，为后世各国私法制度借鉴。

三、《大清民律草案》与民国时期民法典中的用益物权

1.《大清民律草案》中的用益物权制度。如前所述《大清民律草案》大致仿德日民法典，物权编系由日本人起草。用益物权制度包括了地上权、永佃权和地上权。

就地上权，"地上权人得因他人土地上有工作物或植物，而使用其土地"（第1069条），"地上权依法律行为而设定之。但法令有特别规定者，不在此限"（第1070条）。

就永佃权，"永佃权人得支付佃租，而于他人土地为耕作或收畜"（第1086条），"永佃权，依法律行为而设定之。但法令有特别规定者，不在此限"（第1087条），"永佃权存续期间为20年

以上50年以下，若设定期间在50年以上者，短缩为50年，永佃权之设定得更新之，但其期间自更新时起，不得过50年，前项情形，若法令有特别规定者，不适用之"（第1089条）。"设定行为未定存续期间者，除关于期间有特别习惯外，概作为30年"（第1090条）。

2. 民国时期民法典中的用益物权。1929年颁行之民国时期民法典物权编沿袭《大清民律草案》，用益物权制度规定了地上权、永佃权和地役权。

"称地上权者，谓以在他人土地上有建筑物或其他工作物或竹木为目的而使用其土地之权"（第832条）。

"称永佃权者，谓支付佃租永久在他人土地上为耕作或牧畜之权。永佃权之设定，定有期限者，视为租赁，适用关于租赁之规定（第842条）。"永佃权人因不可抗力，致其收益减少或全无者，得请求减少或免除佃租（第844条）。

"称地役权者，谓以他人土地供自己土地便宜之用之权。"（第851条）地役权以继续并表见者为限，因时效而取得（第853条）。

3. 我国台湾地区用益物权制度的演进。我国台湾地区在2010年对物权编进行了大修，用益物权制度也有较大改动。

就地上权，设普通地上权及区分地上权两章。"称普通地上权者，谓以在他人土地之上下有建筑物或其他工作物为目的而使用其土地之权。"（第832条）"地上权未定有期限者，存续期间逾20年或地上权成立之目的已不存在时，法院得因当事人之请求，斟酌地上权成立之目的、建筑物或工作物之种类、性质及利用状况等情形，定其存续期间或终止其地上权。"（第833-1条）"以公共建设为目的而成立之地上权，未定有期限者，以该建设使用目的完毕时，视为地上权之存续期限。"（第833-2条）"称区分地上权者，谓以在他人土地上下之一定空间范围内设定之地上权。"（第841-1条）"区分地上权人得与其设定之土地上下有使用、收益权利之人，约定相互间使用收益之限制。其约定未经土地所有人同意者，于使用收益权消灭时，土地所有人不受该约定之拘束。前项约定，非经登记，不得对抗第三人。"（第841-2条）

删除了物权编第四章永佃权，增设"第四章之一农育权"。"称农育权者，谓在他人土地为农作、森林、养殖、畜牧、种植竹木或保育之权。农育权之期限，不得逾20年；逾20年者，缩短为20年。但以造林、保育为目的或法令另有规定者，不在此限。"（第850-1条）"农育权未定有期限时，除以造林、保育为目的者外，当事人得随时终止之。前项终止，应于6个月前通知他方当事人。第833条之一规定，于农育权以造林、保育为目的而未定有期限者准用之。"（第850-2条）

四、我国大陆《物权法》规定的用益物权

我国2005年《物权法草案》规定了土地承包经营权、建设用地使用权、地役权、宅基地使用权和居住权。其中就居住权，"居住权人对他人享有所有权的住房及其附属设施享有占有、使用的权利"（草案第180条），"设立居住权，可以根据遗嘱或者遗赠，也可以按照合同约定。设立居住权，应当向登记机构申请居住权登记"（草案第181条）。

2007年颁行的《物权法》未规定居住权制度，主要规定了土地承包经营权、建设用地使用权、地役权及宅基地使用权。

我国《物权法》立法过程虽然一波三折，不过，可以看出罗马法、《大清民律草案》及民国时期民法典和台湾地区"现行"民法的影响。

土地承包经营权、建设用地使用权、地役权及宅基地使用权之外，《物权法》还规定了其他用益物权：

1. 海域使用权——"依法取得的海域使用权受法律保护"（《物权法》第122条）。

2. 探矿权、采矿权、取水权和使用水域、滩涂从事养殖、捕捞的权利——"依法取得的探矿权、采矿权、取水权和使用水域、滩涂从事养殖、捕捞的权利受法律保护"(《物权法》第 123 条)。

五、租赁权是用益物权吗?

租赁权系承租人根据与出租人签订租赁合同,取得出租人的租赁物的占有、使用、收益的权利,对比《物权法》第 117 条的规定"用益物权人对他人所有的不动产或者动产,依法享有占有、使用和收益的权利",租赁权似乎也是用益物权。

但租赁权不是用益物权,根据之一是我国《物权法》采取"物权法定原则",而"物权法定原则"的内容之一即物权种类法定,因此,《物权法》没说租赁权是用益物权,它就不是。根本原因还在于中国民法继承了德国民法的物权与债权相区分的基本理论,物权的变动与债权的变动相区分,租赁权系依据作为债权合同的租赁合同取得,而租赁合同规定在作为债法主要内容的《合同法》中。

但是,租赁权因为《合同法》第 229 条"让与不破租赁"的规定取得了一定的对抗效力,具有部分物权的特征,因此多认为系"物权化之债权",但其本质上仍属于债权,但鉴于其具有部分物权特征,需考虑公示规则的配套[1]。

第二节 土地承包经营权

一、中国农村土地所有权及承包制度的历史沿革微考

中华人民共和国 1954 年《宪法》规定:"国家依照法律保护农

---

[1] 参见本书前述第 6 章第 5 节的讨论"从租赁权的'物权化'看物权与债权的区别——兼谈我国合同法及物权法相关条款的修改",以及翟新辉:"租赁权公示是取得物权对抗效力的要件",载《法律适用》2007 年第 9 期;翟新辉:"论租赁权相关法律漏洞的补充——兼谈我国合同法及物权法相关条款的修改",载《学术交流》2011 年第 7 期;翟新辉:"我国立法应明确不动产租赁登记的效力——兼论物权化之债权及其公示",载《学术交流》2008 年第 7 期。

民的土地所有权和其他生产资料所有权"(第8条第1款);"国家为了公共利益的需要,可以依照法律规定的条件,对城乡土地和其他生产资料实行征购、征用或者收归国有"(第13条)。但该《宪法》立下了在"过渡时期""逐步完成对农业、手工业和资本主义工商业的社会主义改造"的任务。

1975年《宪法》规定:"国营经济是国民经济中的领导力量。矿藏、水流,国有的森林、荒地和其他资源,都属于全民所有。国家可以依照法律规定的条件,对城乡土地和其他生产资料实行征购、征用或者收归国有"(第6条)。"农村人民公社是政社合一的组织。现阶段农村人民公社的集体所有制经济,一般实行三级所有、队为基础,即以生产队为基本核算单位的公社、生产大队和生产队三级所有。在保证人民公社集体经济的发展和占绝对优势的条件下,人民公社社员可以经营少量的自留地和家庭副业,牧区社员可以有少量的自留畜"(第7条)。

1978年《宪法》规定:"国营经济即社会主义全民所有制经济,是国民经济中的领导力量。矿藏,水流,国有的森林、荒地和其他海陆资源,都属于全民所有。国家可以依照法律规定的条件,对土地实行征购、征用或者收归国有"(第6条)。"农村人民公社经济是社会主义劳动群众集体所有制经济,现在一般实行公社、生产大队、生产队三级所有,而以生产队为基本核算单位。生产大队在条件成熟的时候,可以向大队为基本核算单位过渡。在保证人民公社集体经济占绝对优势的条件下,人民公社社员可以经营少量的自留地和家庭副业,在牧区还可以有少量的自留畜"(第7条)。

至1982年《宪法》,则规定:"城市的土地属于国家所有。农村和城市郊区的土地,除由法律规定属于国家所有的以外,属于集体所有;宅基地和自留地、自留山,也属于集体所有。国家为了公共利益的需要,可以依照法律规定对土地实行征用。任何组织或者个人不得侵占、买卖、出租或者以其他形式非法转让土地。一切使用土地的组织和个人必须合理地利用土地"（第 10 条）。2004 年的《宪法修正案》第 20 条修改了 1982 年《宪法》第 10 条第 3 款"国家为了公共利益的需要，可以依照法律规定对土地实行征用"的规定，修改为："国家为了公共利益的需要，可以依照法律规定对土地实行征收或者征用并给予补偿。"

20 世纪 70 年代末，中国各地农村相继实行家庭联产承包责任制，多劳多得，从一定程度激发了农民的生产积极性，至 1986 年《民法通则》，则规定"农村集体经济组织的成员，在法律允许的范围内，按照承包合同规定从事商品经营的，为农村承包经营户"（第 27 条），"公民、集体依法对集体所有的或者国家所有由集体使用的土地的承包经营权，受法律保护。承包双方的权利和义务，依照法律由承包合同规定"（第 80 条第 2 款），"公民、集体依法对集体所有的或者国家所有由集体使用森林、山岭、草原、荒地、滩涂、水面的承包经营权，受法律保护。承包双方的权利和义务，依照法律由承包合同规定"（第 81 条第 3 款）。同年颁布的《土地管理法》也规定，"集体所有的土地，全民所有制单位、集体所有制单位使用的国有土地，可以由集体或者个人承包经营，从事农、林、牧、渔业生产。承包经营土地的集体或者个人，有保护和按照承包合同规定的用途合理利用土地的义务。土地的承包经营权受法律保护"（第 12 条）。

2002 年的《农村土地承包法》则确立"国家实行农村土地承包经营制度。农村土地承包采取农村集体经济组织内部的家庭承包方式，不宜采取家庭承包方式的荒山、荒沟、荒丘、荒滩等农村土地，可以采取招标、拍卖、公开协商等方式承包"（第 3 条）。并规定了承包期限："耕地的承包期为 30 年。草地的承包期为 30 年至 50 年。林地的承包期为 30 年至 70 年；特殊林木的林地承包期，经国务院林业行政主管部门批准可以延长"（第 20 条）。同时，"承包合同自成立之日起生效。承包方自承包合同生效时取得土地承包经营权"（第22条）；"县级以上地方人民政府应当向承包方颁发土地承包经营权证或者林权证等证书，并登记造册，确认土地承包经营权"（第23条）；"通过家庭承包取得的土地承包经营权可以依法采取转包、出租、互换、转让或者其他方式流转"（第32条）；"土地承包经营权采取互换、转让方式流转，当事人要求登记的，应当向县级以上地方人民政府申请登记。未经登记，不得对抗善意第三人"（第38条）。

至2007年《物权法》颁布实施，进一步明确土地承包经营权的用益物权属性。

二、土地承包经营权的定义及其主体、客体

1. 土地承包经营权的定义。《物权法》规定，农民集体所有和国家所有由农民集体使用的耕地、林地、草地以及其他用于农业的土地，依法实行土地承包经营制度（第124条第2款）；土地承包经营权人依法对其承包经营的耕地、林地、草地等享有占有、使用和收益的权利，有权从事种植业、林业、畜牧业等农业生产（第125条）。

可以看出，土地承包经营权制度有之前传统民法的地上权、永佃权制度的影响，我国《物权法》明确土地承包经营权属于用益物权的一种。

2. 土地承包经营权的主体、客体及期限。由上述法律规定可知，在集体所有的土地和国家所有的农用地上均可以成立该权利。

《物权法》对土地承包经营权人的身份并无规定，但《农村土地承包法》就发包方和承包方进行了规定："农民集体所有的土地依法属于村农民集体所有的，由村集体经济组织或者村民委员会发包；已经分别属于村内两个以上农村集体经济组织的农民集体所有的，由村内各该农村集体经济组织或者村民小组发包。村集体经济组织或者村民委员会发包的，不得改变村内各集体经济组织农民集体所有的土地的所有权。国家所有依法由农民集体使用的农村土地,由使用该土地的农村集体经济组织、村民委员会或者村民小组发包"(第12条);"家庭承包的承包方是本集体经济组织的农户"(第15条)。

但《物权法》第128条规定:"土地承包经营权人依照农村土地承包法的规定,有权将土地承包经营权采取转包、互换、转让等方式流转。流转的期限不得超过承包期的剩余期限。未经依法批准,不得将承包地用于非农建设。"

而《农村土地承包法》第32条规定,"通过家庭承包取得的土地承包经营权可以依法采取转包、出租、互换、转让或者其他方式流转",同时地承包经营权流转应当遵循"平等协商、自愿、有偿,任何组织和个人不得强迫或者阻碍承包方进行土地承包经营权流转""不得改变土地所有权的性质和土地的农业用途""流转的期限不得超过承包期的剩余期限""受让方须有农业经营能力""在同等条件下,本集体经济组织成员享有优先权"的原则(第33条)。"发包方将农村土地发包给本集体经济组织以外的单位或者个人承包,应当事先经本集体经济组织成员的村民会议2/3以上成员或者2/3以上村民代表的同意,并报乡(镇)人民政府批准。由本集体经济组织以外的单位或者个人承包的,应当对承包方的资信情况和经营能力进行审查后,再签订承包合同"(第48条)。

因此,土地承包经营权的初始取得人一般应为集体经济组织的农户,但可以因为流转而归属非该集体经济组织农户。而"不宜采取家庭承包方式的荒山、荒沟、荒丘、荒滩等农村土地",可以"通过招标、拍卖、公开协商等方式承包"(《农村土地承包法》第44条),由集体经济组织农户之外的人取得土地承包经营权,而"通过招标、拍卖、公开协商等方式承包荒地等农村土地,依照《农村土地承包法》等法律和国务院的有关规定,其土地承包经营权可以转让、入股、抵押或者以其他方式流转"(《物权法》第133条),这种土地承包经营权流转的限制较一般的土地承包经营权略为宽松。

《物权法》延续了《农村土地承包法》关于权利期限的规定："耕地的承包期为30年。草地的承包期为30年至50年。林地的承包期为30年至70年；特殊林木的林地承包期，经国务院林业行政主管部门批准可以延长"（《物权法》第126条）。

三、土地承包经营权的设定及其他方式的取得

《物权法》延续了农村土地承包法的规定："土地承包经营权自土地承包经营权合同生效时设立"（《物权法》第127条第1款）。这是不动产物权变动以登记为生效要件的例外情形之一。

县级以上地方人民政府应当向土地承包经营权人发放土地承包经营权证、林权证、草原使用权证，并登记造册，确认土地承包经营权（《物权法》第127条第2款）。"土地承包经营权人将土地承包经营权互换、转让，当事人要求登记的，应当向县级以上地方人民政府申请土地承包经营权变更登记；未经登记，不得对抗善意第三人"（《物权法》第129条）。

土地承包经营权可以依法采取转包、出租、互换、转让或者其他方式流转。"承包人应得的承包收益，依照《继承法》的规定继承。林地承包的承包人死亡，其继承人可以在承包期内继续承包"（《农村土地承包法》第31条）；"土地承包经营权通过招标、拍卖、公开协商等方式取得的，该承包人死亡，其应得的承包收益，依照《继承法》的规定继承；在承包期内，其继承人可以继续承包"（《农村土地承包法》第50条）。

四、土地承包经营权的消灭

1. 因土地灭失而消灭。土地因自然事件灭失（如山崩、河岸土地因河水冲刷而灭失等），所有权消灭，土地承包经营权自然也消灭。

2. 因承包期届满而消灭。《物权法》第126条第2款规定："前款规定的承包期届满，由土地承包经营权人按照国家有关规定

继续承包。"承包期届满，原承包合同终止，按照国家有关规定继续承包，则产生新的土地承包经营权。

3. 因调整而消灭。"承包期内，发包方不得调整承包地。承包期内，因自然灾害严重毁损承包地等特殊情形对个别农户之间承包的耕地和草地需要适当调整的，必须经本集体经济组织成员的村民会议2/3以上成员或者2/3以上村民代表的同意，并报乡（镇）人民政府和县级人民政府农业等行政主管部门批准。承包合同中约定不得调整的，按照其约定"（《农村土地承包法》第27条）。

4. 因收回而消灭。"承包期内，发包方不得收回承包地。承包期内，承包方全家迁入小城镇落户的，应当按照承包方的意愿，保留其土地承包经营权或者允许其依法进行土地承包经营权流转。承包期内，承包方全家迁入设区的市，转为非农业户口的，应当将承包的耕地和草地交回发包方。承包方不交回的，发包方可以收回发包的耕地和草地。承包期内，承包方交回承包地或者发包方依法收回承包地时，承包方对其在承包地上投入而提高土地生产能力的，有权获得相应的补偿"（《农村土地承包法》第26条）。此外，"承包经营耕地的单位或者个人连续2年弃耕抛荒的，原发包单位应当终止承包合同，收回发包的耕地"（《土地管理法》第37条第3款）。

5. 因放弃而消灭。承包期内，承包方可以自愿将承包地交回发包方。承包方自愿交回承包地的，应当提前半年以书面形式通知发包方。承包方在承包期内交回承包地的，在承包期内不得再要求承包土地（《农村土地承包法》第29条）。

6. 因转让、互换，原土地承包经营权相对消灭。

7. 因土地被征收而消灭。承包地被依法征收、征用、占用的，承包方（土地承包经营权人）有权依法获得相应的补偿（《农村土地承包法》第16条）。"承包地被征收的，土地承包经营权人有权依照《物权法》第42条第2款的规定获得相应补偿"（《物权法》

第 132 条)。

五、土地承包经营权制度微评

我国土地承包经营权制度主要针对农村土地的利用,而且主要针对包括耕地、林地、草地、农田水利用地、养殖水面的农用地。

土地承包经营权制度借鉴了之前传统民法的地上权、永佃权制度,是对 1975 及 1978 年《宪法》所谓的"人民公社经济"的制度改进。

但现行土地承包经营权制度仍然存在一些含混之处,各地政策不一,土地承包经营权的流转规则不够清晰,从一定程度上影响了交易安全,从而影响了土地利用的效率。

"通过招标、拍卖、公开协商等方式承包荒地等农村土地,依照《农村土地承包法》等法律和国务院的有关规定,其土地承包经营权可以转让、入股、抵押或者以其他方式流转"(《物权法》第 133 条)。依据《国务院办公厅关于引导农村产权流转交易市场健康发展的意见》(国办发〔2014〕71 号),"现阶段通过市场流转交易的农村产权包括承包到户的和农村集体统一经营管理的资源性资产、经营性资产等,以农户承包土地经营权、集体林地经营权为主,不涉及农村集体土地所有权和依法以家庭承包方式承包的集体土地承包权,具有明显的资产使用权租赁市场的特征"。有评论认为,"该《意见》明确将土地经营权分离出来,对农村土地流转领域的所有权、承包权和经营权进行了分类指导","坚持农村土地集体所有,实现所有权、承包权、经营权三权分置,引导土地规范有序流转"[1]。

《物权法》及《农村土地承包法》的用语是"土地承包经营权",国务院文件则有"农户承包土地经营权""集体林地经营权"

---

〔1〕"国务院规范农村产权交易 土地承包权不得流转",中国新闻网,http://news.sohu.com/20150123/n408002755.shtml,2015 年 1 月 23 日。

"以家庭承包方式承包的集体土地承包权"等区分,所谓承包权与"经营权"的法律区分并不清楚。

第三节 建设用地使用权

一、建设用地使用权与土地使用权——《物权法》与《土地管理法》及《城市房地产管理法》

《物权法》第 135 条规定:"建设用地使用权人依法对国家所有的土地享有占有、使用和收益的权利,有权利用该土地建造建筑物、构筑物及其附属设施。"可见建设用地使用权成立于国有土地上。

《物权法》的用语是"建设用地使用权",并且依据《物权法》第 135 条"建设用地使用权"只能成立在国有地上。

但《土地管理法》第二章却规定了"土地的所有权和使用权",其中除了规定对土地的承包经营外,还规定了各种土地"使用权"。"国有土地和农民集体所有的土地,可以依法确定给单位或者个人使用……"(第 9 条)"农民集体所有的土地,由县级人民政府登记造册,核发证书,确认所有权。农民集体所有的土地依法用于非农业建设的,由县级人民政府登记造册,核发证书,确认建设用地使用权。单位和个人依法使用的国有土地,由县级以上人民政府登记造册,核发证书,确认使用权;其中,中央国家机关使用的国有土地的具体登记发证机关,由国务院确定。确认林地、草原的所有权或者使用权,确认水面、滩涂的养殖使用权,分别依照《中华人民共和国森林法》《中华人民共和国草原法》和《中华人民共和国渔业法》的有关规定办理。"(第 11 条)"任何单位和个人进行建设,需要使用土地的,必须依法申请使用国有土地;但是,兴办乡镇企业和村民建设住宅经依法批准使用本集体经济组织农民集体所有的土地的,或者乡(镇)村公共设施和公益事业建设经依法批准使用农民集体所有的土地的除外。前款所称依法申请使用的国有土地包括国家所有的土地和国家征收的原属于农民集体所有的土地"（第43条）。"农民集体所有的土地的使用权不得出让、转让或者出租用于非农业建设；但是，符合土地利用总体规划并依法取得建设用地的企业，因破产、兼并等情形致使土地使用权依法发生转移的除外"（第63条）。也就是说，依据《土地管理法》第11条，"农民集体所有的土地依法用于非农业建设的"，也可以成立集体地上的"建设用地使用权"。

《物权法》在有关抵押权的规则中体现了这一矛盾。《物权法》第180条规定"建设用地使用权"可以抵押，但在第183条又特别规定："乡镇、村企业的建设用地使用权不得单独抵押。以乡镇、村企业的厂房等建筑物抵押的，其占用范围内的建设用地使用权一并抵押。"可见，在集体地上也可成立建设用地使用权。

应该说，《物权法》第十二章的有关建设用地使用权的规则，仅是有关国有地上设立的建设用地使用权的规则。本节中，非特别说明，建设用地使用权指在《物权法》所说国有地上设立的建设用地使用权。

实务中，一般的建设用地使用权均为国有地上的建设用地使用权，而集体地上的建设用地使用权，一般情况下也禁止转让，集体地上的建设用地使用权可因实现地役权而转让，但一般需先由国家征收、转化为国有地。"依照本法第180条第1款第3项规定的土地承包经营权抵押的，或者依照本法第183条规定以乡镇、村企业的厂房等建筑物占用范围内的建设用地使用权一并抵押的，实现抵押权后，未经法定程序，不得改变土地所有权的性质和土地用途"（《物权法》第201条）。

而《城市房地产管理法》则使用"土地使用权"一词。"在中华人民共和国城市规划区国有土地（以下简称国有土地）范围内取得房地产开发用地的土地使用权，从事房地产开发、房地产交易，实施房地产管理,应当遵守本法。本法所称房屋,是指土地上的房屋等建筑物及构筑物。本法所称房地产开发,是指在依据本法取得国有土地使用权的土地上进行基础设施、房屋建设的行为。本法所称房地产交易,包括房地产转让、房地产抵押和房屋租赁"(第2条)。"土地使用权出让,是指国家将国有土地使用权(以下简称土地使用权)在一定年限内出让给土地使用者,由土地使用者向国家支付土地使用权出让金的行为"(第8条)。"城市规划区内的集体所有的土地,经依法征用转为国有土地后,该幅国有土地的使用权方可有偿出让"(第9条)。

《土地管理法》和《城市房地产管理法》,其名为"管理法"应当属于行政法范畴,主要规范公权力的"管理行为",但其中不少民事规范,即对民事权利、义务的规范,有些名不副实,显示两法定位的不清晰;而且两法均在2007年《物权法》颁布后进行了修正,仍然与《物权法》存在冲突,而且其中重复性规定不少,不能不说是中国立法的粗糙和不细致。

二、建设用地使用权的内容及特征

1. 建设用地使用权的内容。《物权法》规定的建设用地使用权,可见之前传统民法地上权制度的影响,并将之明确为用益物权的一种。

依据《物权法》第135条,建设用地使用权是权利人"依法对国家所有的土地享有占有、使用和收益的权利",权利人"有权利用该土地建造建筑物、构筑物及其附属设施"。

2. 建设用地使用权的特征。非出让地上建设用地使用权的转让限制。"建设用地使用权人有权将建设用地使用权转让、互换、出资、赠与或者抵押,但法律另有规定的除外"(《物权法》第143条)。一般经出让程序取得的建设用地使用权(一般称为"出让地"),其转让、互换、出资、赠与或者抵押少有限制,但经划拨取得的国有地上的建设用地使用权(一般称为"划拨地")和集体地上的建设用地使用权,一般需补交土地出让金转变为出让地或者经征收程序转变为国有地后再补交土地出让金转变为出让地,然后才能自由转让。

需注意的是,建设用地使用权可以在同一块土地上分层设立。"建设用地使用权可以在土地的地表、地上或者地下分别设立。新设立的建设用地使用权,不得损害已设立的用益物权"(《物权法》第136条)。

建设用地使用权与其地上的建筑物一并处分的原则,俗称"房随地走、地随房走"。"建设用地使用权转让、互换、出资或者赠与的,附着于该土地上的建筑物、构筑物及其附属设施一并处分"(《物权法》第146条);"建筑物、构筑物及其附属设施转让、互换、出资或者赠与的,该建筑物、构筑物及其附属设施占用范围内的建设用地使用权一并处分"(《物权法》第147条)。

三、建设用地使用权的规划限制

建设用地必须严格遵守规划法规,按照规划用途使用土地,如需变更用途,有严格的变更审批程序。

"建设用地是指建造建筑物、构筑物的土地,包括城乡住宅和公共设施用地、工矿用地、交通水利设施用地、旅游用地、军事设施用地等","国家编制土地利用总体规划,规定土地用途,将土地分为农用地、建设用地和未利用地。严格限制农用地转为建设用地,控制建设用地总量,对耕地实行特殊保护","使用土地的单位和个人必须严格按照土地利用总体规划确定的用途使用土地"(《土地管理法》第4条)。"建设单位使用国有土地的,应当按照土地使用权出让等有偿使用合同的约定或者土地使用权划拨批准文件的规定使用土地;确需改变该幅土地建设用途的,应当经有关人民政府土地行政主管部门同意,报原批准用地的人民政府批准。其中,在城市规划区内改变土地用途的,在报批前,应当先经有关城市规划行政主管部门同意。"(《土地管理法》第56条)。

"建设用地使用权人应当合理利用土地，不得改变土地用途；需要改变土地用途的，应当依法经有关行政主管部门批准"（《物权法》第140条）。"在城市、镇规划区内以出让方式提供国有土地使用权的，在国有土地使用权出让前，城市、县人民政府城乡规划主管部门应当依据控制性详细规划，提出出让地块的位置、使用性质、开发强度等规划条件，作为国有土地使用权出让合同的组成部分。未确定规划条件的地块，不得出让国有土地使用权。以出让方式取得国有土地使用权的建设项目，在签订国有土地使用权出让合同后，建设单位应当持建设项目的批准、核准、备案文件和国有土地使用权出让合同，向城市、县人民政府城乡规划主管部门领取建设用地规划许可证。城市、县人民政府城乡规划主管部门不得在建设用地规划许可证中，擅自改变作为国有土地使用权出让合同组成部分的规划条件"（《城乡规划法》第38条）。城乡规划法对划拨地及乡、村庄规划区也有规划要求。

农用地转为建设用地的特别审批程序。"建设占用土地，涉及农用地转为建设用地的，应当办理农用地转用审批手续"（《土地管理法》第44条第1款）。《土地管理法》第44条、第45条对各级政府的审批权限还做了严格的限定，体现了"十分珍惜、合理利用土地和切实保护耕地是我国的基本国策"（《土地管理法》第3条）。

四、建设用地使用权的取得及期限

1. 出让与划拨。这是所谓的土地一级市场，从国家取得国有地上的建设用地使用权。取得方式包括出让与划拨。出让是有偿方式，取得出让地需向国家缴纳土地出让金；划拨为无偿方式，国家对划拨方式取得建设用地使用权有严格的限制。

《土地管理法》第54条规定："建设单位使用国有土地，应当以出让等有偿使用方式取得；但是，下列建设用地，经县级以上人民政府依法批准，可以以划拨方式取得：

（1）国家机关用地和军事用地；

（2）城市基础设施用地和公益事业用地；

（3）国家重点扶持的能源、交通、水利等基础设施用地；

（4）法律、行政法规规定的其他用地。"

《物权法》第137条规定："设立建设用地使用权，可以采取出让或者划拨等方式。工业、商业、旅游、娱乐和商品住宅等经营性用地以及同一土地有两个以上意向用地者的，应当采取招标、拍卖等公开竞价的方式出让。严格限制以划拨方式设立建设用地使用权。采取划拨方式的，应当遵守法律、行政法规关于土地用途的规定。"

值得一提的是城镇的私房所占用地，依据现行法律及政策，其土地所有权的属性为国有，但由于其多为中华人民共和国政府成立前即占有、使用该土地，现行法律及政策将其作为划拨地对待，原房主可以继续无偿使用并且可以继承，只要不转让，就不似其他建设用地使用权有期限的限制，但一旦基于法律行为发生转让，则需补交土地出让金转变为出让地。

就建设用地使用权的出让，《物权法》第138条规定："采取招标、拍卖、协议等出让方式设立建设用地使用权的，当事人应当采取书面形式订立建设用地使用权出让合同。

建设用地使用权出让合同一般包括下列条款：①当事人的名称和住所；②土地界址、面积等；③建筑物、构筑物及其附属设施占用的空间；④土地用途；⑤使用期限；⑥出让金等费用及其支付方式；⑦解决争议的方法。"

"土地使用权出让，应当签订书面出让合同。土地使用权出让合同由市、县人民政府土地管理部门与土地使用者签订"（《城市房地产管理法》第15条）。"土地使用者需要改变土地使用权出让合同约定的土地用途的，必须取得出让方和市、县人民政府城市规划行政主管部门的同意，签订土地使用权出让合同变更协议或者重新签订土地使用权出让合同，相应调整土地使用权出让金"（《城市房地产管理法》第18条）。

2. 转让及非基于法律行为取得。正常通过出让程序取得的出让地的建设用地使用权，转让几无限制，当然未经行政审批不得改变用途。划拨地转让则需补交土地出让金。土地使用权转让合同，如果是有偿的，应该准用买卖合同的一般规定；如果是无偿的，则适用赠与合同的规定。

但依据《房地产管理法》第39条："以出让方式取得土地使用权的，转让房地产时，应当符合下列条件：①按照出让合同约定已经支付全部土地使用权出让金，并取得土地使用权证书；②按照出让合同约定进行投资开发，属于房屋建设工程的，完成开发投资总额的25%以上，属于成片开发土地的，形成工业用地或者其他建设用地条件。转让房地产时房屋已经建成的，还应当持有房屋所有权证书。"不符合该条件，则不得转让（《房地产管理法》第38条）。

划拨地的转让需经审批并补交土地出让金。"以划拨方式取得土地使用权的，转让房地产时，应当按照国务院规定，报有批准权的人民政府审批。有批准权的人民政府准予转让的，应当由受让方办理土地使用权出让手续，并依照国家有关规定缴纳土地使用权出让金。以划拨方式取得土地使用权的，转让房地产报批时，有批准权的人民政府按照国务院规定决定可以不办理土地使用权出让手续的，转让方应当按照国务院规定将转让房地产所获收益中的土地收益上缴国家或者作其他处理。"（《城市房地产管理法》第40条）。

此外，建设用地使用权得因继承及善意取得规则而取得。

3. 期限。《城市房地产管理法》第14条规定："土地使用权出让最高年限由国务院规定。"《城镇国有土地使用权出让和转让暂行条例》第12条规定"土地使用权出让最高年限按下列用途确定：①居住用地70年；②工业用地50年；③教育、科技、文化、卫生、体育用地50年；④商业、旅游、娱乐用地40年；⑤综合或者其他用地50年。"

就建设用地使用权的续期，《物权法》第149条规定"住宅建设用地使用权期间届满的，自动续期。非住宅建设用地使用权期间届满后的续期，依照法律规定办理。该土地上的房屋及其他不动产的归属，有约定的，按照约定；没有约定或者约定不明确的，依照法律、行政法规的规定办理。"

而《城市房地产管理法》第22条规定："土地使用权出让合同约定的使用年限届满，土地使用者需要继续使用土地的，应当至迟于届满前1年申请续期，除根据社会公共利益需要收回该幅土地的，应当予以批准。经批准准予续期的，应当重新签订土地使用权出让合同，依照规定支付土地使用权出让金。土地使用权出让合同约定的使用年限届满，土地使用者未申请续期或者虽申请续期但依照前款规定未获批准的，土地使用权由国家无偿收回。"

根据《物权法》的基本法地位（其由全国人大通过），而《城市房地产管理法》是全国人大常委会通过，住宅用地应该不存在到期申请续期或因未申请续期或申请未被批准而被国家无偿收回的问题。

4. 建设用地使用权的公示方式及效力。《物权法》第145条规定："建设用地使用权转让、互换、出资或者赠与的，应当向登记机构申请变更登记。"

《物权法》第139条规定："设立建设用地使用权的，应当向登记机构申请建设用地使用权登记。建设用地使用权自登记时设立。登记机构应当向建设用地使用权人发放建设用地使用权证书。"

五、建设用地使用权的消灭

1. 因土地灭失而消灭。《城市房地产管理法》第21条规定，"土地使用权因土地灭失而终止。"依法律，物灭失，所有权消灭，相关的用益物权亦当然消灭。

2. 因被国家征收而消灭。根据《物权法》第42条的规定，

"为了公共利益的需要，依照法律规定的权限和程序可以征收集体所有的土地和单位、个人的房屋及其他不动产"，国家出让或划拨给你的建设用地使用权，如果国家征收，则该建设用地使用权消灭。

《城市房地产管理法》及《土地管理法》使用了"收回"一词。《城市房地产管理法》第20条规定："国家对土地使用者依法取得的土地使用权，在出让合同约定的使用年限届满前不收回；在特殊情况下，根据社会公共利益的需要，可以依照法律程序提前收回，并根据土地使用者使用土地的实际年限和开发土地的实际情况给予相应的补偿。"《土地管理法》第58条则规定："有下列情形之一的，由有关人民政府土地行政主管部门报经原批准用地的人民政府或者有批准权的人民政府批准，可以收回国有土地使用权：①为公共利益需要使用土地的；②为实施城市规划进行旧城区改建，需要调整使用土地的；③土地出让等有偿使用合同约定的使用期限届满，土地使用者未申请续期或者申请续期未获批准的；④因单位撤销、迁移等原因，停止使用原划拨的国有土地的；⑤公路、铁路、机场、矿场等经核准报废的。

依照前款第一项、第二项的规定收回国有土地使用权的，对土地使用权人应当给予适当补偿。"

3. 因土地闲置被国家收回而消灭。《土地管理法》第37条规定："禁止任何单位和个人闲置、荒芜耕地。已经办理审批手续的非农业建设占用耕地，1年内不用而又可以耕种并收获的，应当由原耕种该幅耕地的集体或者个人恢复耕种，也可以由用地单位组织耕种；1年以上未动工建设的，应当按照省、自治区、直辖市的规定缴纳闲置费；连续2年未使用的，经原批准机关批准，由县级以上人民政府无偿收回用地单位的土地使用权；该幅土地原为农民集体所有的，应当交由原农村集体经济组织恢复耕种。在城市规划区范围内，以出让方式取得土地使用权进行房地产开发的闲置土地，依照《城市房地产管理法》的有关规定办理。承包经营耕地的单位或者个人连续2年弃耕抛荒的,原发包单位应当终止承包合同,收回发包的耕地。"

《城市房地产管理法》第26条规定:"以出让方式取得土地使用权进行房地产开发的,必须按照土地使用权出让合同约定的土地用途、动工开发期限开发土地。超过出让合同约定的动工开发日期满1年未动工开发的,可以征收相当于土地使用权出让金20%以下的土地闲置费;满2年未动工开发的,可以无偿收回土地使用权;但是,因不可抗力或者政府、政府有关部门的行为或者动工开发必需的前期工作造成动工开发迟延的除外。"

4. 非住宅用地建设用地使用权出让合同约定的使用年限届满,土地使用者未申请续期或者虽申请续期但依照前款规定未获批准的,该建设用地使用权土地使用权由国家无偿收回(《城市房地产管理法》第22条第2款),因而消灭。

六、2015年的农村建设用地的试点改革

十数年来,中国房地产市场持续高温,房价高企,不少地方出现"小产权房"[1],集体地必须经征收为国有才能出让的政策也受到质疑。

第十二届全国人民代表大会常务委员会第十三次会议通过2015年2月27日通过了"关于授权国务院在北京市大兴区等三十三个试点县(市、区)行政区域暂时调整实施有关法律规定的决定",值得一提。

该决定称,为了改革完善农村土地制度,为推进中国特色农业现代化和新型城镇化提供实践经验,第十二届全国人民代表大会常

---

[1] 即在集体所有土地上建设的住宅,由于未经征收为国有并缴纳土地出让金,无法依据现行法律取得房地产权证,但其房价与同地区的正常出让地上的商品住宅房价低不止1倍,俗称"小产权房"。

务委员会第十三次会议决定：授权国务院在北京市大兴区等三十三个试点县（市、区）行政区域，暂时调整实施《土地管理法》《城市房地产管理法》关于农村土地征收、集体经营性建设用地入市、宅基地管理制度的有关规定。上述调整在2017年12月31日前试行。暂时调整实施有关法律规定，必须坚守土地公有制性质不改变、耕地红线不突破、农民利益不受损的底线，坚持从实际出发，因地制宜。国务院及其国土资源主管部门要加强对试点工作的整体指导和统筹协调、监督管理，按程序、分步骤审慎稳妥推进，及时总结试点工作经验，并就暂时调整实施有关法律规定的情况向全国人民代表大会常务委员会作出报告。对实践证明可行的，修改完善有关法律；对实践证明不宜调整的，恢复施行有关法律规定。

三十三个试点县（市、区）则遍及北京、天津、河北、山西、内蒙古、辽宁、吉林、黑龙江、上海、江苏、浙江、安徽、福建、江西、山东、河南、湖北省、湖南、广东、广西、海南、重庆、四川、贵州、云南、西藏、陕西、甘肃、青海、宁夏、新疆；除浙江、四川外有两个试点区域，其余省、直辖市或自治区均只有一个试点区域。

试点的内容包括：

1. 暂停实施《土地管理法》第43、63条及《城市房地产管理法》第9条，暂时调整实施集体建设用地使用权不得出让等的规定。在符合规划、用途管制和依法取得的前提下，允许存量农村集体经营性建设用地使用权出让、租赁、入股，实行与国有建设用地使用权同等入市、同权同价。

2. 暂时调整实施《土地管理法》第44、62条关于宅基地审批权限的规定。使用存量建设用地的，下放至乡（镇）人民政府审批；使用新增建设用地的，下放至县级人民政府审批。

3. 暂时调整实施《土地管理法》第47条关于征收集体土地补偿的最高限额的规定。综合考虑土地用途和区位、经济发展水平、人均收入等情况，合理确定土地征收补偿标准，安排被征地农民住房、社会保障；加大就业培训力度，符合条件的被征地农民全部纳入养老、医疗等城镇社会保障体系；有条件的地方可采取留地、留物业等多种方式，由农村集体经济组织经营。

试点让集体地上的建设用地使用权自由入市、下放宅基地审批权限、暂停对于集体土地征收的最高限额的政策，对提高土地利用效率、缓解社会矛盾可能会有一定积极作用，但在目前公权力普遍缺乏制约的情况下，其效果如何，是否会加剧社会不公，均值得观察。

第四节 宅基地使用权

一、概述

我国城市房地产经过十数年的飞速发展，商品住宅已经普及。在农村，集体组织成员一般可以通过申请宅基地自建住宅。

《物权法》第152条规定，"宅基地使用权人依法对集体所有的土地享有占有和使用的权利，有权依法利用该土地建造住宅及其附属设施。"

宅基地由农村集体成员申请取得，用于建造自用住宅，宅基地使用权属于用益物权的一种，同样类似于之前民法的地上权制度。但宅基地的取得有严格的身份限制。

二、宅基地使用权的取得

1. "农村村民一户只能拥有一处宅基地"的基本原则。《物权法》第153条规定，"宅基地使用权的取得、行使和转让，适用《土地管理法》等法律和国家有关规定。"

《土地管理法》第62条就宅基地取得进行了原则性规定："农村村民一户只能拥有一处宅基地，其宅基地的面积不得超过省、自治区、直辖市规定的标准。农村村民建住宅，应当符合乡（镇）土地利用总体规划，并尽量使用原有的宅基地和村内空闲地。农村村民住宅用地，经乡（镇）人民政府审核，由县级人民政府批准；其中，涉及占用农用地的，依照本法第44条的规定办理审批手续。农村村民出卖、出租住房后，再申请宅基地的，不予批准。"该条确立了"农村村民一户只能拥有一处宅基地"的基本原则。

2. 宅基地的申请及审批。如《土地管理法》的上述规定，宅基地的面积标准由各省、自治区、直辖市规定，其申请、审批也各地不同。

依据"国务院批转国家土地管理局关于加强农村宅基地管理工作请示的通知（1990年1月3日）"，"建立和完善土地使用费管理制度。宅基地使用费要本着'取之于户，收费适度；用之于村，使用得当'的原则，实行村有、乡管、银行立户制度。专款专用，主要用于村内基础设施和公益事业建设，不得挪作他用"。

以上海为例，依据《上海市农村村民住房建设管理办法》（2007年5月26日上海市人民政府令第71号公布，2010年修正后2010年12月20日上海市人民政府令第52号重新公布）第4条："上海市规划和国土资源管理局（以下简称"市规划国土资源局"）是本市村民建房规划、用地和配套设施建设的主管部门；区（县）规划国土管理部门负责本辖区内村民建房的规划、用地和配套设施建设管理，镇（乡）土地管理所作为其派出机构具体实施相关的管理工作。

上海市建设和交通委员会（以下简称"市建设交通委"）是本市村民建房的建筑活动主管部门；区（县）建设管理部门负责本辖区内村民建房的建筑活动监督管理。

区（县）人民政府和镇（乡）人民政府负责本辖区内村民建房的管理。镇（乡）人民政府受区（县）规划国土管理部门委托，审核发放个人建房的乡村建设规划许可证，对个人建房进行开工查验和竣工验收；受区（县）建设管理部门委托，进行个人建房安全质量的现场指导和检查。

发展改革、农业、环保、绿化市容等有关部门按照各自职责，协同实施本办法。"

上海市鼓励集体建房，鼓励集体建房，引导村民建房逐步向规划确定的居民点集中。所在区域已实施集体建房的，不得申请个人建房；所在区域属于经批准的规划确定保留村庄，且尚未实施集体建房的，可以按规划申请个人建房。农村村民将原有住房出售、赠与他人，或者将原有住房改为经营场所，或者已参加集体建房，再申请建房的，一律不予批准（该办法第7条）。

依据该办法，区（县）规划国土管理部门应当按照市房地资源局、市发展改革委下达的土地利用年度计划指标，确定村民建房的年度用地计划指标，并分解下达到镇（乡）人民政府。镇（乡）人民政府审核建房申请，应当符合区（县）规划国土管理部门分解下达的村民建房年度用地计划指标（该办法第8条）。

该办法第10条明确，农村村民一户只能拥有一处宅基地，其宅基地的面积不得超过规定标准。现有宅基地面积在规定标准之内，且符合村镇规划要求的农村村民实施个人建房的，应当在原址改建、扩建或者翻建，不得易地新建。农村村民按规划易地实施个人建房的，应当在新房竣工后3个月内拆除原宅基地上的建筑物、构筑物和其他附着物；参加集体建房的，应当在新房分配后3个月内拆除原宅基地上的建筑物、构筑物和其他附着物。原宅基地由村民委员会、村民小组依法收回，并由镇（乡）人民政府或者区（县）规划国土管理部门及时组织整理或者复垦。

依据该办法，农村个人建房用地应向常住户口所在地的村民委员会提出书面申请，并填写《农村个人建房申请表》。村民委员会接到建房申请后，村民委员会接到个人建房申请后，应当在本村或者该户村民所在的村民小组张榜公布，公布期限不少于30日。公布期间无异议的，村民委员会应当在《农村村民个人建房申请表》

上签署意见后，连同建房申请人的书面申请报送镇（乡）人民政府；公布期间有异议的，村民委员会应当召集村民会议或者村民代表会议讨论决定（第12条）。

该办法13条规定了行政审批程序：（乡）人民政府应当在接到村民委员会报送的《农村村民个人建房申请表》和建房申请人的书面申请后20日内，会同镇（乡）土地管理所进行实地审核。审核内容包括申请人是否符合条件、拟用地是否符合规划、拟建房位置以及层数、高度是否符合标准等。镇（乡）人民政府审核完毕后，应当将审核意见连同申请材料一并报区（县）人民政府审批建房用地；区（县）人民政府应当在20日内审批。建房用地批准后，由区（县）人民政府发给用地批准文件；由镇（乡）人民政府发给乡村建设规划许可证。

3. 宅基地申请的主体限制。以上海为例，《上海市农村个人住房建设管理办法》第11条规定了可以申请建房用地的主体要求，符合下列条件之一的村民需要新建、改建、扩建或者翻建住房的，可以以户为单位向常住户口所在地的村民委员会提出申请，并填写《农村村民个人建房申请表》：

（1）同户（以合法有效的农村宅基地使用证或者建房批准文件计户）居住人口中有2个以上（含2个）达到法定结婚年龄的未婚者，其中一人要求分户建房，且符合所在区（县）人民政府规定的分户建房条件的；

（2）该户已使用的宅基地总面积未达到本办法规定的宅基地总面积标准的80%，需要在原址改建、扩建或者易地新建的；

（3）按照村镇规划调整宅基地，需要易地新建的；

（4）原宅基地被征收，该户所在的村或者村民小组建制尚未撤销且具备易地建房条件的；

（5）原有住房属于危险住房，需要在原址翻建的；

（6）原有住房因自然灾害等原因灭失，需要易地新建或者在原址翻建的；

（7）区（县）人民政府规定的其他情形。

前款中的危险住房，是指根据我国危险房屋鉴定标准的有关规定，经本市专业机构鉴定危险等级属 C 级或 D 级，不能保证居住和使用安全的住房。

4. 宅基地的标准。如上所述，各地有不同的面积标准。

以上海为例，《上海市农村村民住房建设管理办法》第 27 条规定了用地面积和建筑面积标准：个人建房的用地面积和建筑面积按照下列规定计算：

（1）4 人户或者 4 人以下户的宅基地总面积控制在 150 平方米至 180 平方米以内，其中，建筑占地面积控制在 80 平方米至 90 平方米以内。不符合分户条件的 5 人户可增加建筑面积，但不增加宅基地总面积和建筑占地面积。

（2）6 人户的宅基地总面积控制在 160 平方米至 200 平方米以内，其中，建筑占地面积控制在 90 平方米至 100 平方米以内。不符合分户条件的 6 人以上户可增加建筑面积，但不增加宅基地总面积和建筑占地面积。

个人建房用地面积的具体标准，由区（县）人民政府在前款规定的范围内予以制定。

区（县）人民政府可以制定个人建房的建筑面积标准。

该办法第 28 条规定了建筑占地面积的计算标准：个人建房的建筑占地面积按照下列规定计算：

（1）住房、独立的灶间、独立的卫生间等建筑占地面积，按外墙勒脚的外围水平面积计算；

（2）室外有顶盖、有立柱的走廊的建筑占地面积，按立柱外边线水平面积计算；

（3）有立柱的阳台、内阳台、平台的建筑占地面积，按立柱外边线或者墙体外边线水平面积计算；

无立柱、无顶盖的室外走道和无立柱的阳台不计建筑占地面积，但不得超过批准的宅基地范围。

该办法第 29 条则规定了用地人数的计算标准：

村民户申请个人建房用地的人数，按照该户在本村或者村民小组内的常住户口进行计算，其中，领取本市《独生子女父母光荣证》（或者《独生子女证》）的独生子女，按 2 人计算。户口暂时迁出的现役军人、武警、在校学生，服刑或者接受劳动教养的人员，以及符合区（县）人民政府规定的其他人员，可以计入户内。

村民户内在本市他处已计入批准建房用地人数的人员，或者因宅基地拆迁已享受补偿安置的人员，不得计入用地人数。

区（县）人民政府可以制定关于申请个人建房用地人数的具体认定办法。

三、宅基地的使用及继承

宅基地只能用于建造住宅，但可能登记为企业住所。依据"上海市人民政府办公厅关于印发《上海市企业住所登记管理办法》的通知（沪府办发〔2015〕15 号）"，为了合理释放各类场地资源，降低创业成本，激发市场主体活力，根据《国务院关于印发注册资本登记制度改革方案的通知》（国发〔2014〕7 号）要求，结合本市实际，制定该办法（第 1 条）。以农村宅基地上房屋作为企业住所的，应当经利害关系人同意，并由村委会出具证明文件。农村宅基地上的房屋登记为企业住所，不改变其原有使用性质（该办法第 5 条第 2 款）。

关于宅基地的继承，我国法律处于空白状态。依据《土地管理法》确立的"农村村民一户只能拥有一处宅基地"的原则，原宅基地使用权人死亡，其继承人的情况复杂，如果为该集体组织成员且未分户、未申请过宅基地，当然有权继承；如果是该集体组织成员，但已经分户且已经分配过宅基地，如果继承宅基地，则可能有 2 处宅基地；又由于宅基地使用权的取得有严格的身份限制，禁止城镇户籍的国人申请或取得宅基地使用权（但现实中又有各种例外），如果继承人已经非该集体组织成员、是城镇户籍，应不能继承宅基地使用权。但宅基地上的房屋却属于被继承人的财产，继承人不能继承宅基地使用权，但依法应该可以继承宅基地上的房屋。现实中，无资格继承宅基地使用权的可以继承并继续使用宅基地上的房屋，但不得改建或扩建。

四、宅基地使用权的消灭

1. 因土地灭失而消灭。《物权法》第154条规定，宅基地因自然灾害等原因灭失的，宅基地使用权消灭。对失去宅基地的村民，应当重新分配宅基地。

2. 因征收而消灭。但依据《物权法》第42条，被征收人依法有权获得补偿。现实中，除了补偿，也可能重新获得宅基地或"动迁安置房屋"。

3. 权利人死亡且无人继承。

第五节　地役权

一、地役权概述

地役权是比较古老的制度，如前所述，罗马法即已出现该制度，我国大清民律草案及民国时期民法典均规定了该制度，《物权法》再次将地役权规定为用益物权。

《物权法》第156条规定："地役权人有权按照合同约定，利用他人的不动产，以提高自己的不动产的效益。前款所称他人的不动产为供役地，自己的不动产为需役地。"

依据该规定，地役权属于不动产用益物权，是权利人为了提高自己的不动产的效益，与其他不动产权利人合意，利用他人的不动产，通过合同约定，在他人不动产上设定某种地役权，以某种方式利用他人的不动产。

地役权制度与不动产相邻关系制度的规范目的不同。相邻关系规范相邻不动产权利人之间的不动产利用,不动产权利人有权要求相邻不动产权利人为其通行、供排水、采光、通风、管线铺设提供必要的便利,要求相邻不动产权利人不得违反噪声等强制标准,但这些便利都是最基础、最必要的便利;而地役权制度是不动产权利人为提高自己不动产的效益,为满足一些较"奢侈性"的需求,而利用他人不动产。相邻关系制度为法律的强制性规定,而依据《物权法》,地役权初始应通过法律行为(合同)来设定、取得。

 案例

周方与张振宇等地役权纠纷案[1]

案件事实:原告诉称:二被告合伙开发羚锐集团 27 号楼,原告的住宅与其相邻,因二被告合伙开发的七层楼严重影响了原告的通风、采光,于是双方于 2011 年 4 月 13 日达成了一份赔偿《协议书》,协议主要内容为:由二被告自愿赔偿原告 27 号楼最西头一套商品房(130 多 m²)及与羚锐相邻的一块空地(约 20 平方米,由二被告购买给原告方使用,如不能购买此块地,二被告愿出 3 万元对原告方作为补偿),协议签订后,被告不履行协议。故请求法院依法判令被告:①给付商品房一套及 3 万元现金;②承担违约责任,即给付两套商品房或与两套商品房等价的房屋价值;③承担本案诉讼费。

被告辩称:①《协议书》是二被告与王庆同签订的,王庆同是合同当事人,原告周方与二被告之间既无合同关系,也无法律关

---

[1] 河南省潢川县人民法院民事判决书"(2012)潢民初字第 00870 号",案例来源北大法宝。

系,原告不是本案适格的当事人,其起诉二被告无法律依据,请求驳回原告周方对二被告的起诉;②二被告与王庆同签订的《协议书》属无效合同,其理由是:二被告所承建的房屋是张建生等人的房屋,在二被告建房期间,王庆同无理阻碍施工,二被告在万般无奈的情况下,与王庆同签订协议,但二被告不是该房屋及地块的产权人,但其在协议中却处分了该房屋及地块产权人的财产,据此,二被告的处分行为为无权处分,故其与王庆同之间签订的《协议书》应归于无效。综上,请求依法驳回原告对二被告的起诉。

法院经审理查明,原告的房屋与二被告承建的楼房南北相邻,原告居北,二被告承建的楼房居南。2011年,二被告承建该楼房过程中,因其承建的楼房影响了原告住房的通风、采光,原、被告双方发生争议。同年4月13日,经协商,二被告张振宇、陈龙作为甲方,原告代理人王庆同作为乙方签订《协议书》一份,协议约定:①乙方有住宅一套,甲方现在乙方南侧建商品楼房出售,严重影响乙方住房的通风、采光;②乙方愿将该住宅的通风、采光权永久性转让给甲方,让甲方建一幢七层商品楼房,甲方愿将其所建楼房的第三层(不含车库)最西头一套商品房(约130平方米)及与羚锐相邻的一块空地作为交换条件,无偿转让给乙方;③该空地约20平方米,由甲方购买给乙方使用,如不能购买,甲方愿出3万元给乙方作为补偿;④协议生效后,任何一方若反悔,赔偿对方两套商品房(协议涉及)的市场价格。协议签订后,原告方依约将其住宅的通风、采光权转让给甲方,而二被告在上述楼房建成后,没有依约将该楼房第三层最西头的一套商品房转让给乙方,反而将该房转卖他人,也没有将与羚锐相邻的一块空地购买并转让给乙方。

另查,二被告张振宇、陈龙承建的位于原告住宅南侧的七层商品房,在争议房屋的同城同区域范围内,该类小产权房的市场交易价格约13万元。

法院观点：法院认为，地役权自地役权合同生效时设立。2011年4月13日，原、被告双方签订《协议书》，依据该《协议书》，原告作为供役地权利人负有永久性让渡其住宅通风、采光权的约定义务，同时享有获得一套"商品房"和一块空地的合同权利，二被告作为地役权人依约永久性享有对原告住宅的通风、采光权，同时负有向原告给付上述财产的合同义务。但由于二被告处分的上述财产在权利上归属于他人，其处分上述财产的行为构成无权处分，据此，原、被告之间签订的《协议书》属效力待定的合同，该合同在被相关权利人追认前应归于无效，为此，原、被告双方应依其过错承担缔约过失责任，从这一角度而言，二被告在与原告方签订《协议书》之时，明知自己所处分的财产是他人的财产，是自己无法向原告方兑现的财产，仍然在签订合同之时对上述财产作出处分，从而以缔约方式取得原告方住宅的通风、采光权，进而提高了自己承建楼房的利用空间和经济效能。据此，二被告在与原告方签订合同之时具有重大过失，应承担缔约过失责任。其给原告造成的经济损失应予赔偿。其赔偿原告经济损失的数额依法确认为16万元，具体，一套"商品房"的价值依据《中华人民共和国合同法》第61条即参照潢川县与上述楼房同区域小产权房的市场交易习惯酌定为13万元，一块空地的价值依合同约定为3万元。故原告请求依法判令二被告给付"商品房"一套及3万元现金的诉讼请求，因二被告无权对上述房屋作出处分，构成履行不能，依法变更为折价赔偿损失。二被告就其承包的上述工程属合伙关系，故其对上述债务（16万元）承担连带责任。原告请求二被告承担违约责任的诉讼请求因合同无效，依法驳回。诉讼中，被告辩称，《协议书》是二被告与王庆同签订的，王庆同是合同当事人，原告周方与二被告之间既无合同关系，也无法律关系，原告不是本案适格的当事人，其起诉二被告无法律依据，法院经审查认为，原告周方对《协议书》涉及的一套住宅享有合法产权，同时，原告早在2004年已口头委托王庆同对该房屋进行代管,据此,原告周方与王庆同之间在 2004 年已具有委托合同关系,依据该合同关系,原告周方可以概括委托王庆同处理一切事务,包括王庆同以自己的名义与他人签订合同,据此,王庆同作为原告房屋的财产代管人与二被告签订的《协议书》没有超出原告的委托范围,该《协议书》对原告具有拘束力,原告据此起诉二被告具有法律依据。二被告以此为由主张驳回原告对二被告起诉的辩称理由不能成立,依法驳回。

法院判决: 依照《中华人民共和国物权法》第 156 条、第 158 条,《中华人民共和国合同法》第 51 条、第 56 条、第 58 条、第 61 条、第 397 条,《中华人民共和国民法通则》第 35 条、第 63 条之规定,判决如下:①被告张振宇、陈龙应赔偿原告周方转让通风、采光权的经济损失 16 万元,此款限被告张振宇、陈龙于本判决生效后 10 日内付清;②被告张振宇、陈龙就上述债务承担连带责任;③驳回原告的其他诉讼请求。

评析: 法院认为二被告与原告签订《协议书》,二被告处分的财产在权利上归属于他人,其处分上述财产的行为构成无权处分,据此,原、被告之间签订的《协议书》属效力待定的合同,该合同在被相关权利人追认前应归于无效。二被告在与原告方签订《协议书》之时,明知自己所处分的财产是他人的财产,是自己无法向原告方兑现的财产,仍然在签订合同之时对上述财产作出处分,从而以缔约方式取得原告方住宅的通风、采光权,进而提高了自己承建楼房的利用空间和经济效能。据此,二被告在与原告方签订合同之时具有重大过失,应承担缔约过失责任。其给原告造成的经济损失应予赔偿。法院关于《协议书》效力的认定值得讨论,认定而被告承担"缔约过失责任"也值得讨论。对比最高法院关于买卖合同司法解释,应该认定《协议书》有效。

但,法院最终又根据《协议书》约定的内容,即"原告作为供役地权利人负有永久性让渡其住宅通风、采光权的约定义务,同时享有获得一套"商品房"和一块空地的合同权利,二被告作为地役权人依约永久性享有对原告住宅的通风、采光权,同时负有向原告给付上述财产的合同义务",最终判决二被告连带承担了赔偿责任,可以说与认定《协议书》有效并无区别,法院的最后判决相当于认定协议书有效,认定地役权设定、被告承担违约责任。

二、地役权的种类

地役权在我国自1950年来算新的制度,现实中尚不多见,但用途却极为广泛。可能的情况比如:

采光地役权。比如,国家对住宅的日照采光有设计标准,假定该标准为在冬至日应有两小时的日照,那么不动产建造建筑物只要不违反此标准,即不侵犯相邻不动产的权利,不违反物权法关于相邻关系的规定。如果你希望自己的住宅光照充足,远超过国家规定的住宅采光标准,希望从日出到日落均能享受日照,只能通过与邻近不动产权利人协商,通过支付一定的对价,要求对方建造的建筑物不超过一定的层高或者干脆不建造建筑物,来设定采光地役权。

相似地,可以设定瞭望地役权、噪声地役权、通行地役权等。

如果是经营性用房,也可以由临近不动产权利人通过协商设定"营业地役权",相互约定不从事相近的竞争行业,比如你开饭店、他开旅馆,不要大家都开饭店或都开旅馆。

三、地役权的效力

供役地权利人应当按照合同约定,允许地役权人利用其土地,不得妨害地役权人行使权利(《物权法》第159条)。

地役权人应当按照合同约定的利用目的和方法利用供役地,尽量减少对供役地权利人物权的限制(《物权法》第160条)。

关于地役权的期限,地役权的期限由当事人约定,但不得超过土地承包经营权、建设用地使用权等用益物权的剩余期限(《物权法》第161条)。

四、地役权具有附随性及对供役地权利人的限制

地役权具有附随性或从属性。

土地所有权人享有地役权或者负担地役权的，设立土地承包经营权、宅基地使用权时，该土地承包经营权人、宅基地使用权人继续享有或者负担已设立的地役权（《物权法》第162条）。

土地上已设立土地承包经营权、建设用地使用权、宅基地使用权等权利的，未经用益物权人同意，土地所有权人不得设立地役权（《物权法》第163条）。

地役权不得单独转让。土地承包经营权、建设用地使用权等转让的，地役权一并转让，但合同另有约定的除外（《物权法》第164条）。

地役权不得单独抵押。土地承包经营权、建设用地使用权等抵押的，在实现抵押权时，地役权一并转让（《物权法》第165条）。

需役地以及需役地上的土地承包经营权、建设用地使用权部分转让时，转让部分涉及地役权的，受让人同时享有地役权（《物权法》第166条）。

供役地以及供役地上的土地承包经营权、建设用地使用权部分转让时，转让部分涉及地役权的，地役权对受让人具有约束力（《物权法》第167条）。

五、地役权的设定及取得

1. 地役权通过地役权合同设定。

地役权自地役权合同生效时设立。当事人要求登记的，可以向登记机构申请地役权登记；未经登记，不得对抗善意第三人（《物权法》第158条）。

据此，地役权合同属物权行为（物权合同），因为地役权合同成立、生效，地役权即设立。但是未经登记不得对抗善意第三人。

2. 地役权通过需役地权利的转让或被继承而取得。依据前因《物权法》第166条规定，需役地权利转让，受让人继续享有地役

权。依法理，需役地权利被继承时，继承人也应继续享有地役权。

3. 随用益物权的设定，用益物权人基于所有权人享有地役权而取得相应地役权（见《物权法》第162条）。

 案例

案例一：

许典贵（上诉人，一审被告）与周圣贤 （被上诉人，一审原告）相邻通行纠纷上诉案[1]

案件事实： 审法院审理查明：1996年上诉人许典贵（一审被告）在建房时占用了居委会九组至石乳村的人行道，后为了方便通行，被告在其房后修建了一段约20米长的道路。2003年原告周圣贤从被告许典贵修建的20米道路处开始修建从奉节县兴隆镇三角坝居委会九组至石乳村的道路，2004年此路通车，被告没有提出异议。2009年9月被告以其土地是自己的承包地，自己要建房为由，用石头、木棒将道路堵塞，造成车辆不能通行。2009年11月30日原告向兴隆镇人民政府提出处理，2009年12月29日兴隆镇政府作出处理决定要求被告许典贵保持道路畅通，后被告许典贵没有清除道上的障碍物。

一审法院认为，被告许典贵原建房时占用了居委会九组至石乳村的人行道，后在其房后另修建道路以便通行，原告周圣贤系石乳村村民，必经该道通行，周圣贤等为了方便生产、生活从该处修筑道路，在开始修该道路时被告没有反对，且道路修通后也没有提出异议，现道路已通行数年之久，形成了既定事实，原、被告之间已形成相邻通行关系，相邻各方应该按照有利于生产、方便生活、团

---

[1] 重庆市第二中级人民法院民事判决书"（2010）渝二中法民终字第1163号"，案例来源北大法宝，该案认定了地役权的不存在。

结互助、公平合理的精神处理好相邻关系，被告应保障该道路的畅通，其擅自阻断道路的行为是错误的，故原告要求清除障碍保持道路通行的请求，该院予以支持；被告要求对其占用的土地进行补偿的请求，属另一法律关系，不属本案调整范围，故在本案中不予处理，双方可以协商解决或另行向法院起诉；原告方要求赔偿堵塞公路造成的经济损失，由于没有向该院提供相关证据，该院不予支持；为了维护正常的社会交往关系，保护当事人合法民事权益，根据《民法通则》第83条、第134条第1款第2项，《物权法》第84条、第87条，《最高人民法院关于民事诉讼证据的若干规定》第2条之规定，判决：一、被告许典贵于本判决生效后3日内清除争议道路上（其原建房屋后）的障碍物，保障该道路的正常通行。二、驳回原告的其他诉讼请求。案件受理费80元，减半收取40元，由被告许典贵承担。

被告上诉： 一审法院宣判后，许典贵对该判决不服，提起上诉。

二审判决： 上诉人许典贵原建房时占用了居委会九组至石乳村的人行道，后在其房后另修建道路以便通行，被上诉人周圣贤系石乳村村民，必经该道通行，周圣贤等为了方便生产、生活从该处修筑道路，在开始修该道路时许典贵没有反对，且道路修通后也没有提出异议，现道路已通行数年之久，形成了既定事实，上诉人与被上诉人之间已形成相邻通行关系，而非上诉人许典贵主张系地役权纠纷，根据《中华人民共和国物权法》第158条"地役权自地役权合同生效时设立。当事人要求登记的，可以向登记机构申请地役权登记；未经登记，不得对抗善意第三人"之规定，地役权应由双方当事人通过签订书面合同的形式约定才能设立，而本案中双方当事人之间并不存在有关地役权的合同，故上诉人许典贵主张系地役权纠纷的理由不能成立。该道路修建以后，从另一方面来讲，客观上也给上诉人许典贵以及其他村民至石乳村的通行带来方便和便利，也是有利于当地的生产建设和经济发展的。因此，相邻各方应该按照有利于生产、方便生活、团结互助、公平合理的精神处理好相邻关系，以维护社会的和谐稳定。上诉人应保障该道路的畅通，其擅自阻断道路的行为是错误的，故被上诉人周圣贤由于通行该道路受阻，与本案具有直接的利害关系，当然可以自己的名义单独向法院提起诉讼，其要求清除障碍保持道路通行的请求，符合法律的规定。至于上诉人要求对其占用的土地进行补偿的请求，属另一法律关系，不属本案调整范围，双方可以协商解决或另行向法院起诉。

二审法院认为一审认定事实清楚，判处恰当，应予以维持。最终二审法院判决驳回上诉，维持原判。

案例二：

孙丹（上诉人，原审被告）与向冬英（被上诉人，原审原告）等地役权纠纷上诉案[1]

案件事实： 原判认定，2011年吉首市太丰房地产开发有限公司在与四原告相邻的土地上进行商品房开发。吉首市太丰房地产开发有限公司在修建楼房的过程中与四原告因通风、采光、日照发生相邻纠纷之后，原告将吉首市太丰房地产开发有限公司诉至该院，在该院的主持调解下，双方达成了《调解协议》。该《调解协议》第1条和第2条约定：①吉首市太丰房地产开发有限公司不得在与傅发文、付发忠、向东英、田满玉等房屋相邻处墙身开启窗户，现已开启的与傅发文、付发忠、向东英、田满玉房屋相邻处墙身的所有窗户应自本协议签字之日起至吉首市太丰房地产开发有限公司所承建的房屋拆架之前自行封闭完毕；②吉首市太丰房地产开发有限公司不得以任何理由干涉四原告在现在宅基地上进行房屋的设计、

---

[1] 湖南省湘西土家族苗族自治州中级人民法院民事裁判书"（2012）州民一终字第265号"，案例来源北大法宝，着重号为本书作者所加。

修建,并保证其出售的商品房购房户不得以任何理由干涉四原告在现有宅基地上进行房屋的设计、修建,该项协议对购房户同样生效。此后,吉首市太丰房地产开发有限公司履行了该协议,并封闭了与四原告相邻的所有窗户。

2012年3月8日,原告向冬英、田满玉、付发忠、傅发文发现被告孙丹向吉首市太丰房地产开发有限公司购买的一套7楼住房墙身与其相邻房屋的一侧开启了一扇窗户和一个抽油烟机的排气孔洞,四原告认为被告违反其与吉首市太丰房地产开发有限公司签订的《调解协议》,为此,原告向冬英、田满玉、付发忠、傅发文要求被告孙丹封闭与其相邻一侧开启的窗户和一个抽油烟机的排气孔洞,并要求被告承担诉讼费而诉至该院。

原判认为,《中华人民共和国物权法》第7条规定:"物权的取得和行使,应遵守法律、尊重社会公德,不得损害公共利益和他人合法权益。"四原告与吉首市太丰房地产开发有限公司签订的《调解协议》是自愿、合法的基础上签订的协议,该协议系双方真实意思的表示,应视为合法、真实、有效的合同,依法成立的合同应受法律的保护。根据《调解协议》内容的约定,吉首市太丰房地产有限公司应封闭所承建的和平商业广场商住房与四原告相邻处墙身的窗户,且该项《调解协议》对新购房户同样生效。故该《调解协议》对新购房户应具有法律约束力,被告孙丹购买吉首市太丰房地产开发有限公司的一套房屋后未经四原告的许可,擅自开启与四原告相邻处墙身的一扇窗户和一个排气孔洞,其行为违背了四原告与吉首市太丰房地产开发有限公司的协议约定,未正确处理好相邻关系,损害了四原告的合法权益,被告孙丹在与四原告墙身相邻处开启的一扇窗户和一个排气孔洞应予封闭。四原告诉讼请求合理、合法,原判予以支持,依照《中华人民共和国物权法》第7条、第84条,《中华人民共和国民法通则》第83条、第134条第1款第2项的规定,判决如下:被告孙丹于本判决生效后十日内封闭在古丈县古阳镇和平商业广场七楼住房与原告向冬英、田满玉、付发忠、傅发文相邻墙身处的一扇窗户和一个排气孔洞。

被告上诉： 宣判后，被告孙丹不服，上诉称：①一审认定事实不清，定性错误。上诉人购买的房屋位于楼层的七楼，被上诉人的住房是平房，与上诉人的窗户距二十多米远，并且地面还有开发商的空平地居间，上诉人的窗户与被上诉人的房屋不在一条水平线上，不存在通风、日照的影响，没有任何妨碍。从法律角度而言，首先该房子的窗户是归上诉人所有，不属于被上诉人的产权，其次，上诉人的窗户没有对四被上诉人的房屋形成危害，无需诉讼排除。②一审法院采信证据错误。一审法院援引开发商与四被上诉人的协议，作为判决的依据，有失公正。其一，该协议书只能约束协议的双方当事人，不能约束其他人，其二，该协议部分条款违反了法律的强制性规定，损害了公众及他人的合法权益，属于无效条款，其三，该协议的第一款并没有明确约定，商品房的购买者必须遵守该条款，只是协议第二条才明确约定约束购房户，其四，上诉人与开发商的购房协议，没有特别约定该房屋不得开启窗户的条款，其五，上诉人行使权利并没有给被上诉人造成侵权和妨碍，客观现场是最好的证据。③一审法院判决存在严重隐患，责任谁来承担。一审判决不仅违反法律规定，而且违反公序良俗。不仅给上诉人的生活带来不便，而且让上诉人的人身随时存在危险和侵害。如果发生危害，是开发商赔偿还是被上诉人赔偿，还是法院赔偿。④一审法院适用法律错误，一审法院适用《民法通则》第134条排除妨碍，明显错误，《物权法》第35条规定妨害物权或者可能妨害物权的，权利人可以请求排除妨害或者消除危险。一审法院适用的《民法通则》第134条规定属于物权所有人享有的权利，只有符合《物权法》第35条规定的物权权利人，才能获得法律的支持。四被上诉人不享有该项请求权。再说本案四被上诉人的房屋明显低于上诉人的窗户，对四被上诉人的房屋没有任何妨害，无需排除。同时，《民法通则》第83条明确规定，给相邻方造成妨碍或损失的，应当停止侵害，排除妨碍，而本案没有证据证明上诉人的行为给四被上诉人造成了侵害。故一审判决缺乏法律依据。综上所述，一审认定事实不清，证据不足，判决错误，请求二审判决驳回四被上诉人的起诉。

原告作为被上诉人的答辩： 四被上诉人答辩称：①一审判决认定事实清楚。四被上诉人与吉首市太丰房地产开发有限公司，在古丈县法院主持下达成协议，明确约定吉首市太丰房地产开发有限公司不得在与被上诉人房屋相邻的墙身开启窗户，已开启的窗户应在房屋拆架之前自行封闭。之后吉首市太丰房地产开发有限公司履行了协议，封闭了窗户。后上诉人孙丹买房后，违反协议约定，擅自将封闭了的窗户开启。②一审判决采信证据正确，上诉人孙丹在一审质证时对四被上诉人与吉首市太丰房地产开发有限公司签订的协议无异议，该协议是双方房屋物权人达成的初始协议，合法、有效，后上诉人孙丹基于买卖关系取得房屋物权，从属于房屋物权的相邻关系协议自然随之转移至新物权人即上诉人孙丹。在这里上诉人孙丹不是该协议的第三人，而是该协议的相对人，所以，上诉人孙丹直接受该协议约束。③一审判决适用法律正确，一审依据我国物权法和民法通则关于相邻关系方面的规范调整本案，没有任何不当，非常正确。④上诉人孙丹认为一审的判决导致其居住的隐患，因其买的是现房，对房屋没有窗户是明知的。上诉人开窗户侵害了四被上诉人的权益，一审判决认定事实清楚，适用法律正确，请二审依法维持一审判决，驳回上诉人的诉讼请求。

二审判决： 二审法院确认了一审法院查明的事实。二审法院认为，本案的争议焦点主要有以下几个方面：

1. 2011年吉首市太丰房地产开发有限公司在与四被上诉人的房屋相邻的土地上进行商品房开发，由于吉首市太丰房地产开发有限公司在修建楼房的过程中给四被上诉人的生活造成不便，在双方自愿的前提下，经一审法院主持调解，双方达成了《调解协议》。由于该份协议是太丰房地产有限公司和傅发文等四被上诉人协商的，双方都有完全的民事行为能力，能够认识自己的行为并知晓其行为所引发的法律后果，是适格的主体。同时该协议是在自愿协商的基础上达成的，且不存在违反法律法规规定的情形，也没有违反社会的公序良俗，属于双方真实的意思表示，属于合法有效的协议，对约定双方产生当然的约束力；故应当认可该协议的法律效力，原审法院对该事实的认定并无不妥。

2. 该协议明确约定吉首市太丰房地产开发有限公司不得在与傅发文、付发忠、向东英、田满玉等房屋相邻处的墙身开启窗户，当时吉首市太丰房地产开发公司已开启的与傅发文、付发忠、向东英、田满玉房屋相邻处墙身的所有窗户应当自本协议签字之日起至吉首市太丰房地产开发有限公司所承建的房屋拆架之前自行封闭完毕。该款项表明太丰房地产有限公司无偿、无期限的放弃在与四被上诉人房屋相邻的其公司所承建的和平商业广场商业住房的相邻墙身开启窗户的权利，并表明将已经开启的窗户按时限予以封闭；该项条款是协议当事人一方对其合法权益的处分，对已经开启的窗户进行封闭以及放弃对该相邻墙身开启窗户的权利是太丰房地产开发有限公司通过与四被上诉人协商一致达成的协议，自愿对其合法权利的放弃，并且该权利的放弃并未造成他人合法权益的损害，也并无其他不妥和违反法律法规之处，故应当确认该条款对吉首市太丰房地产开发有限公司的法律效力。

3. 吉首市太丰房地产有限公司与四被上诉人之间的协议条款约束了该公司承建的不动产的利益，提升了四被上诉人的不动产利益，即四被上诉人在其不动产所在地居住的利益得到保障，实质上构成对地役权的约定。根据《中华人民共和国物权法》的规定地役权是通过对他人的不动产的利用以提升自身不动产的利益，在本案中，吉首市太丰房地产开发有限公司放弃对该相邻墙面开启窗户的权益属于对其不动产利益的约束，四被上诉人通过该协议利用吉首市太丰房地产开发有限公司的物权处分行为，保障和提升了其不动产的利益，包括眺望、采光、通风等权益。原审法院认为上诉人与四被上诉人之间的权益纠纷属于相邻采光、日照纠纷，旨在将该纠纷定性为相邻权纠纷，然相邻权属于法定权利，不需约定即已形成，但是太丰房地产开发有限公司与四被上诉人之间的该份协议表明其对权益的处分是由约定形成的，应当属于地役权的范畴；且该协议在实质上已经满足了地役权合同需要书面合同的形式要件。故对本案的纠纷应当认定为地役权纠纷，而不是相邻采光、日照权益纠纷。

4. 根据《中华人民共和国物权法》中对地役权的相关规定，地役权属于从属性权利，是以不动产的存在为前提设立的，与不动产之间具有不可分割性，因此不能超越不动产本身进行设立或处分。在本案中，吉首市太丰房地产开发有限公司和四被上诉人之间的对地役权的约定，在调解协议成立时地役权随之形成。地役权登记与否并不能影响地役权的成立，故地役权形成即对吉首市太丰房地产开发有限公司和四被上诉人产生地役权的法律效力。本案的上诉人以低于市场价的价格购买了太丰房地产开发有限公司开发的并且已经设置地役权的房屋，应当认识到该房屋可能存在的瑕疵；同时上诉人是吉首市太丰房地产开发有限公司的员工，其主张对该公司与四被上诉人之间的调解协议及约定事项并不知情，但并未提供充分的证据予以证明，应承担举证不利的后果。故本案中上诉人不能作为善意第三人，应当受到太丰房地产开发有限公司与四被上诉人之间对地役权的约定的限制。

最终，二审法院认定，上诉人和四被上诉人之间属于地役权纠纷。原审法院认定事实清楚，审判程序合法，但适用法律不当。依据《物权法》156 条、159 条、161 条、第 164 条，《民事诉讼法》第 170 条第 1 款第 1、2 项的规定，驳回上诉，维持原判。

评析：二审法院关于地役权纠纷的认定，更加清晰了法律关系。值得注意的是二审法院关于善意第三人的认定，二审法院基于被告（上诉人）本身是出售房产的房产公司（同时也是地役权合同当事人）的员工以及以低于市场价格购买房屋，推定其对未登记之地役权合同的知情，从而认为其应当对其善意第三人的地位承担举证责任，法院对善意标准的把握值得注意。

六、需役地及供役地的权利人及地役权合同

1. 依据《物权法》，需役地的权利人（即地役权人）可能为土地所有权人、土地承包经营权人、建设用地使用权人或宅基地使用权人，不动产承租人是否可以享有地役权，值得讨论[1]。就地役权的设定，所有权人当然可以设定地役权，但如果不动产上存在用益物权人，则所有权人再设定地役权就会受到限制，需征得已存在的用益物权人的同意，其他情况法律并未明确规定，尽管土地承包经营权、建设用地使用权及宅基地使用权为用益物权，不如使用权的权能完全，但在其权利内容范围内，应可以为他人设定地役权，上述判例也说明了这一点。

至于土地的承租人（包括从所有权人、土地承包经营权人、宅基地使用权人、建设用地使用权人处取得租赁权的情形）能否为他人设定地役权，也值得讨论，因为承租人的租赁权受到租赁合同及合同法的较大限制，必须按照租赁合同使用租赁物，一般承租人应无权设定地役权，但在租赁合同规定的范围内允许他人适当使用其租赁土地，应受合同法规则的约束。

2. 地役权合同。尽管地役权合同为物权合同，但遵循合同法关于合同成立及生效的一般原理，并应适用合同法关于违约责任的

---

[1] 如果承租人租赁了享有地役权的不动产，自应享有相应地役权，应该没有疑问。值得讨论的是承租人能否单独与其他不动产权利人签订地役权合同从而享有地役权，法律没有禁止，依法理，承租人应可单独与他人签订地役权合同而享有地役权。

规则。

依据《物权法》第157条，设立地役权，当事人应当采取书面形式订立地役权合同。地役权合同一般包括下列条款：①当事人的姓名或者名称和住所；②供役地和需役地的位置；③利用目的和方法；④利用期限；⑤费用及其支付方式；⑥解决争议的方法。

七、地役权的消灭

1. 因土地灭失而消灭。土地灭失，所有权消灭，地役权当然消灭。

2. 因地役权合同到期而消灭。

3. 因土地被征收而消灭。如果地役权所在土地的土地承包经营权、建设用地使用权、宅基地使用权或集体土地所有权被征收，相应地役权消灭。但地役权人是否可以依地役权合同要求供役地权利人承担合同责任、征收是否构成所谓的"不可抗力"，均值得讨论。

4. 因地役权合同被解除而消灭。《物权法》第168条规定：地役权人有下列情形之一的，供役地权利人有权解除地役权合同，地役权消灭：①违反法律规定或者合同约定，滥用地役权；②有偿利用供役地，约定的付款期间届满后在合理期限内经两次催告未支付费用。

依法理，地役权合同应准用合同法有关合同解除的规则。

? 本章思考题

1. 什么是地役权？地役权制度与相邻关系有何区别？
2. 谁可以设定地役权？
3. 地役权有何特征？
4. 地役权如何设定及取得？
5. 地役权如何消灭？

本章推荐阅读文献

1. 史尚宽：《物权法论》，中国政法大学出版社2000年版，相关章节；

2. 周枏：《罗马法原论》（上、下册），商务印书馆1994年版，物权相关章节；

3. 郑玉波：《民法物权》，三民书局1984年版，相关章节；

4. 郭明瑞：《担保法》，法律出版社2004年版，相关章节；

5. 程啸：《物权法·担保物权》，中国法制出版社2005年版，相关章节。

6. 刘家安：《物权法论》，中国政法大学出版社2015年版，相关章节。

第十一章

担保物权总论

第一节 担保物权的概念及制度意义

一、担保物权的概念

我国《物权法》第170条规定,"担保物权人在债务人不履行到期债务或者发生当事人约定的实现担保物权的情形,依法享有就担保财产优先受偿的权利,但法律另有规定的除外。"

学界对担保物权概念的定义大同小异,均从不同角度揭示了担保物权的本质。如:史尚宽先生认为,担保物权是以确保债务清偿为目的,而在债务人或第三人特定的物或权利上设定的一种物权[1];郑玉波先生认为,"担保物权者,以确保债务之清偿为目的,而于债务人或第三人之特定物或权利之上所设定之一种定限物权也"[2];王利明认为,"所谓担保物权,是指为了担保债权的实现,由债务人或第三人提供特定的物或权利作为标的物而设定的限定物权。担保物权也就是为了确保债务的履行而对他人提供担保的

---

〔1〕 史尚宽:《物权法论》,中国政法大学出版社2000年版,第250页。
〔2〕 郑玉波:《民法物权》,三民书局1984年版,第195页。

物或权利的价值所享有的权利"[1]。

需说明的是,担保物权这一语词,系从该类物权的设立目的着手,对该类物权进行的定义。他物权依设立目的或功用不同,可划分为用益物权与担保物权,已如前述。将担保物权与用益物权予以区别,可以明确不同的他物权,设立目的不同,从而权利的内容和效力也不同。

二、担保物权制度的意义

担保物权,意在以债务人和第三人提供的特定的物或权利之价值,担保债务的履行、从而实现债权,当债务人不履行债务时,担保物权人能够以担保物(或用以担保的权利)折价,或拍卖、变卖,并从所得价款中优先受偿。

债务人的财产是其债务的一般担保,同时,民法之债法制度中有债的保全制度,即代位权及撤销权制度,可以防止债务人一般财产的减少。

但是,债务人财产对其债务的一般担保,由于各债权的平等性(债权人平等)而没有优先性,不论债权的成立时间先后、债权的种类如何,均平等受偿。再加上债权没有排他性,某一债权成立时债务人的一般财产虽然可以充分担保,但随后,债权却是可以无限成立的,则债权人不免会担心其债权的实现。因此,债权人在成立特定的债权时,为确保其债权的实现、保护其经济利益,在一般担保之外,会要求有特别的担保制度。

"有需求,就会有供应。"民法提供了这种制度需求——特别担保制度,包括人的担保与物的担保。人的担保,系以债务人以外的第三人所有一般财产向债权人提供担保,即保证;物的担保,则以债务人或第三人的特定的财产向债权人提供担保,遂有担保物权制度。

---

[1] 王利明:《物权法论》,中国政法大学出版社2003年版,第539页。

另有学者指出了担保物权制度的经济意义，认为其具有降低交易费用、保障交易安全、减少交易中的信息不对称等经济意义[1]。

第二节 担保物权的特征

鉴于担保物权的主要功能及目的是为了担保主债权的实现，担保物权具有特有的特征。

一、从属性

如上所述，担保物权设立的目的在于担保债务的履行从而实现债权，确保债务的清偿。也就是说，担保物权是为债权的实现而设的，因此，担保物权将从属于主债权的存在而存在——债权存在，担保物权存在；主债权不存在，则担保物权也将不存在。而且，这一从属性还表现在其转移上，债权转移，担保物权也随之转移。

担保物权的从属性，也被称为附属性或依附性。担保物权因种类的不同，其从属性也有强弱的区别。一般地，法定担保物权的从属性更强，因为其是法律专为特定债权的实现而特别设置的。而约定的担保物权基于融资安全及便利而产生，其附属性则较为缓和。

需说明的是，担保物权的从属性并不排除在担保物权成立时债权尚未成立的情形，因为债权人会要求担保物权为将来的债权进行担保，此时，债权尚未存在，而担保物权已经先成立。

二、不可分性

担保物权之不可分性，是指债权人在全部债权被清偿以前，可以就担保物的全部行使其权利。如果担保物部分灭失，其剩余部分仍担保债权之全部，担保物因共有分割分别属于数人时，分割的部分依然各担保债权的全部。如果债权的一部分因为清偿、混同、抵

---

[1] 周林彬:《物权法新论———一种法律经济分析的观点》，北京大学出版社2002年版，第649页以下。

销等原因消灭时，债权人仍然可以就担保物的全部行使担保物权。

三、担保物权是优先受偿权

根据上述《物权法》的规定，担保物权人在债务人不履行到期债务或者发生当事人约定的实现担保物权的情形，依法享有就担保财产优先受偿的权利，但法律另有规定的除外。因此，当债务人不履行债务时，债权人有权要求拍卖、变卖或以担保物折价，并从所得价款中优先受偿。

四、物上代位性

担保物权的物上代位性，是指担保物因灭失、毁损而获得金钱或其他物的赔偿或补偿时，该等补偿或赔偿的金钱或其他物应作为担保物的替代物，担保物权依然存在于其上，债权人有权就该替代物行使担保物权。担保物权的物上代位性是为了进一步加强担保权人对物之交换价值的控制，不应该价值的载体的改变而丧失。

我国《物权法》第174条规定："担保期间，担保财产毁损、灭失或者被征收等，担保物权人可以就获得的保险金、赔偿金或者补偿金等优先受偿。被担保债权的履行期未届满的，也可以提存该保险金、赔偿金或者补偿金等。"

五、物权性

担保物权作为他物权，具有物权的特征。

1. 支配性。担保物权不同于所有权，其重点在于担保物的处分及收益。

2. 排他性。包括：①标的物的特定性。一般担保物权，其成立时担保物原则上需特定。②优先性。即担保物权同其他的物权一样，优先于债权，指担保物权人在债务人受强制执行或破产开始时，可以优先于其他债权人，就担保物实现其有担保的债权。③位次性。即同一标的物并存数个担保物权（可能是不同种类的担保物权,也可能是同种类的担保物权)时,存在先后顺序[1]。④追及性。担保物权原则上有追及性,可以追及担保物之所在而行使权利。但留置权为例外——留置权以占有为成立及存续要件,占有丧失则权利消灭[2]。

3. 基于担保物权的相应的请求权。①因第三人故意或过失不法侵害担保物权时,担保人基于所有权产生的损害赔偿请求权,担保物权人对该损害赔偿请求权有物上代位权。②物上请求权。在留置权及质权的情形,担保物权人占有标的物,如被第三人侵夺,担保物权人有占有物返还请求权及损害赔偿请求权。

第三节 担保物权的分类

担保物权,根据不同的标准可以有各种不同的分类。

一、意定担保物权与法定担保物权

依据发生原因,可以将担保物权分为意定担保物权(又称约定担保物权)和法定担保物权。

法定担保物权,即在一定条件下,依据法律的直接规定当然发生的担保物权。法定担保物权的发生,只要具备一定的条件,在法律上就当然发生,而不问当事人最初的意思如何。留置权及(海商法上的)船舶优先权,就属于法定担保物权。留置权与优先权虽均为法定担保物权,但其性质却有不同。优先权,是对于法定的情事而产生的债权,在债务人的一般或特定的财产上产生法定的排他的优先受偿权,而规定何种情事产生的债权具有这种性质,是出于

---

[1] 史尚宽:《物权法论》,中国政法大学出版社2000年版,第259页。另我国《物权法》第239条规定:"同一动产上已设立抵押权或者质权,该动产又被留置的,留置权人优先受偿。"

[2] 我国《物权法》第240条规定:"留置权人对留置财产丧失占有或者留置权人接受债务人另行提供担保的,留置权消灭。"

社会政策的考虑,或者说,何种债权应该受到这种特殊的保护,则完全以国家采取之政策为何而为转移。例如,法律之所以规定在保管合同及加工承揽合同中债权人享有留置权,是因为,一方面,债权人已经占有了标的物,在这种现实的基础上,即便法律规定债权人享有留置权,实践中也会出现债权人通过留置债务人的物品而迫使其履行债务的现象,与其任由这种现象泛滥,不如法律加以承认而加以规范;另一方面,保管合同或加工承揽合同或运输合同中,债权人通常通过自己的行为(如提供的劳务、技术甚至材料)使得标的物保值增值,为了维护公平并鼓励财富的创造,应当对这种债权给予更多的保护。

意定担保物权,是通过当事人的意思而设定的担保物权。我国物权法规定的抵押权及质权属于意定担保物权。意定担保物权既然是出于当事人自己的意思,当事人设定这种物权的考虑因素可能是多种多样的,因此意定担保物权的设定是自由的,通过当事人的意思自治设定担保物权,可以更加灵活机动的适应社会经济的发展,从而具有较强的融资功能和担保功能。

二、普通法上担保物权与特别法上担保物权

普通法上的担保物权,即我国《物权法》规定的担保物权。

特别法上的担保物权,比如我国《海商法》对优先权、船舶留置权、抵押权的特别规定[1],我国《民用航空器法》有关航空器

---

[1] 我国《海商法》第11条规定:"船舶抵押权,是指抵押人对于抵押权人提供的作为债务担保的船舶,在抵押人不履行债务时,可以依法拍卖,从卖得的价款中优先受偿的权利。"第21条规定了船舶优先权:"船舶优先权,是指海事请求人依照本法第22条的规定,向船舶所有人、光船承租人、船舶经营人提出海事请求,对产生该海事请求的船舶具有优先受偿的权利。"第25条规定了船舶抵押权、留置权及优先权的受偿顺序,及留置权:"船舶优先权先于船舶留置权受偿,船舶抵押权后于船舶留置权受偿。前款所称船舶留置权,是指造船人、修船人在合同另一方未履行合同时,可以留置所占有的船舶,以保证造船费用或者修船费用得以偿还的权利。船舶留置权在造船人、修船人不再占有所造或者所修的船舶时消灭。"

的抵押权及优先权等的规定[1]，又如我国《合同法》关于承包人因工程款对工程的优先受偿权等[2]。

三、留置性担保物权与优先受偿性担保物权

担保物权的效力主要有两项：一是留置效力，二是优先受偿效力。担保物权的留置效力，是债权人占有债务人主观价值较高的特定财产，间接予债务人以心理压力，而促使债务人清偿其债务；担保物权的优先受偿效力，是将担保标的物的使用价值仍归债务人保留，而债权人仅掌握其交换价值，在债务人不履行债务时，即就该担保物之交换价值优先受偿。

因此，依据担保物权效力的不同，有偏重其留置效力的担保物权，如留置权，称为留置性担保物权；也有偏重优先受偿效力的担保物权，称为优先受偿性担保物权，抵押权为其典型。而质权则兼具留置性与优先受偿性。由于留置性担保物权的行使，会使标的物

---

[1] 我国《民用航空器法》（1995）第 16 条规定："设定民用航空器抵押权，由抵押权人和抵押人共同向国务院民用航空主管部门办理抵押权登记；未经登记的，不得对抗第三人。"第 18 条规定："民用航空器优先权，是指债权人依照本法第 19 条规定，向民用航空器所有人、承租人提出赔偿请求，对产生该赔偿请求的民用航空器具有优先受偿的权利。"

[2] 我国《合同法》第 286 条规定："发包人未按照约定支付价款的，承包人可以催告发包人在合理期限内支付价款。发包人逾期不支付的，除按照建设工程的性质不宜折价、拍卖的以外，承包人可以与发包人协议将该工程折价，也可以申请人民法院将该工程依法拍卖。建设工程的价款就该工程折价或者拍卖的价款优先受偿。"有人认为《合同法》的该规定是有关法定抵押权（相对于一般的抵押权作为意定担保物权而言）。其类似于不动产留置权，因为建设工程合同实质上是承揽合同的一种，承包方类似于承揽人的地位而发包方类似于定作人。不过，台湾地区现行"民法"是将其作为法定抵押权规定的——台湾地区现行"民法"513 条规定了承揽人之法定抵押权："承揽之工作为建筑物或其他土地上之工作物，或为此等工作物之重大修缮者，承揽人得就承揽关系报酬额，对于其工作所附之定作人之不动产，请求定作人为抵押权之登记；或对于将来完成之定作人之不动产，请求预为抵押权之登记。前项请求，承揽人于开始工作前亦得为之。前 2 项之抵押权登记，如承揽契约已经公证者，承揽人得单独申请之。第 1 项及第 2 项就修缮报酬所登记之抵押权，于工作物因修缮所增加之价值限度内，优先于成立在先之抵押权。"

的利用价值陷于"冬眠"状态,于社会经济不利,因此不如优先受偿性担保物权的社会功用大及使用范围广。

需说明的是担保物权与诉讼时效的关系。我国原《物权法草案》第199条规定,"债务人未履行到期债务的,担保物权人可以依照本法和其他法律的规定实现担保物权。担保物权人在主债权诉讼时效期间届满未行使担保物权的,担保物权消灭,但担保物权人占有担保财产的,担保人可以要求担保物权人行使担保物权,担保物权人不行使的,担保人可以请求人民法院拍卖、变卖担保财产并返还超过债权数额的部分。"草案的这一规定存在一定的问题。根据该规定,如果抵押权人在主债权诉讼时效期间届满而未行使抵押权,由于抵押权属于不转移占有的优先受偿性担保物权,抵押权将消灭;但对于留置性担保物权,如留置权,由于留置权人占有留置物,却并不消灭,如留置权人不行使留置权,担保人可以请求法院拍卖、变卖担保物,对于质权亦同(因为质权人同样占有质物)。

正式颁布的、于2007年10月1日生效的我国《物权法》删除了草案的该规定,相应地:有关抵押权,《物权法》第202条规定,"抵押权人应当在主债权诉讼时效期间行使抵押权;未行使的,人民法院不予保护"。有关质权,《物权法》第220条规定:"出质人可以请求质权人在债务履行期届满后及时行使质权;质权人不行使的,出质人可以请求人民法院拍卖、变卖质押财产。出质人请求质权人及时行使质权,因质权人怠于行使权利造成损害的,由质权人承担赔偿责任。"有关留置权,《物权法》第237条规定:"债务人可以请求留置权人在债务履行期届满后行使留置权;留置权人不行使的,债务人可以请求人民法院拍卖、变卖留置财产。"亦即,物权法并未对质权及留置权的诉讼时效作出规定。

第四节 反担保

一、反担保之概念及方式

我国《物权法》第 171 条第 2 款规定,"第三人为债务人向债权人提供担保的,可以要求债务人提供反担保。反担保适用本法和其他法律的规定。"

所谓反担保,是指由于担保人为主债务人向债权人提供了担保,担保人可能会要求主债务人再为担保人提供担保,以保障答担保人的追偿权的实现。第三人或债务人为担保人提供的保障担保人追偿权的实现的担保,即为反担保。

反担保又称求偿担保,是为了保障债务人之外的担保人将来承担担保责任后对主债务人的追偿权的实现,而设定的担保。反担保的方式一般应为保证、抵押或质押,留置与定金一般不适用作为反担保的方式[1]。

二、反担保与(本)担保的关系

本担保的存在,是反担保的前提。反担保是相对前一担保而言的。但同一债的关系中,如果双方互负债务,一方要求对方提供担保,对方同样要求己方提供担保,则不构成反担保,这是两个本担保。

反担保具有以下特征:①在反担保关系中,债权人是为主债务人提供担保的第三人。②反担保是以本担保的存在为前提的。③反担保以(本)担保人在(本)担保关系中为主债务人向主债权人承担了担保责任为生效条件。见图 11-1。

---

[1] 另参见郭明瑞:《担保法》,法律出版社 2004 年版,第 21~22 页;周林彬:《物权法新论——一种法律经济分析的观点》,北京大学出版社 2002 年版,第 721 页。

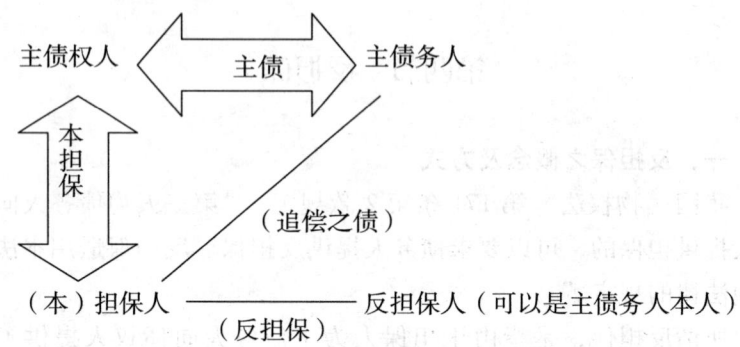

图 11-1 本担保与反担保关系图

三、反担保制度的意义

反担保制度，实际上是担保人转移或避免因担保所发生的损失的风险，而采取的措施。担保人作为第三人担保主债务人履行债务，在主债务人不履行债务时，担保人应依约定或法律规定承担担保责任，替债务人向债权人在担保责任的范围内清偿债务。担保人在向债权人清偿后即取得代位求偿权，得以取代债权人的地位向债务人追偿。担保人的追偿权能否实现，取决于债务人的资信情况，而此时，答辩人的追偿权与债务人的其他一般债权人的债权处于平等的法律地位。如果担保人为债务人承担了担保责任向债务人追偿时，债务人已无财产可供清偿，担保人的追偿权就无法实现，担保人就会受到损失。这是担保人可以预见的担保风险。

担保人为避免担保风险，就需要采取一定的担保措施保障其追偿权的实现，要求债务人提供反担保，即是选择之一。

从本质上说，反担保与担保并无实质差异，仅是称谓不同，起到一种界别作用。

反担保物权的设定、效力及实现，与本担保物权并无不同。

反担保制度具有其独特的经济功能及存在的必要性。反担保物权也具有节省交易费用、促进交易的经济功能。在现实生活中，会因某种原因或特殊的考虑，使得某一担保的直接设定会遇到一些困难或障碍，比如主债权人对主债务人（或主债务人拟提供的其他担保人）的资信情况等信息不了解，但对某一担保人较有信心，而该担保人对主债务人的某一资产或主债务人提供的其他担保人的资信信息较为了解，因此担保人同意为债务人向主债权人提供担保，同时接受主债务人提供的特定资产的担保或主债务人提供的其他担保人提供的担保（即反担保）。这样，担保人的担保可以消除主债权人的顾虑，而反担保人的担保又可以消除担保人的顾虑，从而债务人与债权人可以顺利交易，达到多赢及社会效率增加，促进经济运转。反担保物权促成交易形成的经济功能，体现在直接促成本担保交易形成和间接促成债权人与债务人交易达成；反担保物权节约交易费用的经济功能，则体现在消除了本担保及债权人与债务人之间的交易障碍，节省了无担保物权情况下可能支出的交易费用（比如债权人与债务人及担保人之间的反复磋商、谈判的费用，额外的调查费用等）[1]。

第五节　流质契约的禁止规则及演进

一、制度含义

所谓流质契约，又称绝押契约，通常指约定质权人或抵押权人可以代替清偿，取得物之所有权或不依法律所定方法处分质物。即双方当事人在设立抵押或质押时，在抵押或质权合同（《担保法》的表述为质押合同，而《物权法》的表述为质权合同）中规定，债务履行期限届满，如果担保物权人尚未受清偿时，担保物的所有权转移为担保物权人所有。流质契约或绝押契约为罗马法以来多数

---

[1] 参见周林彬：《物权法新论——一种法律经济分析的观点》，北京大学出版社2002年版，第722页。

立法例所禁止[1]。

首先,现实中,流质契约或绝押契约主要是在意定担保物权方式中采用,当事人通常通过订立抵押或质权合同中约定流质或绝押条款。其次,流质或绝押一般应是事先约定的,在抵押或质权合同中约定,或另外约定,但在担保物权实现时,当事人约定担保物折价协议则不属于流质契约。最后,流质契约通常规定担保物的所有权完全归债权人所有。担保物折价协议与流质契约不同,担保物折价是担保物权实现的方式之一,其并不排除实现担保物权时对债权债务及担保物的价值的清算程序,而流质契约是事先约定债不清偿时担保物直接归债权人所有。

我国《物权法》禁止流质或绝押。如《物权法》第186条规定:"抵押权人在债务履行期届满前,不得与抵押人约定债务人不履行到期债务时抵押财产归债权人所有。"第211条规定:"质权人在债务履行期届满前,不得与出质人约定债务人不履行到期债务时质押财产归债权人所有。"此前我国《担保法》也有相似规定(《担保法》第40条及第66条)。

二、制度意义

罗马法以来多数立法例之所以禁止流质或绝押,其立法理由在于防止债务人因一时的急迫,以高价之物而为较小额的债权提供担保,于清偿不能时,不得不忍受所有权丧失,其用意与利息之限制相同。

一般认为,流质及绝押的禁止,立法目的在于:①保护债务人。因为债务人在借债多、处于急迫窘困,债权人有可能利用债务人的这种不利处境迫使债务人订立流质或绝押契约,以价值较高的担保实现价值较低的债权,即约定在实现担保物权时,不再对债权和担保物价值进行清算程序,使债权人直接获得担保物所有权,这

---

[1] 史尚宽:《物权法论》,中国政法大学出版社2000年版,第305页。

实际上是一种暴利行为，损害债务人利益。流质契约的禁止，体现了民法的公平原则。②可以理解的是，也有利于保护债务人其他的债权人。因为，如果担保物价值较高，经过清算担保债权及担保物价值，清偿剩余的部分还可以作为其他债权的一般担保[1]。

有趣的是关于流质契约的效力。由于法律对流质契约的禁止，担保合同中的流质或绝押条款当然无效，一般认为该流质条款无效并不导致整个担保合同无效。史尚宽先生进一步认为，即使抵押物价格与债权额相当，绝押条款仍为无效；如果当事人以流质条款作为担保合同的有效或生效条件，则会影响到整个担保合同无效[2]。

三、我国台湾地区对流质及绝押禁止规定的修正

传统民法禁止绝押或流质有其考虑，但营业质的典当行业，流质或绝押约定却为惯例，物权法的强硬禁止规定可能需要考虑现实中典当业生存，而且确实有违意思自治原则，有对担保人过度保护之嫌，因此，我国台湾地区现行"民法"在2007年修正物权编时删去了原有的第873条中"约定于债权已届清偿期而未为清偿时，抵押物之所有权移属于抵押权人者，其约定为无效"关于禁止绝押的规定，其现行"民法"第873条规定："抵押权人，于债权已届清偿期，而未受清偿者，得声请法院，拍卖抵押物，就其卖得价金而受清偿。"

其第873条之一追加规定："约定于债权已届清偿期而未为清偿时，抵押物之所有权移属于抵押权人者，非经登记，不得对抗第三人。抵押权人请求抵押人为抵押物所有权之移转时，抵押物价值超过担保债权部分，应返还抵押人；不足清偿担保债权者，仍得请求债务人清偿。抵押人在抵押物所有权移转于抵押权人前，得清偿抵押权担保之债权，以消灭该抵押权。"

---

[1] 另参见王利明：《物权法论》，中国政法大学出版社2003年版，第564页。
[2] 史尚宽：《物权法论》，中国政法大学出版社2000年版，第305页。

就动产质权，其第 893 条也删去了原来的"约定于债权已届清偿期而未为清偿时，质物之所有权移属于质权人者，其约定为无效"的规定，其现行第 893 条规定："质权人于债权已届清偿期，而未受清偿者，得拍卖质物，就其卖得价金而受清偿。约定于债权已届清偿期而未为清偿时，质物之所有权移属于质权人者，准用第 873 条之一之规定。"

本章思考题

1. 什么是担保物权？担保物权有哪些种类？
2. 担保物权有何特征？什么是担保物权的物上代位性？
3. 什么是反担保？
4. 我国《物权法》关于禁止流质及绝押有何规定？你认为是否有修正的必要？

本章推荐阅读文献

1. 史尚宽：《物权法论》，中国政法大学出版社 2000 年版，相关章节；
2. 郑玉波：《民法物权》，三民书局 1984 年版，相关章节；
3. 周林彬：《物权法新论——一种法律经济分析的观点》，北京大学出版社 2002 年版；
4. 郭明瑞：《担保法》，法律出版社 2004 年版，相关章节。
5. 刘家安：《物权法论》，中国政法大学出版社 2015 年版，相关章节。

第十二章

抵押权

第一节 抵押权概述

一、抵押权的概念

我国《物权法》第179条规定:"为担保债务的履行,债务人或者第三人不转移财产的占有,将该财产抵押给债权人的,债务人不履行到期债务或者发生当事人约定的实现抵押权的情形,债权人有权就该财产优先受偿。前款规定的债务人或者第三人为抵押人,债权人为抵押权人,提供担保的财产为抵押财产。"

债务人或第三人为担保债务的履行,向债权人提供特定的财产即抵押物作为担保,但债务人或第三人作为抵押人仍继续对抵押物占有、使用、收益,在债务人不履行债务时,债权人可以就抵押物卖得价金优先受偿,债权人对抵押物的这种变价权及优先受偿权,即抵押权;对抵押物享有抵押权的债权人称为抵押权人;用于担保的财产称为抵押物(财产);提供抵押物的债务人或第三人称为抵押人。

二、抵押权的性质

抵押权是担保物权,具有担保物权的一般特征和性质。

1. 从属性或附属性。抵押权的成立原则上以债权的成立为前提，其消灭原则上也因债权的消灭而消灭。此外，抵押权不可以与其所担保的债权分离而单独让与，即抵押权应与债权一同处分，不能单让与抵押权而保留债权，也不能只让与债权而保留抵押权或将债权和抵押权分别让与不同的人。抵押权的从属性表现在其成立、移转及消灭等方面：①成立上的从属性。一般地，抵押权为担保主债权的实现而设定，其以主债权的存在为前提，没有主债权可担保，就没有抵押权存在的意义。但最高额抵押权制度则不同，即设定抵押权时，债权并未确定。但无论如何，抵押权的存在均须以其所担保的主债权为前提，也许其成立上的从属性可以称为"存在上的从属性"，即抵押权成立时债权可能并未确定，但实现抵押权时债权额仍须确定。基于抵押权存在上的从属性，抵押权实行之时，如担保之债权不存在、已消灭、不确定或无效，则抵押权也不存在、消灭或无效。②移转上的从属性。一般认为，抵押权须附随其担保的债权而为移转或处分，换言之，抵押权不得与所担保的债权分离而转让或为其他债权担保。我国《物权法》第192条规定："抵押权不得与债权分离而单独转让或者作为其他债权的担保。债权转让的，担保该债权的抵押权一并转让，但法律另有规定或者当事人另有约定的除外。"③消灭上的从属性。抵押权作为其所担保的主债权（主权利）的从权利，随主债权的消灭而消灭，见《物权法》第177条的规定。

2. 不可分性。抵押权所担保的债权，债权人可以就抵押物全部行使其权利。标的物的分割或一部分灭失，债权分割或一部分让与或清偿，对抵押权不生影响。债权部分实现，不产生抵押权部分消灭的效力。债权人仍可就其剩余债权对全部抵押物行使权利。抵押权设定后，抵押物价值可能升降，但抵押人一般不因此产生增加或减少抵押物的义务或权利。

3. 抵押权作为担保物权，具有物权的一般效力，如排他性和优先效力。抵押权是在债务人或第三人的不动产或某些法定的动产与权利（主要是地上权）上设定的物权；抵押权是不转移标的物占有的他物权。由于抵押权的标的物即抵押物的不转移占有，具有利弊两面：有利方面而言，由于抵押物仍由其抵押人占有，根据经济学原理，不会妨碍抵押人的占有、使用及收益，抵押人作为所有人仍可实现对抵押物的保值增值，资源得到了有效的配置；但对于动产抵押而言，由于动产抵押权公示制度的欠缺，现实中，会对交易安全产生较大威胁，第三人难以对抵押人进行准确的信用评价，存在第三人的善意取得与保护抵押权人利益的矛盾。

4. 物上代位性。我国《物权法》第174条规定："担保期间，担保财产毁损、灭失或者被征收等，担保物权人可以就获得的保险金、赔偿金或者补偿金等优先受偿。被担保债权的履行期未届满的，也可以提存该保险金、赔偿金或者补偿金等。"

5. 抵押权同其他担保物权一样，是优先受偿权。

三、抵押权的分类

对抵押权进行分类，可以帮助掌握抵押权制度。

1. 不动产抵押权、动产抵押权及权利抵押权。这是依据抵押物的种类的不同对抵押权进行的分类。我国《物权法》第180条及第184条分别规定了可以抵押及不可以抵押的财产。不动产抵押权是最早也是最主要的抵押权形态，通常，不动产价值较大，一般对抵押人比较重要，所以抵押人会希望在不丧失对抵押物占有及使用的情况下将它作为担保物，又由于不动产无法移动、易于控制，抵押权人也乐于接受。对于动产，传统民法一般规定只能设定转移占有的质权。

但随着经济的发展，现代企业的主要资产如机器、设备、原材料等动产由于融资等需要也会有以之提供担保的需求，如果只能通过转移占有设定质权的方式提供担保，必将影响企业的经营，于是，动产抵押（不转移占有）制度就产生了。我国《物权法》第

180条规定，"债务人或者第三人有权处分的下列财产可以抵押：①建筑物和其他土地附着物；②建设用地使用权；③以招标、拍卖、公开协商等方式取得的荒地等土地承包经营权；④生产设备、原材料、半成品、产品；⑤正在建造的建筑物、船舶、航空器；⑥交通运输工具；⑦法律、行政法规未禁止抵押的其他财产。抵押人可以将前款所列财产一并抵押。"

根据上述规定，有关不动产的用益物权（如建设用地使用权及荒地的土地使用权等）也可抵押。所谓权利抵押权，又称为准抵押权，指以权利作为客体而设定的抵押权。但一般地，可以作为抵押权客体的权利应当是不动产上的用益物权及特许物权，而且法律许可抵押。债权、股权等民事权利一般只能作为质权的标的，而不能抵押。

抵押权制度对动产抵押及权利抵押的限制，主要的考虑在于物权公示原则：一般地，不动产抵押、动产抵押及权利抵押，均须进行登记（虽然可能效力不同，有的是登记产生抵押权，有的是不登记不能对抗第三人），其抵押登记都建立在该等不动产、动产或权利本身已经存在权利登记的基础上，如船舶、航空器等[1]。如果被抵押的财产或权利本身无法登记，比如债权（本身具有相对性及对人性），在其上设立抵押权也无法登记公示，从而设定抵押权也不现实。

2. 定额抵押与不定额抵押。依据抵押权所担保的债权的数额是否确定，可以分为定额抵押及不定额抵押。定额抵押即抵押权所担保的债权的数额已经确定，在实践中是较为常见的抵押权；不定额抵押权，又称"最高额抵押权"，即对于债权人一定范围（或期间）内的不特定债权，预定一个最高的限额，由抵押人提供担保的

---

[1] 当然也有机器设备等本身并无权利登记的情况，但正因为如此，在这种情形存在交易安全及保护担保物权人利益的冲突问题。

抵押权。

3. 单一抵押权、共同抵押权与财团抵押权。依据抵押物的数量，有单一抵押权、共同抵押权与财团抵押权。单一抵押权，即在某一特定的财产（动产、不动产或权利）上设定的抵押权；共同抵押权，是指为担保同一债权，而在数项财产上设定的抵押权，而这数项财产（动产、不动产或权利）可以是分别属于不同的人或属于同一个人；财团抵押权，又称企业财产集合抵押，是指企业以其所有的不同种类的特定财产的集合体作为标的为担保债权人的债权而设定抵押权，比如将该企业的不动产、动产及知识产权等制作成抵押财产目录，并经登记，产生财团抵押权或企业财产集合抵押权，但禁止抵押的财产不得列入作为集合抵押财产的组成部分。

4. 我国《物权法》规定的抵押权种类。我国《物权法》规定了以下种类的抵押权：①不动产抵押权，即以不动产（包括正在建造的建筑物[1]）为标的物而设定的抵押权，是一般的也是最常见的抵押权（见我国《物权法》第180条第1款第1项）。②动产抵押权，有关动产包括：机器设备、原材料、产成品等动产，正在建造的船舶、飞行器及交通工具（见我国《物权法》第180条第1款第4、5、6项）。③权利抵押权，根据《物权法》的规定，可以抵押的权利主要是建设用地使用权、抵押人依法承包并经发包方同意抵押的荒山、荒沟、荒丘、荒滩等荒地的土地使用权（《物权法》第180条第1款第2、3项）。④共同抵押，我国《物权法》第180条第2款规定抵押人可以将前款所列财产（即动产、不动产及权利）一并抵押。该条规定似乎不应理解为财团抵押而应理解为共同抵押的规定，也许此后会有进一步的解释。⑤最高额抵押（不定额抵押），见我国《物权法》第203条。⑥值得一提的是我国《物权法》第181条及189、196的规定，类似于有限制的浮动抵押，但

---

[1] 正在建造的建筑物的抵押，也许应归入权利抵押一类。

规则尚欠详细，似乎有待进一步法规配套、立法解释或司法解释。根据该等规定，企业、个体工商户、农村生产经营者可以将现有的以及将有的动产（生产设备、原材料、半成品、产品）抵押，而抵押财产在特定情形（如债权已届清偿期而未受清偿、抵押人宣告破产或被撤销、严重影响债权的其他情形）时确定。

我国《物权法》将上述①~④及⑥规定在第 16 章抵押权第一节"一般抵押权"中，另列"最高额抵押权"作为单独的第二节。

第二节 抵押权的取得及公示

一、抵押权的取得

抵押权的取得，又称抵押权的设定或成立或产生。根据我国《物权法》的规定，抵押权应依当事人之间设定抵押权的抵押合同并经抵押登记或随主债权一同转让而设定、取得，即抵押权应依双方法律行为而取得，因此抵押权属于意定担保物权，不过，应当说，也存在因法定继承取得债权从而取得抵押权的情形[1]。下面主要讨论抵押权的设定行为即抵押合同。

1. 抵押权的设定行为——抵押合同的性质。抵押权的设定是抵押权和抵押权人依据双方的意思表示设定抵押权以担保债权受偿的双方法律行为，即抵押合同。需说明的是抵押合同的成立及生效与抵押权（物权）的产生与变动不同，换句话说，抵押合同成立并生效，并不当然地会引起抵押权的产生。

关于抵押合同这种法律行为的性质：①对于不动产抵押合同而言，属于债权合同，即抵押合同签订并生效，抵押权作为担保物权并不当然产生，而是自办理抵押登记后抵押权才产生。我国《物权法》第 187 条规定："以本法第 180 条第 1 款第 1 项至第 3 项规定

---

[1] 除了因继承取得抵押权以外，也存在抵押权善意取得的问题。

的财产或者第 5 项规定的正在建造的建筑物抵押的,应当办理抵押登记。抵押权自登记时设立。"第 15 条规定:"当事人之间订立有关设立、变更、转让和消灭不动产物权的合同,除法律另有规定或者合同另有约定外,自合同成立时生效;未办理物权登记的,不影响合同效力。"②对于动产抵押合同而言,则属于物权合同。我国《物权法》第 188 条规定:"以本法第 180 条第 1 款第 4 项、第 6 项规定的财产或者第 5 项规定的正在建造的船舶、航空器抵押的,抵押权自抵押合同生效时设立;未经登记,不得对抗善意第三人。"

2. 抵押合同的形式及内容。抵押合同的形式。根据我国《物权法》第 185 条第 1 款的规定:"设立抵押权,当事人应当采取书面形式订立抵押合同。"根据该规定,抵押合同属要式合同,须采取书面形式。

抵押合同的内容,根据我国《物权法》第 185 条第 2 款的规定,一般包括:①被担保债权的种类和数额;②债务人履行债务的期限;③抵押财产的名称、数量、质量、状况、所在地、所有权权属或者使用权权属;④担保的范围。抵押合同不完全具备前款规定内容的,可以补正。

3. 抵押合同的效力。抵押合同作为双方法律行为,自应符合法律行为的一般成立要件及生效要件,同时应适用我国《民法通则》关于法律行为的一般规定(比如可以附条件或附期限),在效力、解除、撤销、违约责任方面还应适用我国《合同法》的一般规定。《物权法》第 15 条规定,"当事人之间订立有关设立、变更、转让和消灭不动产物权的合同,除法律另有规定或者合同另有约定外,自合同成立时生效;未办理物权登记的,不影响合同效力。"

同时,如前所述,我国物权法禁止绝押及流质的约定:《物权法》第 186 条规定,抵押权人在债务履行期届满前,不得与抵押人约定债务人未履行债务时抵押财产转移为债权人所有。该规定为强行性规定,类似约定则绝对无效。

二、抵押权的公示

公示公信是物权法的基本原则。而不动产物权的公示方式通常为登记，动产物权的公示方式则为占有和交付。同时，会有部分动产采取不动产的处理，其物权公示方式也采取登记的方式，但登记的效力与不动产物权登记的效力不同。

1. 不动产抵押权的公示－登记。我国《物权法》第187条规定，以建筑物和其他土地附着物、建设用地使用权以及依法可以用于抵押的其他不动产抵押的，应当办理抵押登记，抵押权自登记时发生效力。

由此可见，不动产抵押权的产生以登记为生效要件。

关于抵押权登记的机关。我国《物权法》第二章"物权的设立、变更、转让和消灭"之第一节"不动产登记"规定，"不动产登记，由不动产所在地的登记机构办理。国家对不动产实行统一登记制度。统一登记的范围、登记机构和登记办法，由法律、行政法规规定。"（第10条）我国目前不少地区仍分别依据我国《土地管理法》及《城市房地产管理法》由各地方政府自行决定登记机关的设置，因此不少地区是房屋所有权与国有土地使用权及相关抵押登记是分别由不同的登记机关办理的，《物权法》颁布后，根据前引规定应会有《不动产登记法》或国务院颁布关于不动产登记的行政法规。

1. 不动产登记簿。《物权法》第16条规定，"不动产登记簿记载的事项，是物权归属和内容的根据。不动产登记簿由登记机构管理。"第17条规定，"不动产权属证书是权利人享有该不动产物权的证明。不动产权属证书记载的事项，应当与不动产登记簿记载的事项一致；记载不一致的，以不动产登记簿为准。"目前，抵押登记办理后，抵押权人会取得房地产其他权利证明的权属证书，证明其抵押权的存在，同时房屋所有权人的房地产权证书上也会有抵押的记载。

2. 动产抵押权的公示。动产抵押权如何公示、从而保护交易安全、保护第三人的利益,一直是动产抵押制度的难题,该难题是基于动产本身的特点,即价值相对较小及易于移动。

《物权法》第188条规定,"以本法第180条第1款第4项、第6项规定的财产或者第5项规定的正在建造的船舶、航空器抵押的,抵押权自抵押合同生效时设立;未经登记,不得对抗善意第三人"。根据该条规定,动产抵押权无需公示(因为动产抵押物无需转移占有),即可产生(发生效力)。动产抵押权只有经登记,才能产生对抗第三人的效力。我国《海商法》关于船舶抵押权,《民用航空器法》关于航空器的抵押权的规定与物权法的该规定是一致的。

需说明的是,《物权法》第189条第2款规定:"依照本法第181条规定抵押的,不得对抗正常经营活动中已支付合理价款并取得抵押财产的买受人。"《物权法》第181条规定的是动产的浮动抵押。

根据《物权法》第199条的规定,"同一财产向2个以上债权人抵押的,拍卖、变卖抵押财产所得的价款依照下列规定清偿:①抵押权已登记的,按照登记的先后顺序清偿;顺序相同的,按照债权比例清偿;②抵押权已登记的先于未登记的受偿;③抵押权未登记的,按照债权比例清偿"。由此可见,动产的浮动抵押权,如经登记,抵押权人将先于一般债权人优先受偿;但虽经登记不能对抗"正常经营活动中已支付对价并取得抵押财产的买受人"。

第三节 抵押权的主体与抵押财产

一、抵押权的主体

抵押权关系的当事人即抵押权人及抵押人。

抵押权是为担保债权而设的,抵押权人必须是抵押权所担保的债权的债权人。关于2人以上共同享有抵押权,将适用关于共有的规定。我国《物权法》第105条规定，2个以上单位、个人共同享有用益物权、担保物权的，参照第八章共有的规定。

抵押人可以是主债务人本人，也可以是第三人。作为抵押人的第三人，学理上又称"物上保证人"。作为抵押人的第三人，是为担保主债务人的债务的履行而在自己的财产上设定担保物权的人，抵押人对债权人的责任仅以其所提供的担保物为限，因此，在债务人不履行债务时，债权人对于物上保证人仅可就其担保物取偿，而不能对其请求清偿全部债务（如果担保物不足清偿的话）。因此，物上保证人与一般的保证债务中的保证人的责任不同。而且，在保证债务中，如果是承担非连带保证责任的一般保证人，还有先诉抗辩权，但物上保证人则没有此项权利。因此，有人认为抵押权人与物上保证人（即作为抵押人的第三人）仅有物权关系，而无债权关系。

但同一般的保证人一样，物上保证人代为清偿后，债权人对主债务人的债权，在物上保证人代为清偿的范围内，移转给物上保证人，亦即，物上保证人有权向债务人追偿。《物权法》第176条规定："被担保的债权既有物的担保又有人的担保的，债务人不履行到期债务或者发生当事人约定的实现担保物权的情形，债权人应当按照约定实现债权；没有约定或者约定不明确，债务人自己提供物的担保的，债权人应当先就该物的担保实现债权；第三人提供物的担保的，债权人可以就物的担保实现债权，也可以要求保证人承担保证责任。提供担保的第三人承担担保责任后，有权向债务人追偿。"

抵押权的设定行为是一种处分行为，抵押人对其用于设定抵押权的抵押物应有处分权，否则不得设定抵押权。因此，如果处分权受到限制，如抵押人受破产宣告或拟抵押之物已被查封，则抵押权的设定即被限制。至于抵押人仅有登记名义而没有实际处分权[1]，其设定的抵押权是否成立，根据我国《物权法》第106条的规定，不动产他物权（比如抵押权）也适用有关善意取得的规定。

关于共有人之一抵押共有物，物权法并未单独明确规定。《物权法》第97条规定："处分共有的不动产或者动产以及对共有的不动产或者动产作重大修缮的，应当经占份额2/3以上的按份共有人或者全体共同共有人同意，但共有人之间另有约定的除外。"根据该条规定，似乎可以解释为对于共有人拟抵押共有物或共有物中自己的份额，须经全体共同共有人或经占份额2/3以上的按份共有人同意。另我国《海商法》第16条规定："船舶共有人就共有船舶设定抵押权，应当取得持有2/3以上份额的共有人的同意，共有人之间另有约定的除外。船舶共有人设定的抵押权，不因船舶的共有权的分割而受影响。"

另外的问题是抵押人及抵押权人是否必须是自然人（包括个体工商户及农村承包经营户）或应当具法人资格，换言之，合伙企业及个人独资企业是否可以作为抵押关系当事人。根据《物权法》的表述，答案应该是肯定的。从《物权法》诸多条文的表述，自然人作为民事主体可以作为抵押关系的当事人没有疑问，而《物权法》不少条文将"企业、个体工商户、农业生产经营者"并列，而企业应包括法人企业及非法人企业，因此，《物权法》应该允许合伙企业及个人独资企业作为抵押关系的当事人。

二、抵押财产

1. 允许抵押的财产。

第一，一般抵押物。我国《物权法》第180条规定："债务人

---

[1] 有法律的权利与事实的权利，如名义上的或登记的物权人实际上是事实权利人的代理人或受托人的情形，或者比如实践中可能存在生效判决已确认权利人但尚未变更登记、从而与不动产登记不一致。

或者第三人有权处分的下列财产可以抵押：①建筑物和其他土地附着物；②建设用地使用权；③以招标、拍卖、公开协商等方式取得的荒地等土地承包经营权；④生产设备、原材料、半成品、产品；⑤正在建造的建筑物、船舶、飞行器；⑥交通运输工具；⑦法律、行政法规规定可以抵押的其他财产。抵押人可以将前款所列财产一并抵押。"

根据该条规定，如前所述，允许抵押的财产包括：①不动产，即建筑物和其他土地附着物（包括正在建造的建筑物）；②部分不动产用益物权，即建设用地使用权、以招标、拍卖、公开协商等方式取得的荒地等土地承包经营权；③部分动产，即生产设备、原材料、半成品、产品，正在建造的船舶、飞行器，及交通运输工具。

根据该条规定及如前所述，上述可以抵押的财产可以一并抵押而构成共同抵押。

另关于不动产的抵押，须说明的是：①以建筑物抵押的，该建筑物占用范围内的建设用地使用权一并抵押。以建设用地使用权抵押的，该土地上的建筑物一并抵押；如抵押人未依照规定一并抵押的，未抵押的财产视为一并抵押（《物权法》第182条）。②此外，乡镇、村企业的建设用地使用权不得单独抵押。以乡镇、村企业的厂房等建筑物抵押的，其占用范围内的建设用地使用权一并抵押（《物权法》第183条）。③关于与集体土地有关的不动产，《物权法》第201条规定，依照本法第180条第1款第3项规定的土地承包经营权抵押的，或者依照本法第183条规定以乡镇、村企业的厂房等建筑物占用范围内的建设用地使用权一并抵押的，实现抵押权后，未经法定程序，不得改变土地所有权的性质和土地用途。

第二，浮动抵押物。《物权法》第181条规定，经当事人书面协议，企业、个体工商户、农业生产经营者可以将现有的以及将有的生产设备、原材料、半成品、产品抵押，债务人不履行到期债务或者发生当事人约定的实现抵押权的情形，债权人有权就实现抵押权时的动产优先受偿。根据该条规定，抵押人可以将其将来的动产抵押。须注意的是，根据《物权法》第 189 条的规定，动产抵押应当向抵押人住所地的工商行政管理部门办理登记。抵押权自抵押合同生效时设立；未经登记，不得对抗善意第三人。但是，浮动抵押即使已办理登记，也不得对抗正常经营活动中已支付合理价款并取得抵押财产的买受人。

2. 禁止抵押的财产。我国《物权法》第 206 条下列财产不得抵押：①土地所有权；②耕地、宅基地、自留地、自留山等集体所有的土地使用权，但法律规定可以抵押的除外；③学校、幼儿园、医院等以公益为目的的事业单位、社会团体的教育设施、医疗卫生设施和其他社会公益设施；④所有权、使用权不明或者有争议的财产；⑤依法被查封、扣押、监管的财产；⑥法律、行政法规规定不得抵押的其他财产。

法律的该等规定，是基于公共利益及社会政策等考虑，但是由于我国实行社会主义公有有制，禁止抵押的财产范围比较大。

第一，土地所有权。我国《宪法》第 10 条："城市的土地属于国家所有。农村和城市郊区的土地，除由法律规定属于国家所有的以外，属于集体所有；宅基地和自留地、自留山，也属于集体所有。国家为了公共利益的需要，可以依照法律规定对土地实行征收或者征用并给予补偿。任何组织或者个人不得侵占、买卖或者以其他形式非法转让土地。土地的使用权可以依照法律的规定转让。一切使用土地的组织和个人必须合理地利用土地。"另外，我国《土地管理法》第 2 条第 1 款规定："中华人民共和国实行土地的社会主义公有制，即全民所有制和劳动群众集体所有制。"因此，由于土地所有权禁止除国家及集体以外的主体拥有，因此不能成为抵押财产。

第二，耕地、宅基地、自留地、自留山等集体所有的土地使用权，但法律规定可以抵押的除外。我国《土地管理法》第 3 条规定:"十分珍惜、合理利用土地和切实保护耕地是我国的基本国策。各级人民政府应当采取措施,全面规划,严格管理,保护、开发土地资源,制止非法占用土地的行为。"因此,我国对农村的土地的使用及流转有严格的限制和控制,因此,除法律允许的外,禁止抵押。

第三,学校、幼儿园、医院等以公益为目的的事业单位、社会团体的教育设施、医疗卫生设施和其他社会公益设施。但根据我国《民办教育促进法》(2002)的规定,"国家机构以外的社会组织或者个人",可以依法"利用非国家财政性经费,面向社会举办学校及其他教育机构"。而该等民办学校是否可以将其教育设施抵押? 有人曾经提出疑问[1]。

第四,所有权、使用权不明或者有争议的财产。该禁止性规定是为了避免纠纷、保护真正的所有权人或使用权人。

第五,依法被查封、扣押、监管的财产。该等财产是受到公权力机关限制的财产,其处分权当然受到限制。

第六,法律、行政法规规定不得抵押的其他财产。此前建设部行政规章《城市房地产抵押管理办法》(2001)第8条规定,列入文物保护的建筑物和有重要纪念意义的其他建筑物禁止抵押。但须说明的是,《城市房地产抵押管理办法》(2001)仅为建设部行政规章,不属于物权法此处规定的情形。如其他法律或行政法规有特别禁止的规定,应得到适用。

3. 作为抵押权标的的抵押财产的范围。抵押权效力所及的标的范围即抵押财产的范围,通俗地说就是当抵押权人实现抵押权时可以就哪些东西主张折价、拍卖、变卖及优先受偿。

第一,从物。从物并非主物的一部分,但与主物同属抵押人所

---

[1] 参见程啸:《物权法·担保物权》,中国法制出版社2005年版,第178页以下。

有，辅助主物发挥其效用，比如空调与空调遥控器。我国《物权法》肯定了"从物随主物移转"原则，第115条规定："主物转让的，从物随主物转让，但当事人另有约定的除外。"因此，一般认为，抵押权的效力应及于从物，但我国《物权法》并未就此单独明确规定。

第二，从权利。根据我国现行法律，"房随地走、地随房走"，建设用地使用权人与房屋所有权人严格一致。因此，《物权法》第182条规定："以建筑物抵押的，该建筑物占用范围内的建设用地使用权一并抵押。以建设用地使用权抵押的，该土地上的建筑物一并抵押。抵押人未依照前款规定一并抵押的，未抵押的财产视为一并抵押。"第183条规定："乡镇、村企业的建设用地使用权不得单独抵押。以乡镇、村企业的厂房等建筑物抵押的，其占用范围内的建设用地使用权一并抵押。"

此外，《物权法》第166条规定："需役地以及需役地上的土地承包经营权、建设用地使用权部分转让时，转让部分涉及地役权的，受让人同时享有地役权。"《物权法》第167条规定："供役地以及供役地上的土地承包经营权、建设用地使用权部分转让时，转让部分涉及地役权的，地役权对受让人具有约束力。"可见，抵押权的效力应及于从权利。

第三，添附物及增建物。《物权法》第200条规定："建设用地使用权抵押后，该土地上新增的建筑物不属于抵押财产。该建设用地使用权实现抵押权时，应当将该土地上新增的建筑物与建设用地使用权一并处分，但新增建筑物所得的价款，抵押权人无权优先受偿。"物权法并未就抵押权效力是否及于添附物作出明确规定。

第四，孳息。《物权法》第197条规定："债务人不履行到期债务或者发生当事人约定的实现抵押权的情形，致使抵押财产被人民法院依法扣押的，自扣押之日起抵押权人有权收取该抵押财产的天然孳息或者法定孳息，但抵押权人未通知应当清偿法定孳息的义务人的除外。前款规定的孳息应当先充抵收取孳息的费用。"可见，抵押权的效力应及于孳息。

第五，代位物。《物权法》第 174 条规定，担保期间，担保财产毁损、灭失或者被征收等，担保物权人可以就获得的保险金、赔偿金或者补偿金等优先受偿。被担保债权的履行期未届满的，也可以提存该保险金、赔偿金或者补偿金等。由此可见，根据我国《物权法》的规定，抵押权的效力及于抵押财产的代位物。

4. 浮动抵押财产的确定。由于根据《物权法》第 181 条的规定，当事人可就将来的动产设定浮动抵押，则抵押权成立时，抵押财产可能并不确定。

《物权法》第 196 条规定，依照《物权法》第 181 条规定设定浮动抵押的，"抵押财产自下列情形之一发生时确定：①债务履行期届满，债权未实现；②抵押人被宣告破产或者被撤销；③当事人约定的实现抵押权的情形；④严重影响债权实现的其他情形"。

第四节 抵押权的效力

一、抵押财产担保的债权范围

就抵押权人而言，抵押权担保的范围即抵押权人实现抵押权时能够优先受偿的范围；就债务人、抵押人或抵押物第三取得人而言，抵押权担保的范围即为使抵押权消灭所必须清偿的债务的范围。

抵押权所担保的范围是抵押合同的重要内容之一，一般当事人会进行约定。《物权法》第 173 条规定："担保物权的担保范围包括主债权及其利息、违约金、损害赔偿金、保管担保财产和实现担保物权的费用。当事人另有约定的，按照约定。"因此，如果当事人有约定，按照约定；无约定，则为主债权及其利息、违约金、损害赔偿金、保管担保财产和实现担保物权的费用。

1. 主债权。抵押权的存在就是为了担保主债权的满足为目的的，因此主债权是抵押权担保的主要内容，即当事人之间的债权债务关系中（一般为合同之债）的不包括约定利息、违约金或损害赔偿金在内的初始债权。

一般地，抵押财产须特定或至少在实现抵押权时抵押财产须特定（在浮动抵押的情形），而所担保的主债权也须特定或确定（最高额抵押主债权的确定，见《物权法》第206条）。

一般地，抵押财产所担保的主债权的数额及种类也是抵押权登记的事项之一。

2. 利息。利息是由主债权产生的法定孳息。就贷款合同或借款合同而言，一般会约定利息包括约定的正常利息及逾期利息（或罚息），通常贷款合同会约定借款人违约时将适用逾期利息或违约利息，通常的情况是约定正常利率、逾期利率及计算方法。而逾期利息应属于违约金的性质。有人认为，既然法律规定担保物权的担保范围包括了"主债权及其利息、违约金、损害赔偿金、保管担保财产和实现担保物权的费用"，则该表述中的"利息"不包括违约金，因此，逾期利息（迟延利息）性质上属于违约金，因此不属于该表述中的利息。

另须注意的是，我国《合同法》第211条规定，"自然人之间的借款合同对支付利息没有约定或者约定不明确的，视为不支付利息。自然人之间的借款合同约定支付利息的，借款的利率不得违反国家有关限制借款利率的规定"。

3. 违约金。违约金，是合同当事人约定的或法律直接规定的，当一方当事人不履行或不适当履行合同规定的义务时，应当向对方当事人支付的一定金额的货币。

违约金是当一方当事人不履行或不适当履行合同规定的义务时，应当向对方当事人支付的，因此其与作为合同的标的的给付不同。

4. 损害赔偿金。损害赔偿金存在于合同法及侵权行为法中。《合同法》第112条规定:"当事人一方不履行合同义务或者履行合同义务不符合约定的,在履行义务或者采取补救措施后,对方还有其他损失的,应当赔偿损失。"第113条规定:"当事人一方不履行合同义务或者履行合同义务不符合约定,给对方造成损失的,损失赔偿额应当相当于因违约所造成的损失,包括合同履行后可以获得的利益,但不得超过违反合同一方订立合同时预见到或者应当预见到的因违反合同可能造成的损失。经营者对消费者提供商品或者服务有欺诈行为的,依照《中华人民共和国消费者权益保护法》的规定承担损害赔偿责任。"

但值得讨论的是损害赔偿金与违约金的关系,以及《物权法》在此将两者并列为担保物权担保的范围。有人指出,因为损害赔偿金无法事前确定,从而无法事先登记其数额也就是说无法通过登记进行公示,可能会对第三人造成损害[1]。

5. 保管担保财产和实现担保物权的费用。根据我国《物权法》第195条的规定,当事人实现抵押权时,可以由当事人协议以抵押财产折价或拍卖、变卖抵押财产,如抵押权人与抵押人未就抵押权实现方式达成协议的,抵押权人可以请求人民法院拍卖、变卖抵押财产。

由于抵押财产并不转移占有,因此其通常不像质物或留置物一样会产生保管担保财产的费用,但一旦为司法机关扣押或冻结,也可能会存在保管费用。

实现担保物权的费用,如果是当事人协议变卖或拍卖,则会产生一定的交易费用,如拍卖费;如果抵押权人要求法院拍卖、变卖抵押财产,则会存在诉讼费、执行费用、评估费用、拍卖费

---

[1] 参见程啸:《物权法·担保物权》,中国法制出版社2005年版,第208页以下。

用等。

有意思的是律师费用。一般司法实践中似乎并不把抵押权人的律师费用包括在"实现抵押权的费用"。于是，不少贷款合同会单独约定实现抵押权的费用中会包括法律费用，包括但不限于在法院发生的费用及律师费用，而该约定依法会受到支持。

二、抵押权人的权利

1. 优先受偿权。抵押权作为典型担保物权，具有优先受偿效力，但也有相应的限制。

《物权法》第179条规定，"为担保债务的履行，债务人或者第三人不转移财产的占有，将该财产抵押给债权人的，债务人不履行到期债务或者发生当事人约定的实现抵押权的情形，债权人有权就该财产优先受偿。"这是抵押权的一般的优先受偿效力，使其优先于抵押人其他的无担保物权的一般债权人。

《物权法》第181条规定了动产浮动抵押抵押权的优先效力："经当事人书面协议，企业、个体工商户、农业生产经营者可以将现有的以及将有的生产设备、原材料、半成品、产品抵押，债务人不履行到期债务或者发生当事人约定的实现抵押权的情形，债权人有权就实现抵押权时的动产优先受偿。"

动产抵押及动产浮动抵押未经登记不得对抗善意第三人。

根据《物权法》第188及第189条的规定，对于一般的动产抵押及动产浮动抵押，虽然抵押权自法律行为生效时产生，但未经登记不得对抗善意第三人。

动产浮动抵押虽经登记但不得对抗正常经营活动中已支付合理价款并取得抵押财产的买受人。

《物权法》第181条规定了动产的浮动抵押，但根据《物权法》第189条的规定，即使动产浮动抵押已经登记，但仍不得对抗正常经营活动中已支付合理价款并取得抵押财产的买受人。这一规定取决于动产浮动抵押制度的特性，否则该制度将失去意义——如果动产浮动抵押权可以对抗买受人，由于交易安全无法保护，将抑制买受人进行交易。

值得讨论的是抵押权与租赁的关系。《物权法》第190条规定："订立抵押合同前抵押财产已出租的，原租赁关系不受该抵押权的影响。抵押权设立后抵押财产出租的，该租赁关系不得对抗已登记的抵押权。"

租赁合同作为债权合同，承租方的债权有物权化的倾向——本来承租人的债权作为对人权或相对权仅能对抗出租人，但我国《合同法》有"买卖不破租赁"（《合同法》第229条）及承租人具有优先购买权（《合同法》第230条）的规定，却没有关于租赁合同公示的规定。然而让未经公示的债权取得物权效力在实践中是会出现问题的。

租赁合同不可避免要对抵押权存在影响。如果抵押人将抵押财产出租，期限为20年，并且租金已经收取，此时抵押权人要实现抵押权，抵押财产的价值将大打折扣——因为无论谁购买抵押财产，都面临承租人将继续长时间使用抵押财产而买受人无法收益（因为承租人已提前将租金支付给抵押人）的情况。笔者曾在一起执行案中遇到类似案件，由于缺乏法律规定，抵押权人有苦难言——拍卖抵押物时，抵押权人不得不面临抵押物大打折扣的结果，因为承租人与抵押人声称承租人已经付清全部15年的租金并且租赁合同刚刚履行了2年，而且并无法律规定租赁合同是否登记才可对抗抵押权。

因此，《物权法》第190条的规定，似乎是为了解决抵押权与租赁关系的问题。但仍然存在的问题是：仅规定租赁关系成立的时间对抵押权的影响是否足够？因为，租赁合同仍是债权合同，承租人的债权要取得物权效力，是否需要公示（登记）？换言之，抵押权人如何知道抵押财产在成立抵押权之前已经出租，或者有没有可能在实现抵押权时突然冒出一个承租人声称其已长期租赁抵押财产并且已经支付全部租金、并且拿出一份日期早于抵押登记的租赁合同？因此，必须强调租赁登记的效力，即租赁登记在抵押权成立之前的，可以影响抵押权；租赁登记在抵押权成立之后的，不得对抗抵押权，未经登记的则承租人的债权不能对抗第三人，当然物权法已经规定未登记的抵押权不能对抗第三人。从而加强抵押权人及承租人的注意义务，即设立抵押权及租赁他人财产时，应当（而且可以）查询抵押财产的租赁情况或抵押情况。

2. 抵押财产保全权。由于抵押权不以抵押财产的占有为内容，从而保护抵押财产的交换价值对于保障抵押权的实现极为重要。因为抵押权人不占有抵押财产，而仍由抵押人占有，因此，对抵押财产的侵害最主要的可能来源是抵押人本人（一般即抵押财产的所有人），法律对抵押权的保护主要是禁止抵押人的某些行为。抵押权的保全效力主要表现为抵押财产价值减少防止权、恢复抵押财产价值请求权、增加担保请求权及限制抵押财产转让权。

《物权法》第193条规定："抵押人的行为足以使抵押财产价值减少的，抵押权人有权要求抵押人停止其行为。抵押财产价值减少的，抵押权人有权要求恢复抵押财产的价值，或者提供与减少的价值相应的担保。抵押人不恢复抵押财产的价值也不提供担保的，抵押权人有权要求债务人提前清偿债务。"

根据该规定，抵押权人行使该权利，须：①抵押财产价值的减少是抵押人的行为造成；②抵押人的行为足以造成抵押财产的价值减少；③抵押权人行使权利须向抵押人行使。抵押权人行使该权利的方式是要求抵押人停止行为、要求恢复抵押财产的价值，或者提供与减少的价值相应的担保，或者在抵押人不作为时有权要求债务人提前清偿债务。

此外，根据《物权法》第191条的规定，抵押期间，抵押人未经抵押权人同意，不得转让抵押财产，但受让人代为清偿债务消灭抵押权的除外。

抵押权人行使该权利可能会发生费用，该等费用是否属于应优先受偿的范围？为避免纠纷，最好予以约定。

需说明的是，《物权法》并未规定第三人侵害抵押财产时抵押权人是否有权要求停止侵害及当抵押人怠于请求损害赔偿时抵押权人是否可代为请求。但如上所述，抵押财产的范围及于代位物。

3. 抵押权的处分权。抵押权的处分包括抵押权人对抵押权的抛弃、转让或对抵押权次序的处分。

《物权法》第194条规定："抵押权人可以放弃抵押权或者抵押权的顺位。抵押权人与抵押人可以协议变更抵押权顺位以及被担保的债权数额等内容，但抵押权的变更，未经其他抵押权人书面同意，不得对其他抵押权人产生不利影响。债务人以自己的财产设定抵押，抵押权人放弃该抵押权、抵押权顺位或者变更抵押权的，其他担保人在抵押权人丧失优先受偿权益的范围内免除担保责任，但其他担保人承诺仍然提供担保的除外。"抵押权人可以抛弃其抵押权及其顺位，但如果对第三人构成影响，则会产生相应的法律效力，比如第三人作为共同担保人的免责等。

关于抵押权的转让，《物权法》第192条规定："抵押权不得与债权分离而单独转让或者作为其他债权的担保。债权转让的，担保该债权的抵押权一并转让，但法律另有规定或者当事人另有约定的除外。"

此外，债权可以作为质权的标的而作为其他债权的担保，从而抵押权也将随主债权作为其他债权的担保、成为质权的标的。但《物权法》并未就抵押权作为质权标的及如何公示作出规定。

4. 抵押权的实现权

当出现法律规定的情形，比如债务履行期限届至，抵押权人有权要求实现其抵押权，详见下述。

三、抵押人的权利

抵押权的效力对于抵押人而言，表现为抵押人对抵押财产的权利。抵押人是抵押财产的所有权人或其他权利人,仍享有占有、使用、收益及有限制的处分权。

1. 对抵押财产的处分权。抵押人作为抵押财产的所有权人,可以处分抵押财产,但由于抵押权对其所有权的限制,其处分须经抵押权人的同意。

《物权法》第191条规定:"抵押期间,抵押人经抵押权人同意转让抵押财产的,应当将转让所得的价款向抵押权人提前清偿债务或者提存。转让的价款超过债权数额的部分归抵押人所有,不足部分由债务人清偿。抵押期间,抵押人未经抵押权人同意,不得转让抵押财产,但受让人代为清偿债务消灭抵押权的除外。"

需说明的是,对于动产抵押,如果未经登记,则虽然抵押权成立但不得对抗第三人,因此,虽然抵押人无权处分抵押财产,第三人仍可善意取得抵押财产(《物权法》第188条);对于动产浮动抵押,即使已经登记、抵押权成立,虽然抵押人未经抵押权人同意处分了抵押财产,但仍不得对抗正常经营活动中已支付合理价款并取得抵押财产的买受人。

此外,根据《物权法》抵押人可就其抵押财产再次设立抵押权,但"抵押权已登记的,按照登记的先后顺序清偿;顺序相同的,按照债权比例清偿"(《物权法》第199条)。另外,《物权法》似乎并未就抵押人设立用益物权对抵押权的影响作出规定,如果抵押人在成立抵押权后设立新的地役权,似乎有与抵押权冲突的可能,有进一步作出规定的必要,后设立的用益物权应不得对抗先设立的抵押权、在实现抵押权时归于消灭(《物权法》第189条)。

2. 占有。由于抵押权制度具有抵押财产不转移占有的特点,抵押人对抵押财产有占有的权利。抵押人在其占有受到不法妨害或侵害时,当然有权请求排除妨害、停止侵害、返还被侵占的财产。

3. 使用及收益。由于抵押财产仍由抵押人占有,抵押人自可使用抵押财产,但不应损害其价值。

此外，抵押人可以将已出租的财产抵押，也可将已抵押的财产出租。但如上所述（见上述"抵押权与租赁的关系"及《物权法》第199条），租赁成立于抵押之前则原租赁关系不受抵押权的影响，如租赁成立于抵押之后则不能对抗抵押权。

四、物上担保人的求偿权

如抵押人是债务人以外的第三人，则取得物上担保人的地位。根据《物权法》第176条的规定，提供担保的第三人承担担保责任后，有权向债务人追偿。

五、抵押权的优先力

抵押权作为担保物权，具有优先效力，有抵押权担保的债权优先于一般债权受偿。但同一财产上可能存在几个抵押权，关于这种情形，《物权法》第199条规定："同一财产向2个以上债权人抵押的，拍卖、变卖抵押财产所得的价款依照下列规定清偿：①抵押权已登记的，按照登记的先后顺序清偿；顺序相同的，按照债权比例清偿；②抵押权已登记的先于未登记的受偿；③抵押权未登记的，按照债权比例清偿。"

第五节 抵押权的实现

一、抵押权实现的要件

抵押权的实现，又称为抵押权的实行，是指当债务履行期限届至或满足法律规定的其他情形，抵押权人通过依法处理抵押财产行使抵押权、实现抵押财产的价值，从中优先受偿的行为。

实现抵押权与否，是抵押人的权利。但如果存在共同担保即多种担保并存、共同担保同一债权，抵押人作为债权人可否选择先后顺序？

我国《物权法》第176条作出了规定："被担保的债权既有物的担保又有人的担保的，债务人不履行到期债务或者发生当事人约定的实现担保物权的情形，债权人应当按照约定实现债权；没有约定或者约定不明确，债务人自己提供物的担保的，债权人应当先就该物的担保实现债权；第三人提供物的担保的，债权人可以就物的担保实现债权，也可以要求保证人承担保证责任。提供担保的第三人承担担保责任后，有权向债务人追偿。"

根据上述规定，如多种担保方式并存并且当事人对担保的实现有约定，则债权人应按照约定实现债权；如无约定或约定不明，对于抵押人是债务人本人的，抵押权人作为债权人应先实现抵押权，如果是第三人提供抵押，则债权人可自由选择先实现人的担保或物的担保。

对于一般的抵押，抵押权人实现抵押权应具备以下条件：

1. 抵押权应有效存在。如果抵押权无效，自然无从谈起抵押权的实现。值得说明的是，如果债务履行期限届至抵押权人要求实现抵押权是否须先通过诉讼确定抵押权的有效存在？我国《担保法》的表述与《物权法》的表述不尽相同。

《担保法》第 53 条规定："债务履行期届满抵押权人未受清偿的，可以与抵押人协议以抵押物折价或者以拍卖、变卖该抵押物所得的价款受偿；协议不成的，抵押权人可以向人民法院提起诉讼。抵押物折价或者拍卖、变卖后，其价款超过债权数额的部分归抵押人所有，不足部分由债务人清偿。"在我国台湾地区，抵押权人可直接向抵押财产所在地法院申请拍卖抵押物，法院对于合法的拍卖申请应作出强制执行之裁定，而无需经过判决程序[1]。我国《民事诉讼法》2012 年进行了修正，简化了担保物权的实现程序，当事人可以申请法院裁定拍卖、变卖担保财产（《民事诉讼法》第 196 及第 197 条），也无需经判决程序。

2. 须债权已届清偿期而债务人未履行。债务如果未届清偿期，

---

〔1〕 郑玉波：《民法物权》，三民书局 1980 年版，第 248 页。

债务人没有提前履行的义务。因为债务人享有期限利益。

如果债权人与债务人没有就债务的履行期限进行明确的预定或约定不明确的，则债务人可以随时履行，债权人也可以随时要求履行，但应当给对方必要的准备时间（《民法通则》第88条第2款第2项，《合同法》第62条第4项）。

但在债权人有权要求提前清偿的情形（比如《合同法》第108条规定的预期违约，《物权法》第193条规定的情形），抵押权人也可以行使抵押权。

因此，所谓债权已届清偿期，是指不论是当事人约定的还是根据法律规定的《债权人有权要求提前清偿》，均为满足此条件。

二、抵押权实现的方式

《物权法》第195条规定："债务人不履行到期债务或者发生当事人约定的实现抵押权的情形，抵押权人可以与抵押人协议以抵押财产折价或者以拍卖、变卖该抵押财产所得的价款优先受偿。协议损害其他债权人利益的，其他债权人可以在知道或者应当知道撤销事由之日起1年内请求人民法院撤销该协议。抵押权人与抵押人未就抵押权实现方式达成协议的，抵押权人可以请求人民法院拍卖、变卖抵押财产。抵押财产折价或者变卖的，应当参照市场价格。"

根据上述规定，抵押权人实现抵押权有以下方式：

1. 当事人协议折价、拍卖、变卖抵押财产。根据上引规定，抵押权人实现抵押权应先与抵押人协议。

折价，系抵押权人可以行使抵押权时，抵押权人与抵押人协议根据抵押财产的品质及价值把抵押财产的所有权移转给抵押权人（债权人）。根据上引《物权法》的规定，抵押财产折价应当参照市场价格。但抵押人与抵押权人折价的协议不得损害抵押人的其他债权人的利益（比如故意低估抵押财产的价值，从而抵押人的其他债权人无法或难以受偿），在此情形，抵押人的其他债权人有撤销权，该撤销权的除斥期间为1年。

拍卖，系依《拍卖法》通过公开竞价的方式，将特定财产权利转让给最高应价者的买卖方式。

变卖，是以通常的买卖形式出卖抵押财产以实现债权的方式。变卖与公开竞价的拍卖方式不同，拍卖具有更高的公开性与透明性；而变卖则为一般的买卖方式，即由抵押人与买受人订立买卖合同，然后根据合同及法律移转抵押财产的所有权，因此变卖是一种更为简易的方式，无需经过严格的程序也无需竞价，但依上引《物权法》规定，变卖抵押财产应参照市场价格，如损害抵押人其他债权人的利益，则其他债权人有撤销权。

2. 请求人民法院拍卖、变卖抵押财产。抵押权人与抵押人未就抵押权实现方式达成协议的，抵押权人可以请求人民法院拍卖、变卖抵押财产。

关于通过法院实现抵押权的程序，我国《民事诉讼法》2012年进行了修正，在第15章"特别程序"单列第7节"实现担保物权案件"，简化了实现担保物权的程序，无需判决可以裁定拍卖、变卖担保财产。《民事诉讼法》第196条规定："申请实现担保物权，由担保物权人以及其他有权请求实现担保物权的人依照《物权法》等法律，向担保财产所在地或者担保物权登记地基层人民法院提出。"第197条规定："人民法院受理申请后，经审查，符合法律规定的，裁定拍卖、变卖担保财产，当事人依据该裁定可以向人民法院申请执行；不符合法律规定的，裁定驳回申请，当事人可以向人民法院提起诉讼。"

第六节　抵押权的消灭

《物权法》第177条规定："有下列情形之一的，担保物权消灭：①主债权消灭；②担保物权实现；③债权人放弃担保物权；④法律规定担保物权消灭的其他情形。"

一、主债权消灭

主债权的消灭，可能因清偿、抵消、混同、提存、免除、合同的解除等原因（见《合同法》第 91 条）。抵押权存在从属性，其所担保的主债权消灭，抵押权也消灭。

需说明的是主债权罹于诉讼时效不受法律保护，并非属于主债权消灭的情形，但根据我国《物权法》的规定，抵押权将不受保护，另见下述。

二、担保物权实现

抵押权作为担保物权，其实现后，不论其所担保的债权是否全部受偿，抵押权均消灭。

三、债权人放弃担保物权

如前所述，抵押权人有权处分其抵押权，包括抛弃抵押权，抵押权人抛弃抵押权的，抵押权消灭。

四、法律规定担保物权消灭的其他情形

1. 经抵押权人同意，抵押财产转让。根据《物权法》第 191 条的规定，抵押期间，抵押人经抵押权人同意转让抵押财产的，应当将转让所得的价款向抵押权人提前清偿债务或者提存。转让的价款超过债权数额的部分归抵押人所有，不足部分由债务人清偿。在此，抵押财产转让，则抵押权消灭。

2. 抵押财产灭失或被征收。抵押财产灭失或被征收，抵押权作为物权也消灭。但根据《物权法》第 174 条的规定，抵押权具有物上代位性，"……担保物权人可以就获得的保险金、赔偿金或者补偿金等优先受偿。被担保债权的履行期未届满的，也可以提存该保险金、赔偿金或者补偿金等。"

3. 抵押财产为第三人善意取得。如果善意第三人依《物权法》第 106 条善意取得抵押财产的所有权，抵押权消灭。

第七节　抵押权与诉讼时效

根据《物权法》第 202 条的规定，"抵押权人应当在主债权诉讼时效期间行使抵押权；未行使的，人民法院不予保护。"该条表述与《民法通则》关于诉讼时效的表述（《民法通则》第 137 条）类似，即为"人民法院不予保护"。但学理上一般认为，适用诉讼时效的请求权罹于诉讼时效并不消灭，只是丧失胜诉权或对方当事人产生抗辩权，该请求权因此成为自然权利。

《物权法》的该表述与《合同法》第 55 条的表述不同，后者是撤销权经过除斥期间后撤销权"消灭"。因此，上述《物权法》的规定似乎应理解为抵押权适用主债权的"诉讼时效"期间。如果抵押权适用"诉讼时效"，从而会产生如下问题，值得研究：如抵押权人在主债权诉讼时效期间已过而要求行使抵押权，抵押人同意，则抵押权人不应构成不当得利，但是否会因此影响抵押人其他债权人的利益？从而抵押人的其他债权人能否提出异议或撤销？抵押人是否还有权向债务人追偿？

上述《物权法》第 202 条的规定与此前我国《担保法司法解释》的有关规定不同，与我国台湾地区现行"民法"有关抵押权适用除斥期间的规定也不同，值得注意。

第八节　特殊抵押

一、最高额抵押

1. 制度含义。《物权法》第 203 条规定："为担保债务的履行，债务人或者第三人对一定期间内将要连续发生的债权提供担保财产的，债务人不履行到期债务或者发生当事人约定的实现抵押权的情形，抵押权人有权在最高债权额限度内就该担保财产优先受偿。最高额抵押权设立前已经存在的债权，经当事人同意，可以转入最高额抵押担保的债权范围。"

根据《物权法》的上述规定，最高额抵押，是抵押人与抵押权人协议，最高债权额限度内，以抵押财产对一定期间内连续发生的不特定的债权所设定的担保物权。

最高额抵押，又称最高限额抵押，其与一般抵押仅提供一次的信用供给不同。最高额抵押制度之所以有存在及发展的空间，在于：一是，该制度对维系长期持久的信用关系，促进资金的周转与融通，推动现代市场经济的发展具有积极的意义；二是，一般抵押权针对某个特定的债权而设，而对一定期间持续发生的多次的交易关系而言，一般抵押过于烦琐，为突破一般抵押制度这种一一对应而设立的抵押担保关系，最高额抵押制度应运而生。最高额抵押制度降低交易中的交易费用、提高交易效率和资源利用率的作用是显而易见的。

2. 最高额抵押的特性。最高额抵押权所担保的债权一般是将来的债权而且在最高额抵押成立时主债权数额一般并不确定，但经当事人同意，最高额抵押权设立前已经存在的债权，可以转入最高额抵押担保的债权范围（《物权法》第203条）。这一特点与一般抵押制度不同，一般抵押权所担保的主债权数额在抵押权成立时一般是确定的（当然如利息、赔偿金、违约金、实现抵押权的费用等金额可能并不确定）。

最高额抵押权存在最高债权额限度。普通抵押权无需设立最高限额，因为其所担保的债权一般是确定的和特定的。对于最高额抵押，如果没有最高债权额限度的要求，就无法确定抵押权人能够优先受偿的抵押财产的交换价值的范围，而且还会影响到后顺位的抵押权人或抵押人的一般债权人的利益，因此，需要确定最高债权额限度，而且须在抵押权成立时予以登记，并且，"最高额抵押担保的债权确定前，抵押权人与抵押人可以通过协议变更债权确定的期间、债权范围以及最高债权额,但变更的内容不得对其他抵押权人产生不利影响"(《物权法》第205条)。

此外,须指出的是最高额抵押与一般抵押有关主债权转让、抵押权是否转让方面规定的不同:就普通抵押权而言,"抵押权不得与债权分离而单独转让或者作为其他债权的担保。债权转让的,担保该债权的抵押权一并转让,但法律另有规定或者当事人另有约定的除外"(《物权法》第192条),也就是说对于普通抵押权,一般是抵押权随主债权转让而转让;而对于最高额抵押权,《物权法》第204条规定:"最高额抵押担保的债权确定前,部分债权转让的,最高额抵押权不得转让,但当事人另有约定的除外。"也就是说,对最高额抵押权,在主债权额确定前,部分债权转让但最高额抵押权将不转让、除非当事人另有约定。

3. 最高额抵押权的设立。《物权法》第207条规定,"最高额抵押权除适用本节规定外,适用本章第一节一般抵押权的规定。"因此,最高额抵押权也应通过法律行为设立,并且其变动及公示应同普通抵押权一样。

但与普通抵押合同不同,最高额抵押合同需确定最高债权额限度,因为如果没有最高债权额限度,就无法成立最高额抵押。

最高额抵押合同可以约定决算期,即约定主债权确定的日期。如果未约定或约定不明,则适用《物权法》第206条的规定。

4. 最高额抵押担保的债权的确定。《物权法》第206条规定:"有下列情形之一的,抵押权人的债权确定:①约定的债权确定期间届满;②没有约定债权确定期间或者约定不明确,抵押权人或者抵押人自最高额抵押权设立之日起满2年后请求确定债权;③新的债权不可能发生;④抵押财产被查封、扣押;⑤债务人、抵押人被宣告破产或者被撤销;⑥法律规定债权确定的其他情形。"

最高额抵押由于该制度本身的特性,其所担保的债权在确定之前一直保持流动和变化(当然不超过最高限额)。但最高额抵押权终究是为了担保债权的优先受偿而存在的,抵押权实现之际即实现担保价值时,实际优先受偿的债权必须特定,包括种类及数额。

确定最高额抵押权担保的债权的事由,可以分为两类:一是约定的事由,见上述第1项;二是法定的事由,见上述2~6项。

而最高额抵押权所担保的债权一旦确定,该最高额抵押权就变成了普通抵押权。

二、动产浮动抵押

1. 制度含义。动产浮动抵押权是我国《物权法》规定的不同于普通抵押权的担保物权形式。

《物权法》第180条规定了可以抵押的财产,实际上包括了不动产抵押、动产抵押、权利抵押及共同抵押的情况;《物权法》第181条则规定了动产浮动抵押。

《物权法》第181条规定:"经当事人书面协议,企业、个体工商户、农业生产经营者可以将现有的以及将有的生产设备、原材料、半成品、产品抵押,债务人不履行到期债务或者发生当事人约定的实现抵押权的情形,债权人有权就实现抵押权时的动产优先受偿。"

动产浮动抵押与上述最高额抵押不同。最高额抵押的特点在于最高额抵押权成立时其所担保的债权并不特定或确定,但抵押财产是确定的,抵押财产可以是不动产、动产、权利,也可以是共同抵押甚至动产浮动抵押。而动产浮动抵押,其特点在于抵押财产是经营者现有的以及将有的动产,而且该等作为抵押财产的动产在抵押权成立时是不确定的、变化的。

动产浮动抵押制度系引进英美法的制度,体现了英美法的灵活及务实的特点,突破了大陆法系僵化的物权必须特定的固化思维。大陆法系物权法一般认为物权的客体必须特定,只能在具体及特定的物上面才能成立物权,而如上所述,动产浮动抵押权成立时,抵押的动产一直处于变化之中,当然最终实现抵押权时抵押财产是确定的（《物权法》第 196 条）。

2. 动产浮动抵押的公示及其效力。《物权法》第 189 条规定："企业、个体工商户、农业生产经营者以本法第 181 条规定的动产抵押的，应当向抵押人住所地的工商行政管理部门办理登记。抵押权自抵押合同生效时设立；未经登记，不得对抗善意第三人。依照本法第 181 条规定抵押的，不得对抗正常经营活动中已支付合理价款并取得抵押财产的买受人。"

可见，动产浮动抵押应当办理登记，抵押权在抵押合同生效时设立，经登记可取得对抗善意第三人的效力，但即使登记也"不得对抗正常经营活动中已支付合理价款并取得抵押财产的买受人"。

3. 动产浮动抵押财产的确定。动产浮动抵押的特点在于作为抵押的动产在抵押权设立时并不确定。根据《物权法》第 196 条的规定，依照本法第 181 条规定设定抵押的，抵押财产自下列情形之一发生时确定：①债务履行期届满，债权未实现；②抵押人被宣告破产或者被撤销；③当事人约定的实现抵押权的情形；④严重影响债权实现的其他情形。

而一旦浮动抵押财产确定，则转化为普通抵押。

❓ 本章思考题

1. 什么是抵押权？抵押权有哪些种类？
2. 什么财产可以抵押？什么财产不可以抵押？
3. 根据抵押物的不同，抵押权何时设定？
4. 抵押权有什么效力？
5. 如何实现抵押权？
6. 什么是动产浮动抵押？其有什么特点？
7. 什么是最高额抵押？其与一般的抵押有何不同？通常什么情况下会用到这种抵押方式？

本章推荐阅读文献

1. 史尚宽：《物权法论》，中国政法大学出版社2000年版，相关章节；

2. 郑玉波：《民法物权》，三民书局1980年版，相关章节；

3. 周林彬：《物权法新论——一种法律经济分析的观点》，北京大学出版社2002年版；

4. 郭明瑞：《担保法》，法律出版社2004年版，相关章节；

5. 程啸：《物权法·担保物权》，中国法制出版社2005年版，相关章节。

6. 刘家安：《物权法论》，中国政法大学出版社2015年版，相关章节。

第十三章 质 权

第一节 质权概述

一、质权的概念

质权,是债务人或第三人将特定的财产交由债权人占有或进行适当登记,作为债权的担保,在债务人不履行债务时,债权人可将该财产折价或拍卖、变卖并从所得价款中优先受偿的权利。

债务人或第三人交由债权人占有或进行适当登记的用于担保债权人债权实现的特定财产（包括动产或部分财产权利）称为质物,提供质物的债务人或第三人称为出质人,债权人称为质权人。

从历史上看,质权制度最初表现为动产质押,即质权的标的为一般的动产,后来发展为部分财产权利也可以作为债权的标的。此外,当事人可以协议设立最高额质权,我国《物权法》第222条规定:"出质人与质权人可以协议设立最高额质权。最高额质权除适用本节有关规定外,参照本法第16章第2节最高额抵押权的规定。"

二、质权的特征

质权具有以下特征:

1. 质权是为担保债权实现的担保物权。质权是担保物权的一种，其目的是为了担保一定债权的实现。从而质权是主债权的从权利，具有从属性。

2. 质权的标的须为出质人提供的特定的动产或权利。质权的标的只能是出质人提供的动产或可转让的权利，而且必须特定。而抵押权的标的主要是不动产，也可以是动产或权利，而且由于动产浮动抵押制度的存在，抵押财产在抵押权设立时甚至可以是不特定的。质权是财产上设定的担保物权

3. 质权是意定担保物权。质权的一般是通过质权人（债权人）与出质人（债务人或第三人）通过出质合同或质押合同设定，因此与抵押权一样同属于意定担保物权。

4. 质权以转移标的物的占有或登记为生效要件。动产质权的设定以质权人占有标的物作为生效要件，也就是说，当事人之间设定质权必须转移质物的占有。《物权法》第212条规定："质权自出质人交付质押财产时设立。"

权利质权的设定，则须交付权利凭证或进行登记。《物权法》第224条规定："以汇票、支票、本票、债券、存款单、仓单、提单出质的，当事人应当订立书面合同。质权自权利凭证交付质权人时设立；没有权利凭证的，质权自有关部门办理出质登记时设立。"

而对于抵押权，如不动产及权利抵押，如前所述，登记是抵押权产生的要件，动产抵押权自抵押合同生效时成立但登记产生对抗第三人的效力。

5. 质权是兼具留置性及优先受偿性的担保物权。动产质权以移转标的物的占有为要件，因此，在质权所担保的主债权得以实现之前，质权人将留置质物并有权拒绝质物所有人的返还请求；同时，当债务人于债务届清偿期时如不履行债务，质权人有权以质物变价并优先受偿。因此，质权具留置效力及优先受偿效力，而抵押权则仅具优先受偿效力而并无对抵押财产的留置效力。

第二节 动产质权

一、动产质权概述

动产质权的标的物为动产，是债务人或第三人作为出质人将其动产（称为质物或质押财产）移交给作为质权人的债权人占有，将该动产作为债权人债权实现的担保，在债务人不履行债务时，质权人依法将该动产折价、拍卖或变卖并从所得价款中优先受偿的权利。

《物权法》第208条规定："为担保债务的履行，债务人或者第三人将其动产出质给债权人占有的，债务人不履行到期债务或者发生当事人约定的实现质权的情形，债权人有权就该动产优先受偿。前款规定的债务人或者第三人为出质人，债权人为质权人，交付的动产为质押财产。"

动产质权的设立以转移动产的占有为要件，因此其兼具留置性及优先受偿性，此外其与抵押权一样属于意定担保物权。

二、动产质权的设立与公示

质权主要是通过法律行为取得，当然也存在非基于法律行为取得质权，比如通过继承及善意取得[1]，在中国大陆以外的司法区域，还可能存在基于取得时效或其他直接基于法律规定取得质权的情形。这里主要介绍基于法律行为取得质权的情形。

通过法律行为取得动产质权，包括通过订立质押合同或质权合同设立质权，以及通过质权的让于取得质权。

1. 质权合同。质权合同（《担保法》的表述为质押合同）属于要式合同，须以书面形式订立（《物权法》第210条第1款规定：

---

[1] 见《物权法》第106条第3款，"当事人善意取得其他物权的……"参照动产及不动产所有权的善意取得。

"设立质权,当事人应当采取书面形式订立质权合同")。但根据《合同法》第36条的规定,法律、行政法规规定或者当事人约定采用书面形式订立合同,当事人未采用书面形式但一方已经履行主要义务,对方接受的,该合同成立。可见,《合同法》对合同的要式采取宽松的态度,体现了法律鼓励交易的意旨

根据《物权法》第210条第2款的规定,质权合同一般包括下列条款:①被担保债权的种类和数额;②债务人履行债务的期限;③质押财产的名称、数量、质量、状况;④担保的范围;⑤质押财产交付的时间。

需说明的是关于质物,作为动产质权标的的质物须为动产,而且须符合以下条件:①该动产须为特定物。因为动产质权的成立须转移质物的占有,因此,质物须特定。②该动产须法律上允许流通或允许转让。《物权法》第209条规定:"法律、行政法规禁止转让的动产不得出质。"

此外,如上所述,质权合同禁止流质的约定。《物权法》第211条规定:"质权人在债务履行期届满前,不得与出质人约定债务人不履行到期债务时质押财产归债权人所有。"该规定为强制性规定,如果当事人约定,该约定应为无效,但不一定必然导致质权合同全部无效。

根据我国《物权法》第15条的规定,合同与物权变动相分离,同抵押合同一样,质权合同属债权合同,其成立与生效应当与质权的生效或设定分别判断。

2. 动产质权的让于。我国《物权法》未就质权随债权转让而让与进行规定,而对抵押权随债权转让而转让进行了规定[1]。

---

〔1〕 见《物权法》第192条:"抵押权不得与债权分离而单独转让或者作为其他债权的担保。债权转让的,担保该债权的抵押权一并转让,但法律另有规定或者当事人另有约定的除外。"

质权人作为债权人有权转让其债权应无疑问,但质权是否因此转移以及什么时候转移,值得讨论。理论上,由于动产质权具有从属性,质权不应单独转让,而应在债权人(质权人)将其债权让于第三人时,质权应随之转移(当然,当事人应可约定排除)。

3. 设立动产质权的公示。《物权法》第212条规定:"质权自出质人交付质押财产时设立。"

需说明的是出质合同或质押合同的效力应当与质权的设立或生效应当分别判断,这一点应该与抵押权的成立与抵押合同效力分别判断相同。

但根据《物权法》关于动产交付的规定,动产的交付方式除了现实交付,还有简易交付、指示交付及占有改定(《物权法》第25~27条)。出质人向质权人交付质物,不应采取占有改定的方式交付质物,否则会影响交易安全,但应可采取现实交付、指示交付及简易交付的方式交付质物。

三、动产质权的效力

1. 动产质权担保的债权范围。质权作为意定担保物权,所担保的债权范围可以由当事人约定,无约定则适用法律规定。《物权法》第173条的规定:"担保物权的担保范围包括主债权及其利息、违约金、损害赔偿金、保管担保财产和实现担保物权的费用。当事人另有约定的,按照约定。"因此,如果当事人有约定,按照约定;无约定,则为主债权及其利息、违约金、损害赔偿金、保管担保财产和实现担保物权的费用。

2. 动产质权标的物的范围。一般的,动产质权的标的物范围应包括作为质物的动产、从物、天然孳息、添附物及代位物。

《物权法》第213条规定:"质权人有权收取质押财产的孳息,但合同另有约定的除外。前款规定的孳息应当先充抵收取孳息的费用。"

《物权法》第174条规定:"担保期间,担保财产毁损、灭失或者被征收等,担保物权人可以就获得的保险金、赔偿金或者补偿金等优先受偿。被担保债权的履行期未届满的,也可以提存该保险金、赔偿金或者补偿金等。"

3. 出质人的权利。

(1) 质押财产的收益权。质押财产因转移占有,出质人对于质押财产的使用和收益原则上并不继续享有。对质押财产孳息的收取权,如上所述,根据我国《物权法》第213条的规定,原则上由质权人收取,除非由当事人另外约定。因此,如果当事人约定,出质人也可享有质押财产的收益权。

(2) 质押财产的处分权。质押财产虽转移占有,但出质人仍拥有质押财产虽所有权,因此出质人仍享有质押财产的处分权。但这里的处分将只是法律上的处分,而不包括事实上的处分,因为担保期间质押财产由质权人占有。但是,出质人对质押财产进行法律上的处分,将受到质权的限制并且不得对抗质权,除非提前清偿或以其他方式消灭质权。

(3) 损害赔偿请求权及保全质押财产请求权。《物权法》第214条规定,质权人在质权存续期间,未经出质人同意,擅自使用、处分质押财产,给出质人造成损害的,应当承担赔偿责任。

《物权法》第215条规定:"质权人负有妥善保管质押财产的义务;因保管不善致使质押财产毁损、灭失,应当承担赔偿责任。质权人的行为可能使质押财产毁损、灭失的,出质人可以要求质权人将质押财产提存,或者要求提前清偿债务并返还质押财产。"

《物权法》第217条规定,质权人在质权存续期间,未经出质人同意转质,造成质押财产毁损、灭失的,应当向出质人承担赔偿责任。

《物权法》第220条规定:"出质人可以请求质权人在债务履行期届满后及时行使质权;质权人不行使的,出质人可以请求人民法院拍卖、变卖质押财产。出质人请求质权人及时行使质权,因质权人怠于行使权利造成损害的,由质权人承担赔偿责任。"

4. 质权人的权利。

(1) 质押财产的占有权。动产质权以质押财产的转移占有为质权的成立要件,因此,质权人只有持续不断地占有质押财产,才能维持质权的有效存续,如果丧失占有,质权有可能由此消灭。

因此质权人有权占有质押财产,并可以拒绝出质人或第三取得人的返还请求。

(2) 孳息收取权。如上所述,《物权法》第213条规定孳息原则上由质权人收取,除非由当事人另外约定。

(3) 转质。质权人为担保其自己或他人的债务,可以将质押财产为其他债权人设定新的质权。我国《物权法》并未禁止转质,但第217条规定:"质权人在质权存续期间,未经出质人同意转质,造成质押财产毁损、灭失的,应当向出质人承担赔偿责任。"该规定似乎并不要求转质必须经原出质人同意,因此未经原出质人同意转质并不当然无效[1],但可能产生出质人的所有权、损害赔偿请求权与新质权人的冲突,需待解决。

(4) 质权保全权。质押财产系以其交换价值担保债权的受偿,因此,如质押财产有损坏或价值有明显减少并足以危害质权人的担保利益时,质权人应有权保全其质权。

《物权法》第216条规定:"因不能归责于质权人的事由可能使质押财产毁损或者价值明显减少,足以危害质权人权利的,质权人有权要求出质人提供相应的担保;出质人不提供的,质权人可以拍卖、变卖质押财产,并与出质人通过协议将拍卖、变卖所得的价款提前清偿债务或者提存。"

(5) 质权受侵害所生之请求权。作为担保物权,质权有对世权的性质,因此质权人原则上有物权请求权,包括对不法侵占质押财

---

[1] 当然,第三人该可以依据《物权法》第106条善意取得质权。

产人的返还请求权、妨害防止请求权及排除妨害请求权,参见《物权法》有关占有的规定。

(6)优先受偿权。动产质权作为担保物权,质权人有权就质押财产优先受偿,优先于出质人的一般债权人的债权。

(7)质权处分权。质权的处分权包括质权的抛弃及转让。《物权法》第218条规定:"质权人可以放弃质权。债务人以自己的财产出质,质权人放弃该质权的,其他担保人在质权人丧失优先受偿权益的范围内免除担保责任,但其他担保人承诺仍然提供担保的除外。"

同时,质权作为担保物权具有从属性,原则应可虽主债权转让而转让。参见上述有关抵押权的处分。

5. 物上担保人对债务人的追偿权。如果是第三人作为出质人,该第三人即为物上保证人,其代为清偿时,其对债务人有追偿权。根据《物权法》第176条的规定,提供担保的第三人承担担保责任后,有权向债务人追偿。

四、动产质权的消灭

动产质权的消灭除了担保物权共同消灭的原因(见《物权法》第177条),还可能因以下原因消灭:

1. 质押财产返还,由于动产质权以质押财产的占有作为生效要件与存续的要件,当质权人将质押财产返还出质人时,质权人即丧失对质押财产的占有,从而无法通过占有向外界公示其在动产上存在的质权,为交易安全、防止第三人蒙受交易上的损失,质权应归于消灭。

但质押财产的占有从质权人移转至出质人,应区分是否基于质权人的意思,如质押财产系非基于质权人的意思移转占有至出质人(比如被偷窃、抢夺等原因),则质权不一定消灭。我国《物权法》第245条规定:"占有的不动产或者动产被侵占的,占有人有权请求返还原物;对妨害占有的行为,占有人有权请求排除妨害或者消除危险；因侵占或者妨害造成损害的，占有人有权请求损害赔偿。占有人返还原物的请求权，自侵占发生之日起一年内未行使的，该请求权消灭。"我国《担保法司法解释》第 87 条规定："出质人代质权人占有质物的，质押合同不生效；质权人将质物返还于出质人后，以其质权对抗第三人的，人民法院不予支持。因不可归责于质权人的事由而丧失对质物的占有，质权人可以向不当占有人请求停止侵害、恢复原状、返还质物。"

我国《物权法》未明确动产质权因质押财产的返还而消灭，值得讨论。

2. 质押财产灭失。物权因物的灭失而消灭。动产质权作为担保物权亦同。但如上所述，动产质权有物上代位性，其效力及于因质押财产毁损、灭失或者被征收等获得的保险金、赔偿金或者补偿金。

3. 质权人丧失占有且无法请求返还。我国《物权法》第 245 条第 2 款规定："占有人返还原物的请求权，自侵占发生之日起 1 年内未行使的，该请求权消灭。"质权人如丧失占有又无权请求返还（又比如质押财产被非法占有，而且第三人善意取得质押财产），则质权消灭，但损害赔偿请求权不一定消灭。

五、最高额质权

根据我国《物权法》的规定，当事人可以协议设定最高额质权。《物权法》第 222 条规定："出质人与质权人可以协议设立最高额质权。最高额质权除适用本节有关规定外，参照本法第 16 章第 2 节最高额抵押权的规定。"

第三节　权利质权

一、权利质权概述

1. 制度含义。权利质权，是指以所有权以外具有财产权性质的民事权利为标的而设定的质权,即出质人(债务人本人或第三人)将该权利的凭证移交质权人占有或进行适当登记,担保债务人债务的履行,当债务人不履行债务时,债权人有权依据规定以该权利变价所得价款优先受偿的权利。

我国《物权法》第223条规定:"债务人或者第三人有权处分的下列权利可以出质:①汇票、支票、本票;②债券、存款单;③仓单、提单;④可以转让的基金份额、股权;⑤可以转让的注册商标专用权、专利权、著作权等知识产权中的财产权;⑥应收账款;⑦法律、行政法规规定可以出质的其他财产权利。"

2. 权利质权的公示,权利质权的设立需要进行公示。根据我国《物权法》的规定,对于不同的权利质权公示方式不同,主要是交付权利凭证或进行适当登记。

根据《物权法》第224条的规定,以汇票、支票、本票、债券、存款单、仓单、提单出质的,当事人应当订立书面合同。质权自权利凭证交付质权人时设立;没有权利凭证的,质权自有关部门办理质权登记时设立。

根据《物权法》第226条第1款的规定,以基金份额、股权出质的,当事人应当订立书面合同。以基金份额、证券登记结算机构登记的股权出质的,质权自证券登记结算机构办理出质登记时设立;以其他股权出质的,质权自工商行政管理部门办理质权登记时设立。

根据《物权法》第227条第1款的规定,以注册商标专用权、专利权、著作权等知识产权中的财产权出质的,当事人应当订立书面合同。质权自有关主管部门办理质权登记时设立。

根据《物权法》第228条第1款的规定,以应收账款出质的,当事人应当订立书面合同。质权自信贷征信机构办理出质登记时设立。

以应收账款质押登记为例,其至于登记机构为人民银行征信中心。《应收账款质押登记办法》(中国人民银行令〔2007〕第 4 号)第 2 条规定:"中国人民银行征信中心(以下简称征信中心)是应收账款质押的登记机构。征信中心建立应收账款质押登记公示系统(以下简称登记公示系统),办理应收账款质押登记,并为社会公众提供查询服务。"

该办法第 4 条规定"本办法所称的应收账款是指权利人因提供一定的货物、服务或设施而获得的要求义务人付款的权利,包括现有的和未来的金钱债权及其产生的收益,但不包括因票据或其他有价证券而产生的付款请求权。

本办法所称的应收账款包括下列权利:①销售产生的债权,包括销售货物,供应水、电、气、暖,知识产权的许可使用等;②出租产生的债权,包括出租动产或不动产;③提供服务产生的债权;④公路、桥梁、隧道、渡口等不动产收费权;⑤提供贷款或其他信用产生的债权。"

该办法第 5 条规定:"在同一应收账款上设立多个质权的,质权人按照登记的先后顺序行使质权。"

比较有意思的是该办法规定了应收账款质押登记的登记期限。该办法第 12 条规定:"质权人自行确定登记期限,登记期限以年计算,最长不得超过 5 年。登记期限届满,质押登记失效。"第 13 条规定:"在登记期限届满前 90 日内,质权人可以申请展期。质权人可以多次展期,每次展期期限不得超过 5 年。"

二、各种权利质权

1. 有价证券质权。广义的有价证券,指表示民事权利的证券,行使民事权利以持有证券为必要。广义的有价证券在现代生活中极多,如票据(包括汇票、本票、支票)、提单(陆上运送提单、海上运送提单、空中运送提单,甚至多式联运提单及无船承运提单等)、股票、仓单、债券、各式交通票证(车票、船票、机票)、购物券、影剧票等。[1]

根据上引我国《物权法》第223条的规定，可作为质权标的的有价证券包括：①汇票、支票、本票；②债券、存款单[2]；③仓单、提单；④可以转让的基金份额、股权。

根据《物权法》第224条及第226条的规定，有价证券出质，须订立书面合同；有权利凭证的，质权自交付权利凭证时设立；无权利凭证的，质权自有关部门办理出质登记时设立；以基金份额、证券登记结算机构登记的股权出质的，质权自证券登记结算机构办理出质登记时设立；以其他股权出质的，质权自工商行政管理部门办理出质登记时设立。

2. 知识产权质权。知识产权是一种独立的民事权利，包括著作权、注册商标专用权、专利权等权利，知识产权中包括部分具有财产权性质的内容，并且可以转让，因此物权法的上述规定中将注册商标专用权、专利权、著作权等知识产权中的财产权作为可以出质的权利。

在知识产权上成立质权，须至有关主管部门（知识产权局、版权局及工商行政管理局下属之商标局）进行质权登记。国家版权局制定有《著作权质权登记办法》（2010），国家版权局指定中国版权保护中心[3]为著作权质权登记机构。"国家工商行政管理总局商标局负责办理注册商标专用权质权登记。"（国家工商行政管理总局《注册商标专用权质权登记程序规定》第1条，"工商标字〔2009〕182号"）。"国家知识产权局负责专利权质押登记工作。"（《专利权质押登记办法》第2条，国家知识产权局令第56号，2010年）

---

〔1〕 参见谢怀栻：《票据法概论》，法律出版社1990年版，第8~9页。

〔2〕 需说明的是，存款单应属于资格证券。见上述谢怀栻：《票据法概论》，法律出版社1990年版，第3页。

〔3〕 中国版权保护中心网址 http://www.ccopyright.com.cn。

但知识产权中的财产权出质后，出质人不得转让或者许可他人使用，但经出质人与质权人协商同意的除外。出质人转让或者许可他人使用出质的知识产权中的财产权所得的价款，应当向质权人提前清偿债务或者提存。

3. 债权质权。一般债权，即未证券化的债权，这些债权没有像债券、票据那样以商业性的权利凭证出现，而是主要表现为合同债权。一般债权作为财产权，可以出质。

如上所述，我国《物权法》第223条明确规定了"应收账款"可以出质，但质权自信贷征信机构办理出质登记时设立。依据上述《应收账款质押登记办法》（中国人民银行令〔2007〕第4号）中国人民银行征信中心是应收账款质押的登记机构。

4. 其他权利质权。我国《物权法》第223条还规定，"法律、行政法规规定可以出质的其他财产权利"可以作为质权的标的。根据《担保法司法解释》的规定，公路桥梁、公路隧道或者公路渡口等不动产收益权适用我国《担保法》第75条的规定办理，即可以按照法律及行政法规的规定出质。

依据上述《应收账款质押登记办法》，"公路、桥梁、隧道、渡口等不动产收费权"是作为应收账款进行质押登记的。

第四节 质权的实现

质权的实现，即质权所担保的债权已届清偿期而未清偿时，质权人可以要求实现质权并优先受偿。

一、实现的要件

质权人实现质权，须具备以下条件：①质权须有效存在；②须出现债务人不履行到期债务或者发生当事人约定的实现质权的情形。

质权人实现其质权是质权的重要内容。《物权法》第219条规定，"债务人履行债务或者出质人提前清偿所担保的债权的，质权人应当返还质押财产。债务人不履行到期债务或者发生当事人约定的实现质权的情形,质权人可以与出质人协议以质押财产折价,也可以就拍卖、变卖质押财产所得的价款优先受偿。质押财产折价或者变卖的,应当参照市场价格"。

二、实现方式

根据上引《物权法》第219条的规定,质权人实现质权的方式,包括:①质权人与出质人协议以质押财产折价;②协议拍卖、变卖质押财产。

质权人与出质人协议以质押财产折价,自然不应损害其他债权人的利益,否则,该第三人应有权撤销。

同时,《物权法》第220条规定:"出质人可以请求质权人在债务履行期届满后及时行使质权;质权人不行使的,出质人可以请求人民法院拍卖、变卖质押财产。出质人请求质权人及时行使质权,因质权人怠于行使权利造成损害的,由质权人承担赔偿责任。"

实务中,一般由质权人占有质押财产的动产质权,质权人会自行委托拍卖、变卖;需登记的质权,一般应依照《民事诉讼法》(2012年)第196、197条规定的"实现担保物权案件"的特别程序,向担保物权登记地基层人民法院提出申请实现担保物权。

 案例

嵊州市杭丝金海盈制衣有限公司与 汪华占有物返还纠纷案[1]

案件事实:经审理查明:原告曾向被告借款200万元,应位秋与徐红君为该借款作担保。后应位秋向被告交付贺天健的《秋客晚

---

〔1〕 浙江省嵊州市人民法院民事判决书"(2015)绍嵊民初字第409号",载中国裁判文书网(http://www.court.gov.cn)可以查到。

更亲》、萧谦中的《观沧海》、陈半丁的《双清》、萧谦中的《玉峡飞龙》、朱梅邨的《云根乔松》、申石伽的《幽岩高隐图》、吴镜汀的《山居图》、赵云壑的《菊花扇片》、吴琴木的《听松》、萧愻的《秋山观瀑》、胡佩衡的《秋水峰岚》等11幅画作作为上述借款的质押物。

2014年4月30日，原告以经营不善，已停产歇业，且已严重资不抵债，无力偿还到期债务为由，向法院申请进行破产清算。法院于2014年5月13日受理了原告的破产清算申请并于2014年6月6日指定浙江世纪方正律师事务所为破产管理人。被告于2014年8月13日向管理人申报了包括前述借款在内的6 244 470元的债权。现原告起诉来院，要求被告返还前述11幅画作。

另查明，应位秋系原告的法定代表人。案涉的十一幅画作系应位秋作为质押物交付给被告，这些画已经在原告处做账。另外，应位秋明确表示案涉画作系原告所有。

法院认为，本案的主要争议焦点为：①案涉的质权是否成立。②案涉的十一幅画作是应位秋所有还是原告所有。最终法院认定质权合同成立，同时，法院认为动产质权成立，不管该动产质物是来自债务人原告还是第三人应位秋，对债权人而言，都不影响其在债务人不履行到期债务时对该动产优先受偿的权利，在双方均没有提供足够证据证明己方主张的情况下，法院认定应位秋向被告交付案涉画作时的身份是原告的法定代表人。根据最高人民法院《关于适用〈中华人民共和国企业破产法〉若干问题的规定（二）》第3条的规定，该画作应认定为原告的财产。同时根据《破产法》第17条的规定，被告应将画作交付给原告的管理人。但管理人在接收该画作后，应当保障被告的质权，即应当就该画作折价或者以拍卖、变卖该动产的价款优先偿还对被告的债务。

一审判决：被告作为质权人向作为原告破产管理人的浙江世纪方正律师事务所交付作为质物的11幅画作。

评析： 法院认定质权合同成立及动产质权成立，应该说认定正确。但质权人是否应将只有的画作返还给出质人的破产管理人，值得讨论，相关法律适用也值得讨论。

法院依据《企业破产法》第17条第1款"人民法院受理破产申请后，债务人的债务人或者财产持有人应当向管理人清偿债务或者交付财产"；最高人民法院《关于适用〈中华人民共和国企业破产法〉若干问题的规定（二）》第3条第1款规定"债务人已依法设定担保物权的特定财产，人民法院应当认定为债务人财产。"据此，该院认定质押财产属于出质人的财产，质权人应当向破产人（质押人）的破产管理人交付财产。

依据该院的逻辑，留置权人也应当将留置物交付破产人的管理人了。而依据民法体系化的思考方法，动产质权及留置权的最重要的效力即为担保物权人对担保物的占有，担保人破产了，担保物权人反而要将担保物交还给破产的担保人的管理人，匪夷所思。

实际上，《企业破产法》第37条专门就破产管理人取回担保物做出了规定："人民法院受理破产申请后，管理人可以通过清偿债务或者提供为债权人接受的担保，取回质物、留置物。前款规定的债务清偿或者替代担保，在质物或者留置物的价值低于被担保的债权额时，以该质物或者留置物当时的市场价值为限。"维护了担保物权的效力，保护了担保物权人的权益。

该案明显应该适用《企业破产法》第37条，破产管理人要取回担保物，只有通过清偿债务或者提供为债权人接受的担保，才能取回质物、留置物。

❓ 本章思考题

1. 什么是质权？
2. 动产质权何时设立？

3. 哪些权利可以出质？各种权利质权分别如何设立？

4. 质权有什么效力？

5. 什么叫转质？

6. 质权如何实现？

7. 质权消灭有哪些情形？

 本章推荐阅读文献

1. 史尚宽：《物权法论》，中国政法大学出版社2000年版，相关章节；

2. 郑玉波：《民法物权》，三民书局1984年版，相关章节；

3. 郭明瑞：《担保法》，法律出版社2004年版，相关章节；

4. 程啸：《物权法·担保物权》，中国法制出版社2005年版，相关章节；

5. 刘家安：《物权法论》，中国政法大学出版社2015年版，相关章节。

6.《著作权质权登记办法》（2010年）；《注册商标专用权质权登记程序规定》（2009年）；《专利权质押登记办法》（2010年）；《应收账款质押登记办法》（2007年）。

第十四章

留置权

第一节 留置权概述

一、概念

留置权,即债权人已经合法占有债务人的动产,于债务人不履行到期债务时,债权人依法可以留置该动产,并可就该动产优先受偿的权利。

留置权的发生,一般系债权人因某种合同关系已占有该合同项下的债务人的动产,该动产与债权人与债务人的债的关系有着牵连关系,在债务人不履行到期债务时,如果债权人先返还已占有的动产,则债权人的债权可能难以实现,于保护债权人的利益保护十分不利;而且,通常情况,债权人已占有的债务人的动产包含了债权人的劳动成果(如加工承揽合同、运输合同、保管合同、行纪合同等情形),赋予债权人以留置权,可就该动产优先受偿,并无不当。反之,如果占有债务人动产的债权人与债务人的其他债权人处于平等地位、只能就该动产与其他债权人平等受偿,对于已经为该动产提供了劳动或服务并正在占有该动产的债权人而言,有失公允,因为该动产包含了该债权人劳动的结晶。

留置权制度的设立，是民法公平原则的体现和维护。

留置权属于物权中的担保物权，规定在我国《物权法》第四编"担保物权"中。除此以外，我国《海商法》还规定有船舶留置权。

二、特征

留置权作为担保物权具有法定性、从属性及物上代位性等特征。

1. 法定性。担保物权分为意定担保物权和法定担保物权，留置权属于法定担保物权。也就是说，留置权并非基于当事人的法律行为设定，债权人是基于法律的规定而取得留置权的。只要发生债务人不履行给付义务的情况，债权人即可依据法律规定取得依法留置占有的与该债权属于同一法律关系的动产，并且在满足一定条件的情况下可就留置物优先受偿。留置权的这一性质，使之不同于抵押权和质权，后两者均通过合同设立，而留置权无需当事人约定，因为能否适用留置权、留置权的发生的条件直接由法律规定。

但须说明的是，我国《物权法》第232条规定："法律规定或者当事人约定不得留置的动产，不得留置。"当事人约定不得留置，实际上可以看作是债权人事先放弃了留置权。

2. 从属性。留置权作为担保物权，是为了担保债权的实现，因此具有从属于被担保的债权的特征，属于从权利，依主权利的存在而存在，并因主权利的消灭而消灭。另外，留置权在优先受偿时也表现出从属性，即留置物的价值大于主债权时，即使债权人在主债权之外另对债务人有其他一般债权，债权人也不能优先受偿，而只能与债务人的其他债权人一样，平等受偿。

我国《物权法》第233条规定："留置财产为可分物的，留置财产的价值应当相当于债务的金额。"第238条规定："留置财产折价或者拍卖、变卖后，其价款超过债权数额的部分归债务人所有，不足部分由债务人清偿。"

3. 物上代位性。《物权法》第174条规定："担保期间，担保财产毁损、灭失或者被征收等，担保物权人可以就获得的保险金、赔偿金或者补偿金等优先受偿。被担保债权的履行期未届满的，也可以提存该保险金、赔偿金或者补偿金等。"

三、留置担保的适用范围

根据我国《担保法》第84条第1、2款的规定，"因保管合同、运输合同、加工承揽合同发生的债权，债务人不履行债务的，债权人有留置权。法律规定可以留置的其他合同，适用前款规定。"由此可知，留置权一般存在于保管合同、运输合同、加工承揽合同所生的债的关系中。

但我国《物权法》第231条规定："债权人留置的动产，应当与债权属于同一法律关系，但企业之间留置的除外。"根据该规定，企业之间留置的（一般认为属商事留置），可以突破留置的债务人企业的动产与债权属于同一法律关系的限制。可以说该规定与《担保法》的规定不同，但根据《物权法》第178条的规定，"担保法与本法的规定不一致的，适用本法"，因此《物权法》的该规定应得到适用。可以说，企业之间留置动产不受该动产与债权属于同一法律关系这一限制，符合现实的需要。因为留置权有着两次的效力，其一即留置债务人的动产，起到威慑作用，在心理上给债务人压力，促使其清偿债务，至于留置的财产与债权是否属于同一法律关系，与该效力关系不大；其次，才是留置权的优先效力。

但《物权法》的这一突破，不可避免会给债务人的其他债权人造成影响，也突破了传统留置权的理念：债权人之所以可以留置债务人的动产，是因为该动产与债权人的债权属于同一法律关系，通常情况下，该动产包含了债权人劳动的结晶（比如修理修配合同），因此赋予债权人以留置权，而且留置权比抵押权及质权还要优先（见《物权法》第239条）。《物权法》的这一突破，其效果值得关注。

第二节 留置权的发生

一、概说

留置权的发生,即留置权的成立。如前所述,留置权作为法定担保物权,其发生需具备一定的要件,依法律的规定发生。

虽然留置权是法定担保物权,但当事人之间是否可以约定成立无担保物权的债权,或者约定债权人预先抛弃留置权?一般地,成立留置权后,留置权人占有留置物,其抛弃留置权当然可以,因为留置权是专为债权人利益而设,债权人作为留置权人抛弃留置权对第三人并无影响,因此应当被允许;同时,当事人在合同中预先约定债权人不得留置债务人财产或者声明债权人预先抛弃留置权,当然也应被允许。如《合同法》第422条规定:"行纪人完成或者部分完成委托事务的,委托人应当向其支付相应的报酬。委托人逾期不支付报酬的,行纪人对委托物享有留置权,但当事人另有约定的除外。"

二、留置权的发生要件

《物权法》第230条规定:"债务人不履行到期债务,债权人可以留置已经合法占有的债务人的动产,并有权就该动产优先受偿。前款规定的债权人为留置权人,占有的动产为留置财产。"传统民法中,一般将留置权的发生条件或要件分成两大类:一是积极条件,即产生留置权须具备的条件;二是消极条件,即发生留置权须不能出现的情形。

1. 积极条件。

(1)须债权人占有债务人一定的动产。债权人占有债务人之一定的动产,是留置权成立及存续的要件之一。根据我国《物权法》的规定,债权人占有之动产,须为债务人之动产,但能否是第三人的动产而债权人信为债务人所有、从而成立留置权,值得讨论。依据我国《物权法》第106条有关善意取得的规定，其他物权也可以善意取得，另外，《担保法司法解释》第108条规定："债权人合法占有债务人交付的动产时，不知债务人无处分该动产的权利，债权人可以按照《担保法》第82条的规定行使留置权。"可见，留置权可以善意取得。

（2）标的物须为动产。根据上引我国《物权法》的规定，成立留置权，债权人须占有债务人一定的动产，而债权人对于其占有的债务人的不动产，不得依据《物权法》成立留置权。

然而就建设工程合同，如发包方支付工程款迟延，承包方得否拒绝交付工程，值得讨论，但依据《合同法》第286条，"……除按照建设工程的性质不宜折价、拍卖的以外，承包人可以与发包人协议将该工程折价，也可以申请人民法院将该工程依法拍卖。建设工程的价款就该工程折价或者拍卖的价款优先受偿。"

另外，有价证券上是否得成立留置权，也值得讨论。

（3）债权人留置的动产须与债权属于同一法律关系，但企业之间留置的除外。留置权的成立，一般要求债权人留置的动产与债权属于同一法律关系，或称债权的发生与债权人占有的动产有牵连关系。根据我国《担保法》上引的规定，保管合同、运输合同、加工承揽合同中，债务人不履行债务的，债权人有留置权。

但如上所述，我国《物权法》规定，就债权与动产的牵连关系这一要件，在企业之间留置的，不作要求，这表明商事留置权（即成立于企业之间）的要求要相对宽松。

（4）须债务已届清偿期。留置权制度是基于公平观念，在债务人未清偿其债务之前，债权人得留置债务人的动产、拒绝返还。如债权人的债权未届清偿期、而债权人有义务先返还占有之动产，此时若赋予债权人留置权，对债务人显然不公。因此，一般地，不单留置权的行使以债权已届清偿期为要件，留置权的发生也以债务已届清偿期为要件。

此要件明显与其他担保物权的成立不同。对于其他担保物权（如抵押权及质权），债务已届清偿期一般为其实现的要件，而非其成立的要件。

一般认为，动产占有人如果为发生留置权，在其返还动产的义务已届履行期而故意迟延至对方债务履行期届满，不应成立留置权[1]。但对于债务人无支付能力时，动产占有人可以行使不安抗辩权拒绝先交付动产的履行义务，此时应可成立留置权。《担保法司法解释》第112条规定，"债权人的债权未届清偿期，其交付占有标的物的义务已届履行期的，不能行使留置权。但是，债权人能够证明债务人无支付能力的除外。"

2. 消极要件。

（1）须占有之动产不得为侵权行为等非法占有。如果债权人系通过侵权行为而占有了债务人的动产，则不应成立留置权。《物权法》第230条规定"债权人可以留置已经合法占有的债务人的动产"，应该说排除了债权人非法占有债务人动产成立留置权的可能性。

（2）须当事人未约定排除留置权。依据《物权法》第232条，"法律规定或者当事人约定不得留置的动产，不得留置。"

（3）须留置权的发生不得与债权人承担的义务相抵触。如果债权人留置所占有的动产与其承担的义务相抵触，则不得发生留置权。比如在货物运输合同中，承运人负有将货物按约定的期限运送至约定的地点的义务，则承运人不得在将货物运送至目的地之前、即尚未完成其义务之前，以托运人未付运费为由留置货物，而只能在将货物运送至目的地后、托运人未按约定支付运费时，才能留置货物。

（4）须法律未禁止留置且留置权的发生不违反公序良俗或公共

---

[1] 史尚宽：《物权法论》，中国政法大学出版社2000年版，第500页。

秩序。留置权的发生须不得违反法律的禁止规定，也不能违背公序良俗、社会中人们的一般道德观念及公共秩序。史尚宽先生举例：如尸体之运送人，就运费请求权不得留置尸体，因为尸体之速葬，为公共卫生及民众道德所要求，不得为区区之运费而留置尸体[1]。

第三节 留置权的效力及留置权的实现

一、留置权的效力范围

1. 留置权担保的债权范围。我国《担保法》第83条规定："留置担保的范围包括主债权及利息、违约金、损害赔偿金，留置物保管费用和实现留置权的费用。"我国《物权法》是在"担保物权编"的一般规定中，统一就担保物权担保的债权范围作了规定："担保物权的担保范围包括主债权及其利息、违约金、损害赔偿金、保管担保财产和实现担保物权的费用。当事人另有约定的，按照约定。"（《物权法》第173条）

一般认为，留置权作为法定担保物权，不同于抵押权及质权的意定担保物权，留置权担保的债权范围也是法定的。当事人是否可以任意约定或扩张？根据我国《物权法》的上述规定，似乎允许当事人另外约定。

2. 留置财产的范围。留置权效力所及的标的物的范围，即留置财产的范围，即留置权人发生留置权时有权留置的动产及实现留置权时可以就哪些东西折价、拍卖、变卖并优先受偿。一般而言，留置财产的范围包括：①主物；②从物；③孳息；④代位物。关于代位物，《物权法》第174条规定："担保期间，担保财产毁损、灭失或者被征收等，担保物权人可以就获得的保险金、赔偿金或者补偿金等优先受偿。被担保债权的履行期未届满的，也可以提存该保

---

[1] 史尚宽：《物权法论》，中国政法大学出版社2000年版，第500页。

险金、赔偿金或者补偿金等。"

二、留置权人的权利与义务

1. 留置权人的权利。留置权的主要内容，是占有留置物的权利、留置物所生孳息收取权、留置物保管上的使用权、必要费用的求偿权、就留置物的优先受偿权。

（1）占有留置物的权利。留置权人在债权未受清偿之前，享有占有及留置债务人动产的权利。需注意的是，尽管留置权同其他担保物权一样具有不可分性，但依据《物权法》第233条规定，留置财产为可分物的，留置财产的价值应当相当于债务的金额。也就是说，留置权人仅能留置价值与债权金额相当的债务人的动产，如果留置财产为可分物，留置权人就不能留置全部债务人的动产。只有当留置物为不可分物时，留置权人才可就全部动产成立并行使留置权。

（2）留置财产的孳息收取权。留置权人有权收取留置财产的天然孳息及法定孳息，以实现其债权。留置权人占有留置财产并负有保管义务，因此由其收取孳息较为适当。根据《物权法》第235条的规定，留置权人有权收取留置财产的孳息，但孳息应当先充抵收取孳息的费用。

（3）留置财产的保管使用权。留置权为担保物权而非用益物权，一般情况下，留置权人对留置财产无权使用。但留置权人在以善良管理人的注意义务对留置财产进行管理时，在必要的范围内应有权使用留置财产。但留置权人使用留置财产以为"保管"之目的为必要。

（4）必要费用的求偿权。留置权人有对留置财产进行妥善保管的义务。留置权人为妥善保管留置财产所支出的必要费用，有权向物之所有权人要求偿还。因为留置权人就留置财产无权进行使用及收益，但却负有妥善保管留置财产的义务，因此，因保管留置财产所生之必要费用，留置权人应有权要求偿还。根据上引《物权法》

第173条的规定，保管担保财产的费用属于担保物权担保的债权的范围。

（5）就留置财产的优先受偿权。就留置的标的物的优先受偿权，是留置权作为担保物权的重要内容。留置权人具有直接支配留置财产交换价值的权利，在债务人不履行到期债务时，债权人有权留置债务人的有关动产，履行债务的期间届满后债务人仍不履行债务的，留置权人可以与债务人协议以留置财产折价，也可以就拍卖、变卖留置财产所得的价款优先受偿（《物权法》第236条）。

2. 留置权人的义务。

（1）对留置财产的保管义务。留置权人占有债务人的留置财产，其目的是为了担保留置权人债权的实现，自然应对留置物进行妥善保管，从而不损害留置财产的交换价值。《物权法》第234条规定："留置权人负有妥善保管留置财产的义务；因保管不善致使留置财产毁损、灭失的，应当承担赔偿责任。"

一般认为，留置权人应保障留置财产的安全、保障留置财产孳息的收取，并且未经债务人统一不得为自己利益使用留置财产。

（2）应债务人的要求及时行使留置权。《物权法》第237条规定："债务人可以请求留置权人在债务履行期届满后行使留置权；留置权人不行使的，债务人可以请求人民法院拍卖、变卖留置财产。"

《物权法》没有就留置权及质权作诉讼时效方面的规定，不同于抵押权，抵押权须在主债权诉讼时效期间届满前行使否则不受保护。而对于留置权，留置权人占有留置财产，不应存在诉讼时效问题，否则将徒生争议、纠纷及不稳定。但留置权人在债务履行期届满后如一直不行使留置权，债务人应有权请求其行使。

《担保法司法解释》第12条规定，"担保物权所担保的债权的诉讼时效结束后，担保权人在诉讼时效结束后的2年内行使担保物权的，人民法院应当予以支持。"《担保法司法解释》的该规定就抵押权而言，与《物权法》的规定不一致，因此不能适用于抵押权；但该规定与《物权法》就质权及留置权的规定并无冲突。一般来说，由于动产质权人和留置权人占有担保物，通常会积极行使，且债务人可以要求其及时行使，实务中鲜有诉讼时效问题发生。

第四节　留置权的实现

一、留置财产后的债务履行期间的约定

根据《物权法》第 236 条第 1 款的规定，留置权人与债务人应当约定留置财产后的债务履行期间；没有约定或者约定不明确的，留置权人应当给债务人 2 个月以上履行债务的期间，但鲜活易腐等不易保管的动产除外。

我国《担保法》有类似规定，债权人须给予债务人以履行债务的宽限期，并应通知债务人履行债务。《担保法》第 87 条规定："债权人与债务人应当在合同中约定，债权人留置财产后，债务人应当在不少于 2 个月的期限内履行债务。债权人与债务人在合同中未约定的，债权人留置债务人财产后，应当确定两个月以上的期限，通知债务人在该期限内履行债务。债务人逾期仍不履行的，债权人可以与债务人协议以留置物折价，也可以依法拍卖、变卖留置物。"

根据上引《物权法》的规定，如债权人作为留置权人与债务人在留置财产被留置后未约定债务履行期间或者约定不明确的，留置权人应当给债务人 2 个月以上履行债务的期间，但鲜活易腐等不易保管的动产除外。

此外，《担保法司法解释》第 113 条规定："债权人未按担保法第 87 条规定的期限通知债务人履行义务，直接变价处分留置物的，应当对此造成的损失承担赔偿责任。债权人与债务人按照担保法第 87 条的规定在合同中约定宽限期的，债权人可以不经通知，直接

行使留置权。"

二、留置权实现的方式

根据《物权法》第236条的规定,债务人逾期未履行的,留置权人可以与债务人协议以留置财产折价,也可以就拍卖、变卖留置财产所得的价款优先受偿。留置财产折价或者变卖的,应当参照市场价格。

因此,留置权的实现方式包括与债务人协议以留置财产折价,或予以拍卖、变卖。

当然,留置财产折价或者拍卖、变卖后,其价款超过债权数额的部分归债务人所有,不足部分由债务人清偿(见《物权法》第238条)。

第五节 留置权与其他担保物权的冲突

同一财产上可能会同时存在几种担保物权,比如质权、抵押权及留置权共存,或抵押权、留置权与法定优先权并存,因此会存在哪种担保物权更优先的问题。

一般地,如果留置权与抵押权、质权并存,留置权更优先。因为成立留置权须以留置权人占有留置财产为条件,因此讨论各担保物权冲突时,该动产应为留置权人占有;而且一般地,基于留置权产生的原理,留置财产一般与留置权所担保之债权具有牵连关系(即属于同一法律关系),留置权人一般对留置财产的价值增加有所贡献(比如加工承揽、修理修配、运输、保管、仓储、行纪等情形),留置的财产中包含留置权人劳动或服务的结晶,在加工承揽合同的情形,留置权人留置的动产中的一部分甚至本来就属于留置权人,留置权的优先也是习惯和常识,因此留置权一般应优先于抵押权及质权。我国《物权法》第239条规定:"同一动产上已设立抵押权或者质权,该动产又被留置的,留置权人优先受偿。"

有意思的是《物权法》该条未提到抵押权及质权的顺序，就此，《担保法司法解释》的规定是："同一财产法定登记的抵押权与质权并存时，抵押权人优先于质权人受偿。同一财产抵押权与留置权并存时，留置权人优先于抵押权人受偿。"（第79条）

供参考的是我国《海商法》第25条第1款规定的船舶抵押权、留置权及优先权的受偿顺序："船舶优先权先于船舶留置权受偿，船舶抵押权后于船舶留置权受偿。"

第六节　留置权的消灭

留置权作为担保物权，可因物权消灭的共同原因而消灭，如因混同、留置财产的灭失、被征用、留置权的抛弃等原因消灭，也会因担保物权消灭的共同原因而消灭。《物权法》第177条规定："有下列情形之一的，担保物权消灭：①主债权消灭；②担保物权实现；③债权人放弃担保物权；④法律规定担保物权消灭的其他情形。"

除此以外，留置权作为担保物权，还有其特殊的消灭原因：

1. 因担保的提供而消灭。在留置权制度，债权人留置债务人的动产，目的在于对债务人心理上造成压力，促使债务人尽快清偿债务。如果债务人为债务已提供相当的担保，应构成对留置财产的替代，债权人的债权取得了保障，留置权人对留置财产的留置权应归于消灭。因为留置权的发生系基于法定而非基于当事人的意思，如果物之所有权人取回其物不会损害债权人的利益，又可使债务人发挥该物的使用价值，法律自然不应限制。

至于债务人另行提供的担保，是人的担保还是物的担保，只要债权人接受，均无不可。根据《物权法》第240条的规定，留置权人接受债务人另行提供担保的，留置权消灭。

有人认为债务人提供相当之担保，留置权消灭。但何谓相当？

需要判断。我国《物权法》的上述规定，似乎将该判断的权利归于债权人，即须留置权人（债权人）"接受"的担保，有其道理。因为留置权人的留置权有给债务人造成心理压迫的功效，虽然债务人提供了自认为价值相当的物品、拟取回留置财产，但债权人如不"接受"，留置权不应消灭。

2. 因留置权人丧失对留置财产的占有而消灭。留置权以留置权人对留置财产的占有为其发生及存续的要件。债权人对留置财产的占有应当是持续的不间断的占有，否则，留置权会因占有的丧失而消灭。

根据《担保法司法解释》第114条及第87条的规定，如果债务人代留置权人占有留置财产的，留置权不生效；留置权人将财产返还于债务人后，以其留置权对抗第三人的，人民法院不予支持。因不可归责于留置权人的事由而丧失对留置财产的占有，留置权人可以向不当占有人请求停止侵害、恢复原状、返还留置财产。

《物权法》第245条规定："占有的不动产或者动产被侵占的，占有人有权请求返还原物；对妨害占有的行为，占有人有权请求排除妨害或者消除危险；因侵占或者妨害造成损害的，占有人有权请求损害赔偿。占有人返还原物的请求权，自侵占发生之日起1年内未行使的，该请求权消灭。"该条规定应适用于留置权人对留置财产的占有。

我国《海商法》对船舶留置权也有相应的规定："船舶留置权在造船人、修船人不再占有所造或者所修的船舶时消灭。"（第25条第1款）

? 本章思考题

1. 什么是留置权？
2. 留置的动产应当与债权的债权属于同一法律关系，是什么意思？通常有哪些情形？

3. 留置权有什么效力？
4. 留置权与其他担保物权冲突如何处理？为什么？
5. 留置权如何实现？
6. 留置权消灭有哪些情形？

 本章推荐阅读文献

1. 史尚宽：《物权法论》，中国政法大学出版社 2000 年版，相关章节；

2. 郑玉波：《民法物权》，三民书局 1984 年版，相关章节；

3. 郭明瑞：《担保法》，法律出版社 2004 年版，相关章节；

4. 程啸：《物权法·担保物权》，中国法制出版社 2005 年版，相关章节；

5. 刘家安：《物权法论》，中国政法大学出版社 2015 年版，相关章节。

结　语

中国古时民刑不分，虽有部分私法制度，但私法并不发达，更无身份平等、意思自治、私权神圣等近代私法理念。自19世纪中期以来，中国积弱，中国士人一直努力救亡图存，希冀变法图强，遂有大清民律草案和西方法律移植的发端。大清民律草案物权部分由日本人起草，草案的体系则仿德日民法，自此，中国私法包括物权法开始种下德国民法的基因。

20世纪30年代民国时期民法典的颁行是中国私法立法史的重要里程碑。民国时期民法典作为我国历史上第一部民法典，大体采自德国民法典，并吸收日本及瑞士民法成果，语言隽秀典雅，概念精当准确，体系完备严谨，"可谓采各国立法之长，堪称完善"[1]。谢怀栻对该法典也有极高的评价："这部民法即使在当时，与同时代各国民法，也可并肩而立。至于它在改革中国数千年的法治方面，在中国开创私法制度与私法文化方面，较之法国民法（《拿破仑法典》）犹有过之。这是中华民族可以引以为自豪的一部民法典。"[2]

1949年新中国成立，废除了民国政府的"六法全书"，包括民法典及其中的物权法，至20世纪70年代末，我国大陆实行"计划

---

[1]　参见王泽鉴：《民法总则》，北京大学出版社2009年版，第15页。
[2]　谢怀栻：《大陆法国家民法典研究》，中国法制出版社2004年版，第124页。

经济"模式，市民社会空间被极度压缩，且当时"极左"思潮横行，以"平等""自由""自治"为基本理念的民法自是难以立足和发展，民商法研究也几乎停滞。

1978年后，中国开始改革开放，确立了以经济建设为中心的国策，经民法、经济法调整范围的争论，到《民法通则》的颁布，开始了又一轮的民事立法及民商法研究的高潮。《民法通则》的颁行是我国大陆民事立法的里程碑事件，它基本终结了民法、经济法规范领域的争论。但《民法通则》仅156条，与其他成熟的上千条甚至两千多条的民法典不能同日而语，物权法规则也几乎是空白，甚至立法中根本不见"物权"一词。

后中国经济开始了三十年的高速发展，我国大陆开始了频繁的民商事立法活动，民商法研究也开始兴盛。随着《合同法》《物权法》《侵权责任法》等的颁布，社会主义市场经济法治"框架"可以说基本建成，但体系矛盾不少，法律空白和漏洞也不少。

《物权法》的颁布，标志着中国民事立法沿德国法传统继续法律移植之路。但要说物权法的成就，除了重新引入了物权概念及相关传统制度外，其与1930年民国时期民法典中的物权编相比还有一些差距。现行《物权法》，语言表述、规范效率都不乏可以指摘之处，而且由于一些重大理论问题还没有讨论清楚，比如处分行为与负担行为的区分等，其与其他法律还存在体系矛盾，此外法律漏洞和空白也不少。

随着民法典的编纂被确立为国家目标，中国民商法学界也已经开始了理论准备。在可以预见的将来，中国的民事立法会继续受德国民法典的影响，甚至有可能颁行民法典，物权法将会是其中一编。但大陆法系成文法固有的僵硬、理论思辨的特点，也需要吸取英美法系判例制度的灵活、务实精神予以纠偏。对此，最高人民法院指导案例制度的确立、发展甚至陪审制度的改革都值得关注。

中国法治的进展和完善,非立法完善一端可以解决,有待司法及执法甚至政治体制的配套完善。

中国法治国的建成需要法律人长期的共同努力。

声　明　1. 版权所有，侵权必究。
　　　　2. 如有缺页、倒装问题，由出版社负责退换。

图书在版编目（CIP）数据

中国物权法的过去、现在与未来/翟新辉著.—北京：中国政法大学出版社，2016.1
ISBN 978-7-5620-6572-2

Ⅰ.①中⋯　Ⅱ.①翟⋯　Ⅲ.①物权法-法制史-中国　Ⅳ.①D923.22

中国版本图书馆CIP数据核字(2016)第005411号

出版者	中国政法大学出版社
地　址	北京市海淀区西土城路25号
邮　箱	fadapress@163.com
网　址	http://www.cuplpress.com（网络实名：中国政法大学出版社）
电　话	010-58908435(第一编辑部)　58908334(邮购部)
承　印	固安华明印业有限公司
开　本	880mm×1230mm　1/32
印　张	9.5
字　数	247千字
版　次	2016年1月第1版
印　次	2016年1月第1次印刷
定　价	36.00元